中华人民共和国民法典
总　则　编

（实用版）

中国法制出版社
CHINA LEGAL PUBLISHING HOUSE

图书在版编目（CIP）数据

中华人民共和国民法典：实用版. 总则编 / 中国法制出版社编. —北京：中国法制出版社，2020

ISBN 978 - 7 - 5216 - 1086 - 4

Ⅰ. ①中… Ⅱ. ①中… Ⅲ. ①民法 - 汇编 - 中国②民法 - 总则 - 中国 Ⅳ. ①D923. 09

中国版本图书馆 CIP 数据核字（2020）第 080157 号

责任编辑 朱丹颖　　　　封面设计 杨泽江

中华人民共和国民法典（实用版）· 总则编

ZHONGHUA RENMIN GONGHEGUO MINFADIAN (SHIYONGBAN) · ZONGZEBIAN

经销/新华书店

印刷/三河市国英印务有限公司

开本/850 毫米 × 1168 毫米 32 开　　印张/ 11. 75 字数/ 277 千

版次/2020 年 6 月第 1 版　　2020 年 6 月第 1 次印刷

中国法制出版社出版

书号 ISBN 978 - 7 - 5216 - 1086 - 4　　定价：28. 00 元

北京西单横二条 2 号

邮政编码 100031　　传真：010 - 66031119

网址：http：//www. zgfzs. com　　**编辑部电话：010 - 66067369**

市场营销部电话：010 - 66033393　　**邮购部电话：010 - 66033288**

（如有印装质量问题，请与本社印务部联系调换。电话：010 - 66032926）

■实用版

编辑说明

运用法律维护权利和利益，是读者选购法律图书的主要目的。法律文本单行本提供最基本的法律依据，但单纯的法律文本中的有些概念、术语，读者不易理解；法律释义类图书有助于读者理解法律的本义，但又过于繁杂、冗长。“实用版”法律图书至今已行销多年，因其实用、易懂的优点，成为广大读者理解、掌握法律的首选工具。

“实用版系列”独具五重使用价值：

1. **专业出版。**中国法制出版社是中央级法律类图书专业出版社，是国家法律、行政法规文本的权威出版机构。

2. **法律文本规范。**法律条文利用了本社法律单行本的资源，与国家法律、行政法规正式版本完全一致，确保条文准确、权威。

3. **条文解读详致。**本书中的【理解与适用】从庞杂的相互关联的法律条文以及全国人大常委会法制工作委员会等对条文的权威解读中精选、提炼而来；【典型案例指引】来自最高人民法院指导案例、公报、各高级人民法院判决书等，点出适用要点，展示解决法律问题的实例。

4. **附录实用。**书末收录经提炼的法律流程图、诉讼文书、办案常用数据等内容，帮助提高处理法律纠纷的效率。

5. **附赠电子版。**与本分册主题相关、因篇幅所限而未收录的相关文件、“典型案例指引”所涉及的部分重要案例全文，均制作成电子版文件。扫一扫封底“法律法规全书公众号”即可免费获取。

中国法制出版社

2020 年 6 月

《中华人民共和国民法典总则编》理解与适用

《民法典总则编》[1] 是《民法典》的开篇之作，在《民法典》中起统领性作用。《民法典总则编》规定民事活动必须遵循的基本原则和一般性规则，统领民法典各分编；各分编将在《民法典总则编》的基础上对各项民事制度作出具体规定。

改革开放以来，我国分别制定了《民法通则》等一系列民事法律，在经济社会发展中发挥了重要作用。近年来，人民群众和社会各方面对编纂民法典的呼声比较高。编纂民法典已经具备了较好的主客观条件。编纂民法典是一项艰巨复杂的系统工程，为确保立法质量，编纂工作按照“两步走”的工作思路进行：第一步，编纂民法典总则编（即中华人民共和国民法总则）；第二步，编纂民法典各分编，从而形成统一的民法典。在此思路指导下，《民法总则》于2017年顺利通过。《民法典总则编》基本保持《民法总则》的结构和内容不变，根据法典编纂体系化要求对个别条款作了文字修改。

《民法典总则编》汇集民事法律制度中具有普遍适用性和引领性的规定，就民法基本原则、民事主体、民事权利、民事法律行为、民事责任和诉讼时效等基本民事法律制度作出规定，既构建了我国民事法律制度的基本框架，也为各分编的规定提供依据。

---

① 为便于阅读，本书中相关法律文件标题中的“中华人民共和国”字样都予以删除。

《民法典总则编》的主要内容

《民法典总则编》分为10章，包括基本规定、自然人、法人、非法人组织、民事权利、民事法律行为、代理、民事责任、诉讼时效、期间计算，共204条。主要内容是：

（一）关于基本原则和法律适用规则

基本原则是民事主体从事民事活动和司法机关进行民事司法活动应当遵循的基本准则。本编第一章以确立基本原则为核心，并就立法宗旨、法律适用规则作出规定，进一步明确了民事主体的人身权利、财产权利以及其他合法权益受法律保护，任何组织或者个人不得侵犯，并确立了平等原则、自愿原则、公平原则、诚信原则、守法原则、绿色原则等基本原则。需要指出的是，将绿色原则确立为基本原则，规定民事主体从事民事活动，应当有利于节约资源、保护生态环境，这样规定，既传承了天地人和、人与自然和谐共生的我国优秀传统文化理念，又体现了党的十八大以来的新发展理念，与我国是人口大国、需要长期处理好人与资源生态的矛盾这样一个国情相适应。（本编第3条至第9条）

关于民事法律的适用规则，本编规定：一是处理民事纠纷，应当依照法律；法律没有规定的，可以适用习惯，但是不得违背公序良俗，即公共秩序和善良习俗。二是其他法律对民事关系有特别规定的，依照其规定。《著作权法》、《专利法》、《保险法》等民商事特别法既涉及民事法律关系，也涉及行政法律关系，还有一些涉及特殊商事规则，这些法律很难也不宜纳入《民法典》，这条规则明确了本法与民商事特别法的关系。（本编第11条、第12条）

（二）关于民事主体

民事主体是民事关系的参与者、民事权利的享有者、民事义务的履行者和民事责任的承担者。本编规定了自然人、法人、非法人组织三类民事主体。

关于自然人制度。本编在《民法通则》的基础上，对自然人制度作了以下完善：一是增加了保护胎儿利益的规定。涉及遗产继承、接受赠与等胎儿利益保护的，胎儿视为具有民事权利能力（本编第16条）。二是下调了限制民事行为能力的未成年人的年龄标准。这样规定是为了更好地尊重未成年人的自主意识（本编第19条）。三是完善了监护制度。监护是保护无民事行为能力人或者限制民事行为能力人的合法权益，弥补其民事行为能力不足的法律制度。本编以家庭监护为基础，社会监护为补充，国家监护为兜底，对监护制度作了完善，明确了父母子女间的抚养、赡养等义务，扩大了被监护人的范围，强化了政府的监护职能，并就监护人的确定、监护职责的履行、撤销监护等制度作出明确规定（本编第26条至第39条）。

关于法人制度。法人制度是民事法律的一项基本制度。随着我国经济社会的发展，新的组织形式不断出现，法人形态发生了较大变化，《民法通则》关于企业法人、机关法人、事业单位法人和社会团体法人的分类已难以适应新的情况，有必要进行调整完善。本编遵循《民法通则》关于法人分类的基本思路，适应社会组织改革发展要求，按照法人设立目的和功能等方面的不同，将法人分为营利法人、非营利法人和特别法人3类。对营利法人和非营利法人，本编只列举了几种比较典型的具体类型，对现实生活中已经存在或者可能出现的其他法人组织，可以按照其特征，分别归入营利法人或者非营利法人。对特别法人，本编规定了以下几种情况：一是机关法人。机关设立的目的是履行公共管理等职能，这与其他法人组织存在明显差别。二是农村集体经济组织法人。农村集体经济组织具有鲜明的中国特色。赋予其法人地位符合党中央有关改革精神，有利于完善农村集体经济实现形式和运行机制，增强农村集体经济发展活力。三是基层群众性自治组织法人。村民委员会、居民委员会等基层群众性自治组织在设立、变更和终止以及行使职能和责任承担上都有其特殊性。四是城镇、农村的合作经济组织。这类合作经济组织对内具有共益性或者互益性，对外也可以从事经营活动，依照法律的规定取得法人资格后，作为特别法人。

关于非法人组织。随着我国经济社会的发展，在实际生活中，大量不具有法人资格的组织以自己的名义从事各种民事活动。赋予这些组织民事主体地位有利于其开展民事活动，也与其他法律的规定相衔接。据此，本编规定，非法人组织是不具有法人资格、但是能够依法以自己的名义从事民事活动的组织，包括个人独资企业、合伙企业、不具有法人资格的专业服务机构等（本编第 102 条）。本编还规定，非法人组织的财产不足以清偿债务的，其出资人或者设立人承担无限责任。法律另有规定的，依照其规定（本编第 104 条）。

（三）关于民事权利

保护民事权利是民事立法的重要任务。本编第五章规定了民事权利。这一章旨在贯彻落实党中央关于实现公民权利保障法治化和完善产权保护制度的要求，凸显对民事权利的尊重，加强对民事权利的保护，为民法典各分编和民商事特别法律具体规定民事权利提供依据。关于民事权利，本编规定了以下主要内容：一是人身权利。本编规定，自然人的人身自由、人格尊严受法律保护（本编第 109 条）；自然人享有生命权、健康权、身体权、姓名权、肖像权、名誉权、荣誉权、隐私权、婚姻自主权等权利（本编第 110 条第 1 款）。在信息化社会，自然人的个人信息保护尤其重要，本编对此作了有针对性的规定（本编第 111 条）。二是财产权利。本编规定，民事主体的财产权利受法律平等保护（本编第113条）。民事主体依法享有物权、债权、继承权、股权和其他投资性权利（本编第114条至第122条，第124条至第126条）。三是知识产权。为了加强对知识产权的保护，促进科技创新，建设创新型国家，本编对知识产权作了概括性规定，以统领各知识产权单行法律（本编第123条）。四是为了适应互联网和大数据时代发展的需要，本编规定，法律对数据、网络虚拟财产的保护有规定的，依照其规定（本编第127条）。五是为了规范民事权利的行使，本编规定，民事主体不得滥用民事权利损害社会公共利益或者他人合法权益（本编第132条）。

（四）关于民事法律行为和代理

民事法律行为是民事主体通过意思表示设立、变更、终止民事法律关系的行为。代理是民事主体通过代理人实施民事法律行为。本编在原《民法通则》和《合同法》规定的基础上，对民事法律行为和代理制度主要作了以下完善：一是扩充了民事法律行为的内涵，既包括合法的法律行为，也包括无效、可撤销和效力待定的法律行为。这样既尊重民事主体的意愿，也强调对自己的行为负责，有利于提升民事主体的规则意识和责任意识（本编第133条）。二是增加了意思表示的规则。意思表示是民事主体希望产生法律效果的内心意愿的外在表达，是构成民事法律行为的基础。本编对其作出方式、生效和撤回等作了规定（本编第六章第二节）。三是完善了民事法律行为的效力规则。本编在规定民事法律行为有效条件的同时，对重大误解、欺诈、胁迫、显失公平等行为的撤销，恶意串通行为的无效等分别作了修改补充（本编第六章第三节）。四是完善了代理的一般规则以及委托代理制度（本编第七章）。

（五）关于民事责任和诉讼时效

民事责任是民事主体不履行或者不完全履行民事义务的法

律后果。关于民事责任，本编主要作了以下规定：一是民事主体应当依照法律规定或者当事人约定履行民事义务，不履行或者不完全履行的，应当依法承担民事责任（本编第176条）。二是列举了停止侵害、返还财产、恢复原状、赔偿损失、惩罚性赔偿等承担民事责任的主要方式（本编第179条）。三是为匡正社会风气，鼓励见义勇为的行为，本编规定，因自愿实施紧急救助行为造成受助人损害的，救助人不承担民事责任（本编第184条）。本编还规定，因保护他人民事权益而使自己受到损害的，由侵权人承担民事责任，受益人可以给予适当补偿。没有侵权人、侵权人逃逸或者无力承担民事责任，受害人请求补偿的，受益人应当给予适当补偿（本编第183条）。

诉讼时效是权利人在法定期间内不行使权利，权利不受保护的法律制度。关于诉讼时效，本编主要作了以下规定：一是将原《民法通则》规定的二年一般诉讼时效期间延长为三年，以适应社会生活中新的情况不断出现，交易方式与类型不断创新，权利义务关系更趋复杂的现实情况与司法实践，有利于建设诚信社会，更好地保护债权人合法权益（本编第188条第1款）。二是增加了未成年人遭受性侵害后诉讼时效的特殊起算点，给受性侵害的未成年人成年后提供寻求法律救济的机会，保护未成年人利益（本编第191条）。

本编还对宣告失踪和宣告死亡、期间计算等内容作了规定。这些规定既延续了现行民事法律中科学合理的内容和制度，又吸收了行之有效的司法实践中好的做法。

目　录

中华人民共和国民法典总则编

第一章　基本规定

第二章　自 然 人

第六章 民事法律行为

第九章　诉讼时效

第十章　期间计算

实用核心法规

电子版增补法规（请扫封底“法律法规全书公众号”二维码获取）

中华人民共和国民法典总则编

（2020 年 5 月 28 日第十三届全国人民代表大会第三次会议通过　2020 年 5 月 28 日中华人民共和国主席令第 45 号公布　自 2021 年 1 月 1 日起施行）

第一编　总　　则

第一章　基 本 规 定

第一条　立法目的[①]

为了保护民事主体的合法权益，调整民事关系，维护社会和经济秩序，适应中国特色社会主义发展要求，弘扬社会主义核心价值观，根据宪法，制定本法。

▶理解与适用

本条规定了《民法典》五个方面的立法目的：

一是保护民事主体的合法权益。民事主体的合法权益包括人身权利，财产权利，兼具人身和财产性质的知识产权等权利，以及其他合法权益。保护公民的各项基本权利是宪法的基本原则和要求，保护民事主体的合法权益是民法的首要目的，也是落实和体现宪法精神的表现。可以说，民法典的全部规定都是围绕保护民事主体的合法权益而展开的。

① 条文主旨为编者所加，下同。

二是调整民事关系。民事权益存在于特定社会关系之中，民法保护民事权利，是通过调整民事关系来实现的。

三是维护社会和经济秩序。民法保护单个主体的民事权利，调整民事主体之间的关系，从而确立并维护整个社会的民事生活秩序。

四是适应中国特色社会主义发展要求。法律是上层建筑，由经济基础决定的，并与经济基础相适应。编纂民法典就是为了满足人民群众的这种法治需求。社会主义市场经济本质上是法治经济，通过编纂民法典不断完善社会主义法律体系，健全市场秩序，维护交易安全，促进社会主义市场经济持续健康发展。

五是弘扬社会主义核心价值观。社会主义核心价值观是民族精神和时代精神的高度凝练，是中国特色社会主义法治的价值内核，是中国特色社会主义法治建设的灵魂，是坚持中国特色社会主义法治发展道路的基本遵循。社会主义核心价值观包括富强、民主、文明、和谐，自由、平等、公正、法治，爱国、敬业、诚信、友善。社会主义核心价值观要融入法治建设的全过程，要将社会主义核心价值观的基本要求融入法律，转化为法律规范性要求，将法律规范作为践行社会主义核心价值观的制度载体，使法律更好体现国家的价值目标、社会的价值取向、公民的价值追求。编纂民法典，健全民事基本法律制度，可以强化全社会的契约精神。按照党中央关于把社会主义核心价值观融入法治建设的要求，应当强调在民事活动中弘扬中华优秀文化，践行社会主义核心价值观，大力弘扬自由、平等、公正、诚信等社会主义核心价值观。

宪法是国家的根本大法，是母法，是其他法律制定的依据。我国《立法法》明确规定，宪法具有最高的法律效力，一切法律、行政法规、地方性法规、自治条例和单行条例、规章都不得同宪法相抵触。“根据宪法，制定本法”的规定明确了民法典的立法依据。宪法是民法的立法根据，民法的规定必须体现宪法精神，落实宪法的要求，不得违背宪法。不仅民法的实体内容应当落实宪法的原则和要求，民法制定的立法程序也必须符合宪法关于立法制度和程序的规定。

第二条 调整对象

民法调整平等主体的自然人、法人和非法人组织之间的人身关系和财产关系。

▶理解与适用

民事主体是民事关系的参与者、民事权利的享有者、民事义务的履行者和民事责任的承担者。本条首先列举了民事主体的具体类型，包括自然人、法人和非法人组织三类。自然人是最为重要的民事主体，民法上使用这个概念，主要是与法人相区别。法人是法律上拟制的人，法人是一种社会组织，法律基于社会现实的需要，赋予符合一定条件的组织法人资格，便于这些组织独立从事民事活动，归根到底是为了扩展自然人从事民事活动的广度。《民法总则》创设了第三类民事主体非法人组织，包括个人独资企业、合伙企业等不具有法人资格的组织，《民法典》予以了延续。赋予这些组织以民事主体地位，有利于其开展民事活动，也与其他法律的规定相衔接。

自然人、法人、非法人组织之间的社会关系多种多样，并非所有社会关系都由民法调整。民法仅调整他们之间的民事关系，即作为平等主体之间自然人、法人、非法人组织之间发生的社会关系。比如，行政机关在从事行政管理活动时，会与自然人或法人形成行政法律关系，这种行政法律关系双方的地位是不平等的，不属于民法调整。机关从事民事活动，比如因购买商品而与公司签订买卖合同，民法要求其必须以机关法人的身份进行，此时机关法人与其他民事主体之间的法律地位是平等的，这种买卖合同关系则由民法调整。

民法所调整的民事关系根据权利义务所涉及的内容不同可

以分为两大类，即民事主体之间的财产关系和人身关系。人身关系是指民事主体之间基于人格和身份形成的无直接物质利益因素的民事法律关系。人身关系有的与民事主体的人格利益相关，有的与民事主体的特定身份相关。如配偶之间的婚姻关系，父母子女之间抚养和赡养关系。财产关系是指民事主体之间基于物质利益而形成的民事法律关系。财产关系包括静态的财产支配关系，如所有权关系，还包括动态的财产流转关系，如债权债务关系等。从财产关系所涉及的权利内容而言，财产关系包括物权关系、债权关系等。

▶**条文参见**

《民事诉讼法》第 3 条

第三条 民事权利及其他合法权益受法律保护

民事主体的人身权利、财产权利以及其他合法权益受法律保护，任何组织或者个人不得侵犯。

▶**理解与适用**

民事权利及其他合法权益受法律保护是民法的基本精神，也是民事立法的出发点和落脚点。民事权利及其他合法权益受法律保护是民法的基本精神，统领整部《民法典》和各民商事特别法。

人身权利包括生命权、健康权、姓名权、名誉权、荣誉权、肖像权、隐私权、婚姻自主权、监护权等，财产权利包括所有权、用益物权、担保物权、股权等。民法除保护人身权利和财产权利外，兼具有人身和财产性质的知识产权、继承权等也受法律保护。除列明的民事权利外，民法典还规定保护其他合法权益，原因在于，有些民事权益法律并未明确规定，但确有必要予以保护的，法律也应当予以保护。民事权利及其他合法权益受法律保护，就要求任何组织或者个人不得侵犯。不得侵犯就是任何组织或者个人不得非法侵占、限制、剥夺他人的民事权利及其他合法权益，也不得干涉他人正常行使民事权利及其他合法权益。当然，这并非意味着民事主体的民事权利可以毫无限制，是绝对自由的。相反，民事主体行使民事权利要受到法律、公序良俗的约束，民事主体不得滥用民事权利，且国家基于公共利益的需要，在法律权限范围内经法定程序，在给予公平合理补偿的前提下，可以对民事主体的财产予以征收或者征用。

第四条 平等原则

民事主体在民事活动中的法律地位一律平等。

▶理解与适用

平等原则，是指民事主体在从事民事活动时，相互之间在法律地位上都是平等的，合法权益受到法律的平等保护。当事人之间地位平等是民法区别于其他法律部门的最为重要的特征。

民事主体的法律地位一律平等。首先，体现为自然人的权利能力一律平等。权利能力就是自然人享有民事权利、承担民事义务的法律资格，这种法律资格，不因自然人的出身、身份、职业、性别、年龄、民族、种族等而不同，所有自然人从法律人格上而言都是平等的、没有差别的。其次，体现为所有民事主体之间在从事民事活动时双方的法律地位平等。虽然国家行政机关在从事行政管理时，作为管理者，与被管理的行政相对人的地位是不平等的，存在隶属关系或管理与被管理的关系。而当机关法人与其他民事主体包括自然人、法人或者非法人组织从事交易时，二者的法律地位则是平等的。民法为了维护和实现民事主体之间法律地位的平等性，确保民事主体之间能平等协商交易条款，规定当事人一方利用优势地位强加给另一方的不公平的“霸王条款”无效。最后，平等原则的平等还体现为所有民事主体的合法权益受到法律的平等保护。平等保护就是当民事主体权利在法律上都一视同仁受到保护。平等保护还意味着民事主体的权利受到侵害时，在法律适用上是平等的、能够获得同等的法律救济。

▶条文参见

《宪法》第33条；《证券法》第3条；《消费者权益保护法》第4条；《合伙企业法》第5条

第五条 自愿原则

民事主体从事民事活动，应当遵循自愿原则，按照自己的意思设立、变更、终止民事法律关系。

▶理解与适用

自愿原则，也被称为意思自治原则，就是民事主体有权根据自己的意愿，自愿从事民事活动，按照自己的意思自主决定民事法律关系的内容及其设立、变更和终止，自觉承受相应的法律后果。平等原则是民法的前提和基础，自愿原则即意思自治原则则是民法的核心。

自愿原则，可以从以下四个方面来理解。首先，民事主体有权自愿从事民事活动。民事主体参加或不参加某一民事活动由其自己根据自身意志和利益自由决定，其他民事主体不得干预，更不能强迫其参加。其次，民事主体有权自主决定民事法律关系的内容。民事主体决定参加民事活动后，可以根据自己的利益和需要，决定与谁建立民事法律关系，并决定具体的权利、义务内容，以及民事活动的行为方式。再次，民事主体有权自主决定民事法律关系的变动。民事法律关系的产生、变更、终止应由民事主体自己根据本人意志自主决定。最后，民事主体应当自觉承受相应法律后果。与民事主体自愿参加民事活动、自主决定民事法律关系相伴的是，民事主体需要自觉承受相应法律后果。自愿或者说意思自治的必然要求就是，每个人对自己的行为负责。自愿原则要求民事主体在行使权利的同时自觉履行约定或法定的义务，并承担相应的法律后果。

需要进一步说明的是，自愿或者意思自治不是毫无约束的绝对的自由与放任。民事主体实现自愿、自主或意思自治的前提是民事主体之间的平等法律地位。因此，民事主体的自愿是建立在相互尊重的基础上，必须尊重其他民事主体的自主意志。民事主体的意思自治，还受到民法的公平原则、诚信原则、守法原则等基本原则的约束，这些原则要求民事主体从事民事活动，要公平合理、诚实守信，不得违反法律，不得违背公序良俗。

▶条文参见

《证券法》第4条；《反不正当竞争法》第2条；《对外贸易法》第3条

第六条 公平原则

民事主体从事民事活动，应当遵循公平原则，合理确定各方的权利和义务。

▶理解与适用

公平原则要求民事主体从事民事活动时要秉持公平理念，公正、平允、合理地确定各方的权利和义务，并依法承担相应的民事责任。公平原则体现了民法促进社会公平正义的基本价值，对规范民事主体的行为发挥着重要作用。公平原则作为民法的基本原则，不仅仅是民事主体从事民事活动应当遵守基本行为准则，也是人民法院审理民事纠纷应当遵守的基本裁判准则。

▶条文参见

《公司法》第126条；《拍卖法》第4条；《渔业法》第22条

▶典型案例指引

朱兆龙诉东台市许河安全器材厂侵权责任纠纷案（《最高人民法院公报》2020年第2期）

案件适用要点：个人经营的淘宝网店绑定企业营业执照后

变更为企业性质网店的，虽仍由个人经营，但因淘宝店披露的信息均为该企业信息，导致该淘宝店实际已经属企业所有权的权利外观。在企业不再允许该绑定，且绑定不能被取消的情况下，企业径自取得该淘宝店经营权的，并不构成对个人经营权的侵权。鉴于个人对网店信用升级有一定贡献，企业将店铺经营权收回的同时，根据公平理念和利益平衡原则，应当对原经营者给予适当的补偿。

第七条 诚实信用原则

民事主体从事民事活动，应当遵循诚信原则，秉持诚实，恪守承诺。

▶理解与适用

诚信原则要求所有民事主体在从事任何民事活动时，包括行使民事权利、履行民事义务、承担民事责任时，都应该秉持诚实、善意，信守自己的承诺。

诚信原则作为民法最为重要的基本原则，被称为民法的"帝王条款"，是各国民法公认的基本原则。

由于诚信原则具有高度抽象性和概括性，使得诚信原则对于民事主体从事民事活动、司法机关进行民事裁判活动都具有重要作用。诚信原则不仅为民事主体开展民事活动进行指导，是民事主体从事民事活动的行为规则，要求民事主体行使权利、履行义务都应善意不欺、恪守信用。同时，诚信原则对司法机关裁判民事纠纷也具有积极作用，在当事人没有明确约定或法律没有具体规定时，司法机关可以根据诚信原则填补合同漏洞、弥补法律空白，平衡民事主体之间、民事主体与社会之间的利益，进而实现社会的公平正义。

▶条文参见

《反不正当竞争法》第2条；《拍卖法》第4条

▶典型案例指引

韩龙梅等诉阳光人寿保险股份有限公司江苏分公司保险合同纠纷案（《最高人民法院公报》2010 年第 5 期）

案件适用要点：《保险法》第 17 条第 1 款规定："订立保险合同，保险人应当向投保人说明保险合同的条款内容，并可以就保险标的或者被保险人的有关情况提出询问，投保人应当如实告知。"保险人或其委托的代理人出售"自助式保险卡"未尽说明义务，又未对相关事项向投保人提出询问，自行代替投保人激活保险卡形成数据电文形式的电子保险单，在保险合同生效后，保险人以电子保险单内容不准确，投保人违反如实告知义务为由主张解除保险合同的，人民法院不予支持。

第八条　守法和公序良俗原则

民事主体从事民事活动，不得违反法律，不得违背公序良俗。

▶理解与适用

守法和公序良俗原则，也是现代民法的一项重要基本原则。

公序良俗是指公共秩序和善良习俗。守法和公序良俗原则要求自然人、法人和非法人组织在从事民事活动时，不得违反各种法律的强制性规定，不违背公共秩序和善良习俗：(1) 民事主体从事民事活动不得违反法律。不得违反法律中的法律不仅包括民事法律，还包括其他部门法。所谓不得违反法律，就是要求不违反法律的强制性规定。民事主体在从事民事活动时，只要法律未明文禁止，又不违背公序良俗，就可以根据自己的利益和需要创设权利、义务内容。民事主体在从事民事活动时享有较大的自主空间，实现充分的意思自治。由于民法的基本原则之一就是意思自治，民法通常情况下不会干预民事主体的行为自由，民法的大多数规范都是任意性规范。对于任意性规范，民事主体可以结合自身的利益需要，决定是否纳入自己的意思自治范围。但是，任何人的自由并非毫无限制的，民法同样需要维护社会基本的生产、生活秩序，需要维护国家的基本价值追求，法律的强制性规范就是为了实现这一目的而实现的，民事主体在从事民事活动时，应当遵守法律的强制性规定。(2) 民事主体从事民事活动不得违背公序良俗。不得违背公序良俗原则，就是不得违背公共秩序和善良习俗。公共秩序，是指政治、经济、文化等领域的基本秩序和根本理念，是与国家和社会整体利益相关的基础性原则、价值和秩序，在以往的民商事立法中被称为社会公共利益。善良习俗是指基于社会主流道德观念的习俗，也被称为社会公共道德，是全体社会成员所普遍认可、遵循的道德准则。善良习俗具有一定的时代性和地域性，随着社会成员的普遍道德观念的改变而改变。公共秩序强调的是国家和社会层面的价值理念，善良习俗突出的则是民间的道德观念，二者相辅相成，互为补充。

▶条文参见

《公司法》第 5 条；《妇女权益保障法》第 5 条；《保险法》第 4 条

第九条 绿色原则

民事主体从事民事活动，应当有利于节约资源、保护生态环境。

▶理解与适用

绿色原则是贯彻宪法关于保护环境的要求，同时也是落实党中央关于建设生态文明、实现可持续发展理念的要求，将环境资源保护上升至民法基本原则的地位，具有鲜明的时代特征，将全面开启环境资源保护的民法通道，有利于构建生态时代下人与自然的新型关系，顺应绿色立法潮流。

▶条文参见

《宪法》第9条；《森林法》第3条；《土地管理法》第38条；《环境保护法》第6条

第十条　民法法源及顺序

处理民事纠纷，应当依照法律；法律没有规定的，可以适用习惯，但是不得违背公序良俗。

▶理解与适用

本条规定，人民法院、仲裁机构等在处理民事纠纷时，首先应当依照法律。这里的法律是指广义的法律，包括全国人大及其常委会制定的法律和国务院制定的行政法规，也不排除地方性法规、自治条例和单行条例等。根据我国《立法法》第8条第9项规定，民事基本制度只能由全国人民代表大会及其常委会制定的法律规定。行政法规可以根据法律的规定或经法律的授权，针对特定领域的民事关系作出具体的细化规定。

本条还规定，法律没有规定的，可以适用不违背公序良俗的习惯。习惯是指在一定地域、行业范围内长期为一般人确信并普遍遵守的民间习惯或者商业惯例。适用习惯受到两个方面的限制：一是适用习惯的前提是法律没有规定。所谓法律没有规定，就是相关的法律、行政法规、地方性法规对特定民事纠纷未作出规定。二是所适用的习惯不得违背公序良俗。因此，并非所有的习惯都可以用作处理民事纠纷的依据，只有不违背公序良俗的习惯才可以适用，当然适用习惯也不得违背法律的基本原则。

▶典型案例指引

李金华诉立融典当公司典当纠纷案（《最高人民法院公报》2006年第1期）

案件适用要点：绝当后，消灭当户基于典当合同对当物的回赎权，既不违反法律规定，也符合典当行业的惯例和社会公众的一般理解。

第十一条 特别法优先

其他法律对民事关系有特别规定的，依照其规定。

▶理解与适用

《立法法》第92条规定，同一机关制定的法律，特别规定与一般规定不一致的，适用特别规定。《民法典》出台后，将作为一般法，各民商事单行法作为特别法，根据《立法法》的规定，特别法的规定将优先适用。本条明确强调了特别法优先的法律适用规则。

如关于诉讼时效，总则编规定的一般诉讼时效期间为3年。而《海商法》第260条规定，有关海上拖航合同的请求权，时效期间为1年，自知道或者应当知道权利被侵害之日起计算。《保险法》第26条第2款规定，人寿保险的被保险人或者受益人向保险人请求给付保险金的诉讼时效期间为5年，自其知道或者应当知道保险事故发生之日起计算。上述规定就具有优先适用的地位。

▶条文参见

《立法法》第92条、第94条；《涉外民事关系法律适用法》第2条；《票据法》第96条

第十二条 民法的地域效力

中华人民共和国领域内的民事活动，适用中华人民共和国法律。法律另有规定的，依照其规定。

▶条文参见

《涉外民事关系法律适用法》第3条

第二章　自　然　人

第一节　民事权利能力和民事行为能力

第十三条　民事权利能力的起止时间

自然人从出生时起到死亡时止，具有民事权利能力，依法享有民事权利，承担民事义务。

▶理解与适用

民事权利能力是指民事主体享有民事权利、承担民事义务的法律资格。法律规定了自然人民事权利能力，也即确认了自然人的民事主体地位，这是自然人依法享有民事权利，承担民事义务的前提。自然人的民事权利能力既包括自然人享有民事权利的资格，也包括自然人承担民事义务的资格。

民事权利能力具有不可剥夺的特征。民事权利能力始于出生，终于死亡。自然人生存期间，其民事权利能力不因任何原因丧失、消灭。自然人受到刑事处罚、丧失民事行为能力等，都不能导致民事权利能力的减损或者消灭。法律包括公法都不得对自然人的民事权利能力进行限制或者剥夺。

第十四条　民事权利能力平等

自然人的民事权利能力一律平等。

第十五条　出生和死亡时间的认定

自然人的出生时间和死亡时间，以出生证明、死亡证明记载的时间为准；没有出生证明、死亡证明的，以户籍登记或者其他有效身份登记记载的时间为准。有其他证据足以推翻以上记载时间的，以该证据证明的时间为准。

▶理解与适用

本条将出生证明、死亡证明记载的时间作为判断自然人出生时间、死亡时间的最基本依据。出生证明，即出生医学证明，记载有新生儿的姓名、性别、出生时间、父母亲姓名等。

死亡证明是指有关单位出具的证明自然人死亡的文书。主要包括以下几类：公民死于医疗单位的，由医疗单位出具死亡医学证明书；公民正常死亡但无法取得医院出具的死亡证明的，由社区、村（居）委会或者基层卫生医疗机构出具证明；公民非正常死亡或者卫生部门不能确定是否属于正常死亡的，由公安司法部门出具死亡证明；死亡公民已经火化的，殡葬部门出具火化证明。死亡证明是记载死亡时间的原始凭证，具有证明死亡时间的准确性和规范性，因此本条将死亡证明记载的时间作为判断自然人死亡时间的最基本的依据。

依据本条规定，没有出生证明、死亡证明的，以户籍登记或者其他有效身份登记记载的时间为准。户籍登记是国家公安机关按照国家户籍管理法律法规，对公民的身份信息进行登记记载的制度。

户籍登记以外的其他有效身份登记，包括我国公民居住证、港澳同胞回乡证、台湾居民的有效旅行证件、外国人居留证等。

▶条文参见

《执业医师法》第21条；《户口登记条例》第7条

第十六条 胎儿的部分民事权利能力

涉及遗产继承、接受赠与等胎儿利益保护的，胎儿视为具有民事权利能力。但是，胎儿娩出时为死体的，其民事权利能力自始不存在。

▶理解与适用

自然人的民事权利能力始于出生，胎儿尚未与母体分离，不是独立的自然人，不能依据民事权利能力的一般规定进行保护。

本条从法律上明确胎儿在特定情形下视为具有民事权利能力。胎儿自母亲怀孕之时起就应当被视为具有民事权利能力，无须待到其出生之时，即可行使继承权等建议。但如“胎儿娩出时为死体”的，则溯及于怀胎期间消灭其民事权利能力。胎儿享有的部分民事权利能力，除本条明确规定的遗产继承、接受赠与，还可能包括人身损害赔偿请求权、抚养损害赔偿请求权以及其他基于身份的请求权。

第十七条 成年时间

十八周岁以上的自然人为成年人。不满十八周岁的自然人为未成年人。

▶理解与适用

在民法中区分成年人与未成年人的法律意义主要有以下几个方面：一是判断民事法律行为的效力。成年人可以独立实施民事法律行为，未成年人只可以独立实施部分民事法律行为，实施其他民事法律行为要经过法定代理人的同意或者追认。二是确定婚姻家庭关系中的权利义务。三是设立监护。为了保护未成年人的人身、财产权利及其他合法权益，对未成年人应当设立监护人。父母是未成年人的监护人，未成年人的父母已经死亡或者没有监护能力的，依法由其他有监护能力的人担任监护人。《民法典》将成年人年龄确定为 18 周岁。这也与我国宪法的相关规定相一致。我国宪法将选举权和被选举权这一重要的政治权利，赋予年满 18 周岁的公民。

▶条文参见

《宪法》第 34 条；《未成年人保护法》第 2 条

第十八条 完全民事行为能力人

成年人为完全民事行为能力人，可以独立实施民事法律行为。

十六周岁以上的未成年人，以自己的劳动收入为主要生活来源的，视为完全民事行为能力人。

▶理解与适用

民事行为能力是指民事主体独立参与民事活动，以自己的行为取得民事权利或者承担民事义务的法律资格。民事行为能力与民事权利能力不同，民事权利能力是民事主体从事民事活动的前提，民事行为能力是民事主体从事民事活动的条件。所有的自然人都有民事权利能力，但不一定都有民事行为能力。自然人一经出生即当然享有民事权利能力，但要独立从事民事活动，实施民事法律行为，还必须要具有相应的民事行为能力。自然人的辨识能力因年龄、智力、精神健康等因素不同而有差异。《民法典》根据自然人辨识能力的不同，将自然人的民事行为能力分为完全民事行为能力、限制民事行为能力和无民事行为能力。完全民事行为能力人具有健全的辨识能力，可以独立进行民事活动；限制民事行为能力人只能独立进行与其辨识能力相适应的民事活动；无民事行为能力人应当由其法定代理人代理实施民事活动。

依据本条规定，成年人，即年龄18周岁的自然人，具有完全民事行为能力，可以独立实施民事法律行为，并独立对民事法律行为的法律后果负责。但是，本条规定的成年人指辨认识别能力正常的成年人，对于辨认识别能力不足的成年人则根据具体情况的不同归为限制民事行为能力人或者无民事行为能力人。16周岁以上的未成年人，如果以自己的劳动收入为主要生活来源的，表明其已经具备成年人的辨识能力，可以独立实施民事法律行为，独立承担民事法律行为的后果，因此法律将其视为完全民事行为能力人。

▶条文参见

《劳动法》第15条；《预防未成年人犯罪法》第12条

第十九条 限制民事行为能力人的年龄标准及能力限制

八周岁以上的未成年人为限制民事行为能力人，实施民事法律行为由其法定代理人代理或者经其法定代理人同意、追认；但是，可以独立实施纯获利益的民事法律行为或者与其年龄、智力相适应的民事法律行为。

▶理解与适用

依据本条规定，8周岁以上的未成年人为限制民事行为能力人，心智发育仍然不够成熟，实施民事法律行为一般应当由其法定代理人代理，或者经其法定代理人同意、追认。同意是指事前同意，即限制民事行为能力的未成年人实施民事法律行为要经法定代理人的事前同意；追认指事后追认，即限制民事行为能力的未成年人实施的民事法律行为要经过法定代理人的事后追认，才能对该未成年人发生效力。但是，8周岁以上的未成年人已经具有一定的辨认识别能力，法律应当允许其独立实施一定的民事法律行为。可以独立实施的民事法律行为包括两类：一类是纯获利益的民事法律行为，例如接受赠与等。限制民事行为能力的未成年人通常不会因这类行为遭受不利益，可以独立实施。另一类是与其年龄、智力相适应的民事法律行为，例如八周岁的儿童购买学习用品等。限制民事行为能力的未成年人对实施这类行为有相应的认知能力，可以独立实施。

▶条文参见

《广告法》第33条；《公证法》第31条；《保险法》第39条；《婚姻登记条例》第12条

第二十条 无民事行为能力人的年龄标准及能力限制

不满八周岁的未成年人为无民事行为能力人，由其法定代理人代理实施民事法律行为。

▶理解与适用

无民事行为能力是指不具有以自己的行为取得民事权利或者承担民事义务的资格。8 周岁以下的未成年人，生理心理发育仍然很不成熟，对自己行为的辨认识别能力以及行为后果的预见能力仍然非常不够，为了避免他们的权益受到损害，法律将其规定为无民事行为能力人。依据本条规定，8 周岁以下的儿童不具有独立从事民事法律行为的资格，要由其法定代理人代理实施民事法律行为。

第二十一条 无民事行为能力人的意思能力标准及能力限制

不能辨认自己行为的成年人为无民事行为能力人，由其法定代理人代理实施民事法律行为。

八周岁以上的未成年人不能辨认自己行为的，适用前款规定。

▶理解与适用

原《民法通则》规定，只有完全不能辨认自己行为的精神病患者为无民事行为能力人，不完全正确。除了精神病患者之外，还有植物人、老年痴呆症患者等成年人也没有民事行为能力。根据实际情况，《民法典》采取了新的成年人无民事行为能力的标准，即不能辨认自己行为。已满 18 周岁的成年人，只要是不能辨认自己的行为的，就是无民事行为能力人，而不再区分是因何原因而不能辨认自己的行为。

8 周岁以上的未成年人原本是限制民事行为能力人，如果 8 周岁以上的未成年人也不能辨认自己的行为，与不能辨认自己行为的成年人一样，也是无民事行为能力人。

无民事行为能力的成年人或者8周岁以上不能辨认自己行为的未成年人，在实施民事法律行为时，都须由其法定代理人代理，不得自己独立实施，否则为无效。

第二十二条 成年限制民事行为能力人的意思能力标准及能力限制

不能完全辨认自己行为的成年人为限制民事行为能力人，实施民事法律行为由其法定代理人代理或者经其法定代理人同意、追认；但是，可以独立实施纯获利益的民事法律行为或者与其智力、精神健康状况相适应的民事法律行为。

▶理解与适用

因智力障碍、精神障碍以及其他疾病导致不能完全辨认自己行为的成年人，均为限制民事行为能力人。限制民事行为能力的成年人实施民事法律行为一般由其法定代理人代理或者经其法定代理人同意、追认，但也可以独立实施一定的民事法律行为。关于“与其智力、精神健康状况相适应”的认定，应当结合限制民事行为能力的成年人的智力、精神健康状况、行为的性质、标的数额等因素综合判断，具体情况具体分析，没有统一的标准。如果该成年人所从事的民事法律行为与其智力、精神健康状况不相适应，需经其法定代理人事前同意或者事后追认；如果该成年人所从事的民事法律行为与其智力、精神健康状况相适应，不需经其法定代理人同意或者追认，即为有效。

第二十三条 非完全民事行为能力人的法定代理人

无民事行为能力人、限制民事行为能力人的监护人是其法定代理人。

第二十四条 成年人民事行为能力的认定及恢复

不能辨认或者不能完全辨认自己行为的成年人，其利害关系人或者有关组织，可以向人民法院申请认定该成年人为无民事行为能力人或者限制民事行为能力人。

被人民法院认定为无民事行为能力人或者限制民事行为能力人的，经本人、利害关系人或者有关组织申请，人民法院可以根据其智力、精神健康恢复的状况，认定该成年人恢复为限制民事行为能力人或者完全民事行为能力人。

本条规定的有关组织包括：居民委员会、村民委员会、学校、医疗机构、妇女联合会、残疾人联合会、依法设立的老年人组织、民政部门等。

▶理解与适用

本条规定针对的是不能辨认或者不能完全辨认自己行为的成年人。无民事行为能力或者限制民事行为能力的成年人辨认识别能力不足，往往是因为先天因素或者疾病、事故等原因造成的，短时期内难以恢复，有的甚至是不可逆转的。将不能辨认或者不能完全辨认自己行为的成年人，认定为无民事行为能力人或者限制民事行为能力人，一是对该成年人可以依照法定程序选任监护人，以保护其人身权益、财产权益及其他合法权益；二是法定代理人可以通过主张该成年人所实施的民事法律行为无效，或者撤销该民事法律行为，从而避免该成年人的权益受到损害；三是有利于保护交易安全。交易相对人可以事先决定是否与该成年人进行交易。如果在不知情的情况下，进行了交易，相对人也可以通过催告法定代理人及时予以追认或者依法撤销该民事法律行为，尽快确定民事法律行为的效力。

依据本条规定，该认定需要向法院提出申请，并需要由法院作出判决，主要原因是无民事行为能力或者限制民事行为能力的认定对成年人的权益影响重大。将成年人认定为无民事行为能力或者限制民事行为能力，既是对辨认识别能力不足的成年人的保护，也是对这些成年人自由实施民事法律行为的限制，因此必须通过法定程序进行。此外，这些成年人辨认识别能力缺失的程度也有所不同，一般人难以认定，宜由法院综合各方面情况作出判断。

需要注意的是，本条中关于利害关系人的具体范围无法通过立法明确规定，应当具体情况具体分析。一般而言，对于第1款规定的“利害关系人”的范围，主要包括本人的近亲属、债权债务人等。对于第2款规定的“利害关系人”的范围，主要包括本人的监护人、债权债务人等。但具体案件中，这些主体是否都有资格向法院提出申请，也要在个案中根据实际情况作出判断。认定利害关系人是否是适格的申请主体，需要看本人的民事行为能力状况对其是否有重要意义或者影响。例如，本人的债务人如果不是为了确定民事法律行为的效力，也不得向法院申请认定其为无民事行为能力人、限制民事行为能力人。

▶条文参见

《民事诉讼法》第187－189条

第二十五条 自然人的住所

自然人以户籍登记或者其他有效身份登记记载的居所为住所；经常居所与住所不一致的，经常居所视为住所。

▶理解与适用

住所是指民事主体进行民事活动的中心场所或者主要场所。自然人的住所一般指自然人长期居住、较为固定的居所。自然人的住所对婚姻登记、宣告失踪、宣告死亡、债务履行地、司法管辖、诉讼送达等具有重要的法律意义。居所指自然人实际居住的一定处所，其与住所的区别是，一个自然人可以同时有两个或多个居所，但只能有一个住所。一般的居所都是自然人临时居住，为暂时性的，住所则为长期固定的。依据本条规定，自然人以户籍登记或者其他有效身份登记记载的居所为住所。户籍登记是国家公安机关按照国家户籍管理法律法规，对公民的身份信息进行登记记载的制度。本条中的“其他有效身份登记”主要包括居住证和外国人的有效居留证件等。

▶条文参见

《民事诉讼法》第21、22条

第二节　监　　护

第二十六条　父母与子女之间的义务

父母对未成年子女负有抚养、教育和保护的义务。

成年子女对父母负有赡养、扶助和保护的义务。

▶理解与适用

监护制度是我国基本的民事法律制度之一，在整个《民法典》中都占有重要地位。《民法典》构建了以家庭监护为基础、社会监护为补充、国家监护为兜底的监护制度。

依据本条规定，父母对未成年子女的抚养、教育和保护义务，主要包括进行生活上的照料，保障未成年人接受义务教育，以适当的方式方法管理和教育未成年人，保护未成年人的人身、财产不受到侵害，促进未成年人的身心健康发展等。成年子女对父母的赡养、扶助和保护义务，主要包括子女对丧失劳动能力或生活困难的父母，要进行生活上的照料和经济上供养，从精神上慰藉父母，保护父母的人身、财产权益不受侵害。本法典婚姻家庭编、老年人权益保障法等对此作出了较为具体的规定。

▶条文参见

《宪法》第49条；《老年人权益保障法》第14条；《教育法》第50条；《未成年人保护法》第10、12条

第二十七条 未成年人的监护人

父母是未成年子女的监护人。

未成年人的父母已经死亡或者没有监护能力的，由下列有监护能力的人按顺序担任监护人：

（一）祖父母、外祖父母；

（二）兄、姐；

（三）其他愿意担任监护人的个人或者组织，但是须经未成年人住所地的居民委员会、村民委员会或者民政部门同意。

▶理解与适用

监护是保障无民事行为能力人和限制民事行为能力人的权益，弥补其民事行为能力不足的法律制度。被监护人包括两类：一类是未成年人；另一类是无民事行为能力人和限制民事行为能力的成年人。

本条是关于未成年人的监护人的规定。

本条第 1 款规定，父母是未成年人的监护人。只有在父母死亡或者没有监护能力的情况下，才可以由其他个人或者有关组织担任监护人。

本条第 2 款对父母之外的其他个人或者组织担任监护人作出规定。一是规定父母之外具有监护能力的人按顺序担任监护人；二是增加规定了有关组织担任监护人的规定。

本条明确具有监护资格的人按照顺序担任监护人，主要目的在于防止具有监护资格的人之间互相推卸责任。当出现两个或者两个以上具有监护资格的人都愿意担任监护人，或者应当担任监护人的人认为自己不适合担任或认为其他具有监护资格的人更适合担任，则可以按照本条规定的顺序确定监护人，或者依照本法第 30 条规定进行协商；协商不成的，按照本法第 31 条规定的监护争议解决程序处理，由居民委员会、村民委员会、民政部门或者人民法院按照最有利于被监护人的原则指定监护人，不受本条规定的顺序的限制，但仍可作为依据。

第二十八条 非完全民事行为能力成年人的监护人

无民事行为能力或者限制民事行为能力的成年人，由下列有监护能力的人按顺序担任监护人：

（一）配偶；

（二）父母、子女；

（三）其他近亲属；

（四）其他愿意担任监护人的个人或者组织，但是须经被监护人住所地的居民委员会、村民委员会或者民政部门同意。

▶理解与适用

本条规定的需要设立监护的成年人为无民事行为能力人或者限制民事行为能力人，包括因智力、精神障碍以及因年老、疾病等各种原因，导致辨识能力不足的成年人。监护是对失智成年人人身、财产等各方面权益的保护和安排。

第二十九条 遗嘱指定监护

被监护人的父母担任监护人的，可以通过遗嘱指定监护人。

▶理解与适用

依据本条规定，被监护人（包括未成年人、无民事行为能力或者限制民事行为能力的成年人）的父母可以通过立遗嘱的形式为被监护人指定监护人，但前提是被监护人的父母正在担任着监护人，如果父母因丧失监护能力没有担任监护人，或者因侵害被监护人合法权益被撤销监护人资格等不再担任监护人的，父母已不宜再通过立遗嘱的形式为被监护人指定监护人。

关于遗嘱指定监护与法定监护的关系，一般来说，遗嘱指定监护具有优先地位。遗嘱指定监护是父母通过立遗嘱选择值得信任并对保护被监护人权益最为有利的人担任监护人，应当优先于本法第27条、第28条规定的法定监护。遗嘱指定监护指定的监护人，也应当不限于本法第27条、第28条规定的具有监护资格的人。但是，遗嘱指定的监护人应当具有监护能力，能够履行监护职责。如果遗嘱指定后，客观情况发生变化，遗嘱指定的监护人因患病等原因丧失监护能力，或者因出国等各种原因不能够履行监护职责，就不能执行遗嘱指定监护，应当依法另行确定监护人。

第三十条 协议监护

依法具有监护资格的人之间可以协议确定监护人。协议确定监护人应当尊重被监护人的真实意愿。

▶理解与适用

协议监护是确定监护人的方式之一，依据本条规定，协议监护具有以下几个特点：第一，协议主体必须是依法具有监护资格的人。即本法第27条、第28条规定的具有监护资格的人。未成年人的父母有监护能力的，不得与其他人签订协议，确定由其他人担任监护人，推卸自身责任。对于未成年人，协议监护只限于父母死亡或者没有监护能力的情况。协议的主体为：1. 祖父母、外祖父母；2. 兄、姐；3. 经未成年人住所地的居民委员会、村民委员会或者民政部门同意的其他愿意担任监护人的个人或者有关组织。对于父母丧失监护能力的，父母可以不作为协议监护的主体，但对协议确定监护人也可以提出自己的意见，具有监护资格的人在协议确定未成年人的监护时，从有利于保护被监护人的利益出发，应当尽量予以尊重。对于无民事行为能力或者限制民事行为的成年人，协议的主体为：1. 配偶；2. 父母、子女；3. 其他近亲属；4. 经该成年人住所地的居民委员会、村民委员会或者民政部门同意的其他愿意担任监护人的个人或者有关组织。第二，协议确定的监护人必须从具有监护资格的人之间产生，不得在法律规定的具有监护资格的人之外确定监护人。在具有监护资格的人之外确定监护人的，协议监护无效。第三，协议监护是具有监护资格的人合意的结果，合意产生后，由协议确定的监护人担任监护人，履行监护职责。监护人一旦确定，即不得擅自变更，否则要承担相应的法律责任。协议确定监护人对被监护人的利益影响重大，应当充分尊重被监护人的真实意愿。“尊重被监护人的真实意愿”不是简单地征求被监护人的意见，要结合多种情况进行综合考量判断，探求其内心真实的愿望。限制民事行为能力的未成年人和成年人已经具备了一定的认知判断能力以及较强的表达能力，协议确定监护人应当直接听取其意见，并对其意见是否反映其真实意愿，结合其他一些因素，例如是否受到胁迫等进行判断。无民事行为能力的被监护人，不具有独立的认知判断能力，但这不意味着这些被监护人没有真实意愿。对于无民事行为能力的被监护人的真实意愿，也应当结合各种情况，例如被监护人与哪一个具有监护资格的人生活联系最为密切等因素，去发现并充分尊重被监护人的真实意愿，这对于保护被监护人的身心健康，具有重要意义。

第三十一条　指定监护

对监护人的确定有争议的，由被监护人住所地的居民委员会、村民委员会或者民政部门指定监护人，有关当事人对指定不服的，可以向人民法院申请指定监护人；有关当事人也可以直接向人民法院申请指定监护人。

居民委员会、村民委员会、民政部门或者人民法院应当尊重被监护人的真实意愿，按照最有利于被监护人的原则在依法具有监护资格的人中指定监护人。

依据本条第一款规定指定监护人前，被监护人的人身权利、财产权利以及其他合法权益处于无人保护状态的，由被监护人住所地的居民委员会、村民委员会、法律规定的有关组织或者民政部门担任临时监护人。

监护人被指定后，不得擅自变更；擅自变更的，不免除被指定的监护人的责任。

▶**理解与适用**

本条规定不再保留《民法通则》规定的诉前指定程序。按照《民法通则》规定，对担任监护人有争议的案件，在向法院提起诉讼前，必须先经有关单位或者居民委员会、村民委员会进行指定。在实践中，因相关单位不愿指定、迟迟不指定监护人的情况较为常见，导致监护人长期不确定，诉讼程序难以启动，给妥善解决监护争议增加了难度，不利于保护被监护人的权益。鉴于此，本法不再规定监护诉讼的指定前置程序，对监护人的确定有争议的，有关当事人可以不经指定，直接向人民法院提出申请，由人民法院指定。本条还删去了《民法通则》规定的未成年人父母所在单位或者成年被监护人所在单位指定监护人的内容。

本条第1款规定了对监护人的确定有争议情况下的两种解决途径：一是由被监护人住所地的居民委员会、村民委员会或者民政部门指定监护人。该指定并没有终局效力。有关当事人对该指定不服的，可以向法院提出申请，由法院指定监护人。法院的指定具有终局效力，被指定的监护人应当履行监护职责，不得推卸。二是有关当事人可以不经居民委员会、村民委员会或者民政部门的指定，直接向法院提出申请，由法院指定监护人。本款规定的“对监护人的确定有争议的”既包括争当监护人的情况，也包括推卸拒不担当监护人的情况，主要包括以下几类情形：一是具有监护资格的人均认为自己适合担任监护人，争当监护人；二是按照本法第 27 条、第 28 条规定的顺序应当担任监护人的，认为自己没有监护能力，无法履行监护职责或者认为其他具有监护资格的人更适宜担任监护人；三是后一顺序具有监护资格的人要求前一顺序具有监护资格的人依法履行监护职责；四是具有监护资格的人均推卸监护职责，拒不担当监护人的情况。对此，居民委员会、村民委员会或者民政部门应当介入，切实履行起指定监护的职责，依法指定监护人。本款中的两处“有关当事人”指对监护人的确定有争议的当事人。

第 2 款规定了居民委员会、村民委员会、民政部门或者人民法院指定监护人的原则：一是应当尊重被监护人的真实意愿；二是要按照最有利于被监护人的原则指定。“按照最有利于被监护人的原则指定”，是指居民委员会、村民委员会、民政部门或者人民法院指定监护人并不需要遵照本法第 27 条第 2 款、第 28 条规定的顺序，而应当结合具有监护资格的人与被监护人的生活情感联系、有无利害冲突，具有监护资格的人的品行、身体状况、经济条件以及能够为被监护人提供的教育水平或者生活照料措施等，综合进行判断，并尊重被监护人的真实意愿，选择最有利于被监护人健康成长或者健康恢复、最利于保护被监护人合法权益的人担任监护人。

第 3 款规定了临时监护制度。临时监护人由被监护人住所地的居民委员会、村民委员会、法律规定的有关组织或者民政部门担任。本款中的“依照本条第一款规定指定监护人前”应当从宽理解，不能仅限于监护争议解决期间。从时间点上，应当包括以下两个期间：一是监护争议解决程序启动之后，即居民委员会、村民委员会、民政部门开始处理监护争议或者人民法院受理监护申请之后，至指定监护人之前的期间；二是监护争议解决程序启动之前，只要发现因无人履行监护职责，被监护人的合法权益处于无人保护状态的，就由本条规定的居民委员会、村民委员会、法律规定的有关组织或者民政部门担任临时监护人，随后再依法启动监护争议解决程序，指定监护人。

第4款规定了指定监护的法律效力。依照监护争议解决程序，由居民委员会、村民委员会、民政部门或者人民法院指定监护人后，被指定的监护人应当履行监护职责，不得推卸，不得擅自变更。如果擅自变更为由其他人担任监护人的，不免除被指定的监护人的责任。被监护人侵害他人的合法权益，或者被监护人自身受到损害的，被指定的监护人仍应当承担责任，擅自变更后的监护人也要根据过错程度承担相应的责任。

第三十二条 单位监护人

没有依法具有监护资格的人的，监护人由民政部门担任，也可以由具备履行监护职责条件的被监护人住所地的居民委员会、村民委员会担任。

▶理解与适用

本条是关于在监护人缺位时由政府民政部门担任兜底监护人的规定。“没有依法具有监护资格的人的”主要指没有本法第27条、第28条规定的具有监护资格的人的情况，即被监护人的父母死亡或者没有监护能力，也没有其他近亲属，或者其他近亲属都没有监护能力，而且还没有符合条件的其他愿意担任监护人的个人或者组织。如果存在具有监护资格的人，但其拒绝担任监护人的，不适用本条规定。

第三十三条 意定监护

具有完全民事行为能力的成年人，可以与其近亲属、其他愿意担任监护人的个人或者组织事先协商，以书面形式确定自己的监护人，在自己丧失或者部分丧失民事行为能力时，由该监护人履行监护职责。

▶理解与适用

意定监护是在监护领域对自愿原则的贯彻落实，是具有完全民事行为能力的成年人对自己将来的监护事务，按照自己的意愿事先所做的安排。依据本条规定，具有完全民事行为能力的成年人确定自己丧失或者部分丧失民事行为能力时的监护人，应当事先取得被选择方的认可，即经双方协商一致。意定监护对被监护人的权益影响很大，应以书面方式为宜，明确写明经双方认可的内容，对于其真实性、合法性加以保障，从根源上减少意定监护纠纷。

需要注意的是，意定监护不同于本法第30条规定的协议确定监护人，后者仍然属于法定监护方式，协议的主体是具有监护资格的人。一般而言，意定监护优先于法定监护予以适用。法律设立意定监护制度即是要尊重成年人自己的意愿，当然具有优先适用的地位。只有在意定监护协议无效或者因各种原因，例如协议确定的监护人丧失监护能力，监护协议无法履行的情况下，再适用法定监护。

▶条文参见

《老年人权益保障法》第26条

第三十四条　监护职责

监护人的职责是代理被监护人实施民事法律行为，保护被监护人的人身权利、财产权利以及其他合法权益等。

监护人依法履行监护职责产生的权利，受法律保护。

监护人不履行监护职责或者侵害被监护人合法权益的，应当承担法律责任。

因发生突发事件等紧急情况，监护人暂时无法履行监护职责，被监护人的生活处于无人照料状态的，被监护人住所地的居民委员会、村民委员会或者民政部门应当为被监护人安排必要的临时生活照料措施。

▶**理解与适用**

本条第1款规定了监护人的职责。监护人保护被监护人的人身权利、财产权利以及其他合法权益的职责，主要包括：保护被监护人的身心健康，促进未成年人的健康成长，对成年被监护人也要积极促进其健康状况的恢复；照顾被监护人的生活；管理和保护被监护人的财产；对被监护人进行教育和必要的管理；在被监护人合法权益受到侵害或者与人发生争议时，代理其进行诉讼等。相关单行法也对监护人的监护职责作出较为具体的规定。例如，《未成年人保护法》专章对未成年人的父母或者其他监护人的监护职责作出具体规定。《精神卫生法》对精神障碍患者的监护人职责作出了规定。

第2款规定了监护人因履行监护职责所产生的权利。例如，监护人为保护被监护人的人身权益，享有医疗方案的同意权；监护人为了保护被监护人财产权益，享有财产的管理和支配权；被监护人合法权益受到侵害或者与人发生争议时，代理被监护人参加诉讼的权利等。监护人享有这些权利，是为履行监护职责所需要，目的还是为了保护被监护人的人身、财产权利及其他合法权益。监护人行使这些权利时，其他人不得侵害或者剥夺。相关单行法也对监护人因履行监护职责所产生的权利作出规定。《广告法》第33条规定，广告主或者广告经营者在广告中使用无民事行为能力人、限制民事行为能力人的名义或者形象的，应当事先取得其监护人的书面同意。《母婴保健法》第19条规定，依照本法规定施行终止妊娠或者结扎手术，本人无行为能力的，应当经其监护人同意，并签署意见。

第3款规定了监护人的责任。监护人如果不履行监护职责或者侵害被监护人合法权益的，应当承担相应的责任，主要包括两个方面：一对被监护人的侵权行为承担责任。二是监护人不履行监护职责或者侵害被监护人合法权益，造成被监护人人身、财产损害的，应当承担民事责任。

第 4 款是新增条款，结合新型冠状肺炎疫情防控工作，对我国的监护制度作了进一步完善。

▶条文参见

《未成年人保护法》第 11 条、第 13 条；《精神卫生法》第 30 条、第 49 条；《广告法》第 33 条；《母婴保健法》第 19 条

第三十五条 履行监护职责应遵循的原则

监护人应当按照最有利于被监护人的原则履行监护职责。监护人除为维护被监护人利益外，不得处分被监护人的财产。

未成年人的监护人履行监护职责，在作出与被监护人利益有关的决定时，应当根据被监护人的年龄和智力状况，尊重被监护人的真实意愿。

成年人的监护人履行监护职责，应当最大程度地尊重被监护人的真实意愿，保障并协助被监护人实施与其智力、精神健康状况相适应的民事法律行为。对被监护人有能力独立处理的事务，监护人不得干涉。

▶理解与适用

本条第 1 款确立了最有利于被监护人的原则。依据本款规定，对未成年人和成年被监护人的监护，均要遵循最有利于被监护人的原则，即监护人在保护被监护人的人身权利、财产权利及其他合法权益的过程中，要综合各方面因素进行权衡，选择最有利于被监护人的方案，采取最有利于被监护人的措施，使被监护人的利益最大化。

第 2 款规定了尊重未成年人意愿的原则。依据本款规定，未成年人的监护人在作出与未成年人的利益有关的决定时，应当征求未成年人的意见，在未成年人提出自己的意见后，再根据未成年人的年龄、社会经验、认知能力和判断能力等，探求、尊重被监护人的真实意愿。

第3款规定了最大程度地尊重成年被监护人意愿的原则。最大程度地尊重被监护人的真实意愿是成年人的监护人履行监护职责的基本原则，贯穿于履行监护职责的方方面面。如果某项民事法律行为，根据被监护人的智力、精神健康状况，被监护人可以独立实施，监护人不得代理实施，要创造条件保障、支持被监护人独立实施。监护人不得干涉被监护人有能力独立处理的事务，促进被监护人按照自己的意愿独立、正常生活。

▶条文参见

《未成年人保护法》第14条

第三十六条 监护人资格的撤销与重新指定

监护人有下列情形之一的，人民法院根据有关个人或者组织的申请，撤销其监护人资格，安排必要的临时监护措施，并按照最有利于被监护人的原则依法指定监护人：

（一）实施严重损害被监护人身心健康的行为；

（二）怠于履行监护职责，或者无法履行监护职责且拒绝将监护职责部分或者全部委托给他人，导致被监护人处于危困状态；

（三）实施严重侵害被监护人合法权益的其他行为。

本条规定的有关个人、组织包括：其他依法具有监护资格的人，居民委员会、村民委员会、学校、医疗机构、妇女联合会、残疾人联合会、未成年人保护组织、依法设立的老年人组织、民政部门等。

前款规定的个人和民政部门以外的组织未及时向人民法院申请撤销监护人资格的，民政部门应当向人民法院申请。

▶理解与适用

本条第1款规定了撤销监护人资格诉讼的适用情形。一是实施严重损害被监护人身心健康行为的，例如性侵害、出卖、遗弃、虐待、暴力伤害被监护人等。二是怠于履行监护职责，或者无法履行监护职责且拒绝将监护职责部分或者全部委托给他人，导致被监护人处于危困状态的。例如，父母有吸毒、赌博等恶习，怠于履行监护职责，导致儿童面临严重危险等；父母外出打工，也没有将监护职责委托给他人，留下年龄较小的儿童独立在家生活，处于危困状态等。三是兜底性规定，只要有严重侵害被监护人合法权益行为的，均可以撤销监护人资格。例如，教唆、利用未成年人实施违法犯罪行为等。

撤销监护人资格诉讼往往要持续一定的时间。在此期间内，如果被监护人的人身、财产等合法权益处于无人保护状态的，人民法院应当安排必要的临时监护措施。依据本法第 31 条第 3 款的规定，人民法院可以指定被监护人住所地的居民委员会、村民委员会、法律规定的有关组织或者民政部门担任临时监护人。

第 2 款对有权向法院申请撤销监护人资格的主体作出规定。第 3 款对兜底性的申请主体作出规定。当第 2 款规定的个人和民政部门以外的组织因各种原因未及时向人民法院提出撤销监护人资格的申请，导致被监护人的合法权益无法得到保护。则民政部门应当承担起向法院申请撤销监护人资格的职责。要正确理解本款与第 2 款赋予民政部门申请主体资格的关系。民政部门只要是发现具有严重侵害被监护人合法权益的情形，即可依据本条第 2 款规定，向法院申请撤销监护人资格，不需要等到其他个人或者组织都不向法院申请之后再行申请。如果其他个人或者组织都不向法院申请撤销监护人资格，此时，民政部门应当依照第 3 款规定，主动向法院提出申请。

▶条文参见

《反家庭暴力法》第 21 条；《未成年人保护法》第 6、53 条

第三十七条 监护人资格撤销后的义务

依法负担被监护人抚养费、赡养费、扶养费的父母、子女、配偶等，被人民法院撤销监护人资格后，应当继续履行负担的义务。

▶理解与适用

实践中，监护人往往由父母、子女、配偶等法定扶养义务人担任。监护人被撤销监护人资格后，就不能再继续履行监护职责。但法定抚养义务是基于血缘等关系由婚姻家庭法确立的法律义务，该义务不因监护人资格的撤销而免除。

第三十八条 监护人资格的恢复

被监护人的父母或者子女被人民法院撤销监护人资格后，除对被监护人实施故意犯罪的外，确有悔改表现的，经其申请，人民法院可以在尊重被监护人真实意愿的前提下，视情况恢复其监护人资格，人民法院指定的监护人与被监护人的监护关系同时终止。

▶理解与适用

依据本条规定，恢复监护人资格必须要向法院申请，由人民法院决定是否予以恢复。父母与子女是最近的直系亲属关系，本条适用的对象仅限于被监护人的父母或者子女，其他个人或者组织的监护人资格一旦被撤销，即不再恢复。被监护人的父母或者子女被撤销监护人资格后，再恢复监护人资格还需要满足以下几个条件：1. 没有对被监护人实施故意犯罪的情形，如对被监护人实施性侵害、虐待、遗弃被监护人等构成刑事犯罪的，不得恢复监护人资格。但对因过失犯罪，例如因过失导致被监护人受到伤害等被撤销监护人资格的，则可以根据具体情况来判断是否恢复监护人资格。2. 确有悔改表现，即被监护人的父母或者子女不但要有悔改的意愿，还要有实际的悔改表现，这需要由人民法院根据具体情形予以判断。3. 要尊重被监护人的真实意愿，如果被监护人不愿意父母或者子女继续担任监护人的，则不得恢复监护人资格。4. 即使符合以上条件，法院也还需要综合考虑各方面情况，从有利于被监护人权益保护的角度，决定是否恢复监护人资格。

第三十九条 监护关系的终止

有下列情形之一的，监护关系终止：

（一）被监护人取得或者恢复完全民事行为能力；

（二）监护人丧失监护能力；

（三）被监护人或者监护人死亡；

（四）人民法院认定监护关系终止的其他情形。

监护关系终止后，被监护人仍然需要监护的，应当依法另行确定监护人。

▶理解与适用

监护法律关系消灭，发生的法律后果是：1. 被监护人脱离监护，即为完全民事行为能力人，可以独立行使民事权利，独立承担民事义务，人身、财产权益均由自己维护，民事行为的实施亦独立为之。2. 在财产上，监护关系的消灭引起财产的清算和归还。

在监护法律关系相对消灭，即监护关系终止后，被监护人仍然需要监护的，实际上是监护关系的变更，应当依照法律规定另行确定监护人。

第三节　宣告失踪和宣告死亡

第四十条　宣告失踪

自然人下落不明满二年的，利害关系人可以向人民法院申请宣告该自然人为失踪人。

▶理解与适用

宣告失踪是指自然人下落不明达到法定的期限，经利害关系人申请，人民法院依照法定程序宣告其为失踪人的一项制度。本条规定的宣告失踪的条件包含三个层次：

1. 自然人下落不明满2年。所谓下落不明，是指自然人持续不间断地没有音讯的状态。

2. 利害关系人向人民法院申请。利害关系人的范围界定较宽，包括被申请宣告失踪人的配偶、父母、子女、兄弟姐妹、祖父母、外祖父母、孙子女、外孙子女，以及其他与被申请人有民事权利义务关系的人。其他与被申请人有民事权利义务关系的人，主要是指失踪人的合伙人、债权人等，因为宣告失踪的目的主要是了结债权债务关系，将合伙人和债权人作为利害关系人应属当然。宣告失踪的申请可由这些利害关系人中的一人提出或数人同时提出，没有先后顺序的区别。

3. 由人民法院依据法定程序进行宣告。宣告失踪在法律效果上对自然人的财产利益产生重大影响，必须由司法机关经过严格程序来进行。因此，宣告失踪只能由人民法院作出，其他任何机关和个人无权作出宣告失踪的决定。依照《民事诉讼法》的规定，人民法院审理宣告失踪案件，适用特别程序。人民法院受理宣告失踪案件后，应当发出寻找下落不明人的公告。宣告失踪的公告期间为3个月。公告期间届满，人民法院应当根据被宣告失踪的事实是否得到确认，作出宣告失踪的判决或者驳回申请的判决。《最高人民法院关于适用〈中华人民共和国民事诉讼法〉的解释》第347条规定："寻找下落不明人的公告应当记载下列内容：（一）被申请人应当在规定期间内向受理法院申报其具体地址及其联系方式。否则，被申请人将被宣告失踪、宣告死亡；（二）凡知悉被申请人生存现状的人，应当在公告期间内将其所知道情况向受理法院报告。"

▶条文参见

《民事诉讼法》第183、185条；《最高人民法院关于适用〈中华人民共和国民事诉讼法〉的解释》第347条

第四十一条 下落不明的起算时间

自然人下落不明的时间自其失去音讯之日起计算。战争期间下落不明的，下落不明的时间自战争结束之日或者有关机关确定的下落不明之日起计算。

▶理解与适用

宣告自然人失踪，最重要的条件就是达到法定的下落不明的时间要求。具体计算下落不明起算的时间，应当自其失去音讯之日起计算，也是最后获得该自然人音讯之日起开始计算。本条规定中的"自然人下落不明的时间从其失去音讯之日起计算"，失去音讯之日作为起算日不算入，从下一日开始计算。

需要说明的是，本条关于下落不明的时间如何计算的规定，虽然规定在宣告失踪条件的规定之后，但不仅适用于宣告失踪的情形，也适用于宣告死亡的情形。

第四十二条 财产代管人

失踪人的财产由其配偶、成年子女、父母或者其他愿意担任财产代管人的人代管。

代管有争议，没有前款规定的人，或者前款规定的人无代管能力的，由人民法院指定的人代管。

▶理解与适用

法律设立宣告失踪制度，主要目的就是为了结束失踪人财产无人管理以及其应当履行的义务不能得到及时履行的不确定状态，这既是对失踪人利益的保护，同时也是对失踪人的债权人等利害关系人合法权益的保护。

本条规定的“其他愿意担任财产代管人的人”，既包括其他亲属、朋友，也包括有关组织。

▶条文参见

《最高人民法院关于适用〈中华人民共和国民事诉讼法〉的解释》第343条

第四十三条　财产代管人的职责

财产代管人应当妥善管理失踪人的财产，维护其财产权益。

失踪人所欠税款、债务和应付的其他费用，由财产代管人从失踪人的财产中支付。

财产代管人因故意或者重大过失造成失踪人财产损失的，应当承担赔偿责任。

▶理解与适用

财产代管人负有像对待自己事务一样的注意义务，来管理失踪人的财产，这种代管直接来自法律的规定，代管财产的目的也不是为了从中获利，该种管理财产的行为通常是无偿的。因此，只要尽到善良管理人的义务，即能够像管理自己的事务一样管理失踪人的财产即可。只有在代管人故意或重大过失造成失踪人的财产损害时，才应当承担赔偿责任，对于一般的过失造成的损害不承担赔偿责任。存在这种情形的，在失踪人失踪期间，失踪人的利害关系人可以向人民法院请求财产代管人承担民事责任，并可以依照本法第44条的规定，向人民法院申请变更财产代管人。

本条第2款中的“其他费用”，包括赡养费、扶养费、抚育费和因代管财产所需的管理费等必要的费用。

▶条文参见

《民事诉讼法》第185条

第四十四条 财产代管人的变更

财产代管人不履行代管职责、侵害失踪人财产权益或者丧失代管能力的，失踪人的利害关系人可以向人民法院申请变更财产代管人。

财产代管人有正当理由的，可以向人民法院申请变更财产代管人。

人民法院变更财产代管人的，变更后的财产代管人有权请求原财产代管人及时移交有关财产并报告财产代管情况。

▶理解与适用

变更财产代管人需要有法定的事由。依照本条第1款的规定，如果出现财产代管人不履行代管职责、侵害失踪人财产权益或者丧失代管能力等事由，表明该财产代管人已经不再适格，则失踪人的利害关系人就可以向人民法院申请变更财产代管人。这里的利害关系人既包括失踪人的近亲属，也包括其他利害关系人，如失踪人的债权人。

《最高人民法院关于适用〈中华人民共和国民事诉讼法〉的解释》第344条第1款规定：“失踪人的财产代管人经人民法院指定后，代管人申请变更代管的，比照民事诉讼法特别程序的有关规定进行审理。申请理由成立的，裁定撤销申请人的代管人身份，同时另行指定财产代管人；申请理由不成立的，裁定驳回申请。”第2款规定：“失踪人的其他利害关系人申请变更代管的，人民法院应当告知其以原指定的代管人为被告起诉，并按普通程序进行审理。”

第四十五条 失踪宣告的撤销

失踪人重新出现，经本人或者利害关系人申请，人民法院应当撤销失踪宣告。

失踪人重新出现，有权请求财产代管人及时移交有关财产并报告财产代管情况。

▶理解与适用

本条第1款规定了失踪宣告撤销的条件：1. 失踪人重新出现，即是重新得到了失踪人的音讯，从而消除了其下落不明的状态。2. 经本人或者利害关系人申请。这里利害关系人的范围应当与申请宣告失踪的利害关系人范围一致，包括被申请宣告失踪人的配偶、父母、子女、兄弟姐妹、祖父母、外祖父母、孙子女、外孙子女以及其他与失踪人有民事权利义务关系的人。应当向下落不明人住所地基层人民法院提出申请。3. 撤销失踪宣告应当由人民法院作出。自然人失踪只能由人民法院依据法定程序进行宣告，因此，该宣告的撤销也应当由人民法院通过法定程序来作出。

本条第2款规定了失踪人重新出现后的法律效果。宣告失踪一经撤销，原被宣告失踪的自然人本人就应当恢复对自己财产的控制，财产代管人的代管职责应当相应结束，即停止代管行为，移交代管的财产并向本人报告代管情况。只要代管人非出于恶意，其在代管期间支付的各种合理费用，失踪人不得要求代管人返还。

▶条文参见

《民事诉讼法》第186条

第四十六条 宣告死亡

自然人有下列情形之一的，利害关系人可以向人民法院申请宣告该自然人死亡：

（一）下落不明满四年；

（二）因意外事件，下落不明满二年。

因意外事件下落不明，经有关机关证明该自然人不可能生存的，申请宣告死亡不受二年时间的限制。

▶理解与适用

宣告死亡是自然人下落不明达到法定期限，经利害关系人申请，人民法院经过法定程序在法律上推定失踪人死亡的一项民事制度。宣告自然人死亡，是对自然人死亡的法律上的推定，这种推定将产生与生理死亡基本一样的法律效果，因此，宣告死亡必须具备法律规定的条件：

1. 自然人下落不明的时间要达到法定的长度。一般情况下，下落不明的时间要满 4 年。如果是因意外事件而下落不明，下落不明的时间要满 2 年。而对于因意外事件下落不明的自然人，如果与该意外事件有关的机关证明该自然人不可能生存的，利害关系人就可以据此申请宣告该自然人死亡，而不必等到下落不明满 2 年。

2. 必须要由利害关系人提出申请。此处所说的利害关系人，是与被宣告人是生存还是死亡的法律后果有利害关系的人，可以参考宣告失踪制度中的利害关系人范围。申请宣告死亡的利害关系人没有顺序要求。依照《民事诉讼法》第 184 条的规定，利害关系人申请宣告其死亡的，向下落不明人住所地基层人民法院提出。申请书应当写明下落不明的事实、时间和请求，并附有公安机关或者其他有关机关关于该公民下落不明的书面证明。

3. 只能由人民法院经过法定程序，宣告自然人死亡。依照民事诉讼法的规定，人民法院审理宣告死亡案件，适用民事诉讼法关于特别程序的规定。人民法院受理宣告死亡案件后，应当发出寻找下落不明人的公告，公告期间为1年。因意外事故下落不明，经有关机关证明该公民不可能生存的，宣告死亡的公告期间为3个月。公告期间届满，人民法院应当根据被宣告死亡的事实是否得到确认，作出宣告死亡的判决或者驳回申请的判决。

▶条文参见

《民事诉讼法》第185条

第四十七条 宣告失踪与宣告死亡请求的竞合

对同一自然人，有的利害关系人申请宣告死亡，有的利害关系人申请宣告失踪，符合本法规定的宣告死亡条件的，人民法院应当宣告死亡。

▶理解与适用

本条明确了宣告死亡和宣告失踪的关系，宣告死亡并不以宣告失踪为前提。

第四十八条 死亡日期的确定

被宣告死亡的人，人民法院宣告死亡的判决作出之日视为其死亡的日期；因意外事件下落不明宣告死亡的，意外事件发生之日视为其死亡的日期。

第四十九条 被宣告死亡人实际生存时的行为效力

自然人被宣告死亡但是并未死亡的，不影响该自然人在被宣告死亡期间实施的民事法律行为的效力。

第五十条 死亡宣告的撤销

被宣告死亡的人重新出现，经本人或者利害关系人申请，人民法院应当撤销死亡宣告。

▶**理解与适用**

宣告死亡是人民法院经过法定程序作出的，具有宣示性和公信力，产生相应的法律后果。即使被宣告人事实上没有死亡，也不能在重新出现后使得与其相关的民事法律关系当然地回复到原来的状态，而必须经本人或者利害关系人申请，同样由人民法院通过法定程序，作出新判决，撤销原判决。

▶**条文参见**

《民事诉讼法》第186条

第五十一条 宣告死亡及其撤销后婚姻关系的效力

被宣告死亡的人的婚姻关系，自死亡宣告之日起消除。死亡宣告被撤销的，婚姻关系自撤销死亡宣告之日起自行恢复。但是，其配偶再婚或者向婚姻登记机关书面声明不愿意恢复的除外。

▶**理解与适用**

死亡宣告被撤销后，对当事人婚姻关系发生的法律效果是：1. 被宣告死亡的自然人的配偶没有再婚的，死亡宣告被撤销后，原来的婚姻关系可以自行恢复，仍与原配偶为夫妻关系，不必进行结婚登记；2. 其配偶向婚姻登记机关声明不愿意与被宣告死亡的配偶恢复婚姻关系的，则不能自行恢复夫妻关系；3. 被宣告死亡的自然人的配偶已经再婚，即使再婚后又离婚或再婚后新配偶已经死亡的，也不得因为撤销死亡宣告而自动恢复原来的婚姻关系。

第五十二条　死亡宣告撤销后子女被收养的效力

被宣告死亡的人在被宣告死亡期间，其子女被他人依法收养的，在死亡宣告被撤销后，不得以未经本人同意为由主张收养行为无效。

第五十三条　死亡宣告撤销后的财产返还与赔偿责任

被撤销死亡宣告的人有权请求依照本法第六编取得其财产的民事主体返还财产；无法返还的，应当给予适当补偿。

利害关系人隐瞒真实情况，致使他人被宣告死亡而取得其财产的，除应当返还财产外，还应当对由此造成的损失承担赔偿责任。

第四节　个体工商户和农村承包经营户

第五十四条　个体工商户

自然人从事工商业经营，经依法登记，为个体工商户。个体工商户可以起字号。

▶理解与适用

个体工商户与法人和非法人组织的最大区别就是不具有组织性：1. 个体工商户没有“设立”过程，不存在“出资”行为，法律也不要求个体工商户一定要具有“字号”或“名称”。2. 个体工商户经登记机关登记的经营场所只能为一处，不得设立分支机构。3. 个体工商户的经营形式仅包括个人经营和家庭经营，进行工商业经营的自然人本身须参与具体经营活动；在家庭经营的情况下，“家庭”不是作为进行经营活动的“组织”出现。4. 个体工商户缴纳的税种是个人所得税。

有经营能力的自然人或家庭，经依法核准登记，领取个体工商户营业执照，从事工商业经营的，可以成为个体工商户。

个体工商户可以使用名称，也可以不使用名称。个体工商户决定使用名称的，应当向登记机关提出申请，经核准登记后方可使用。一户个体工商户只能使用一个名称。个体工商户名称组织形式可以选用“厂”“店”“馆”“部”“行”“中心”等字样，但不得使用“企业”“公司”和“农民专业合作社”字样。

▶条文参见

《个体工商户条例》第2条

第五十五条 农村承包经营户

农村集体经济组织的成员，依法取得农村土地承包经营权，从事家庭承包经营的，为农村承包经营户。

▶理解与适用

农村承包经营户是指在法律允许的范围内，按照农村土地承包经营合同的约定，利用农村集体土地从事种植业以及副业生产经营的农村集体经济组织的成员或者家庭。

农村承包经营户是农村集体经济组织的成员，依照法律规定与集体经济组织签订农村土地承包经营合同，利用农村集体土地进行农副业生产，就成为农村承包经营户。在我国农村，承包农村土地基本上是以户的形式进行，只有单身的农民才以个人名义承包土地。

▶条文参见

《农村土地承包法》第5、16条

第五十六条 “两户”的债务承担

个体工商户的债务，个人经营的，以个人财产承担；家庭经营的，以家庭财产承担；无法区分的，以家庭财产承担。

农村承包经营户的债务，以从事农村土地承包经营的农户财产承担；事实上由农户部分成员经营的，以该部分成员的财产承担。

▶理解与适用

对于实践中无法区分是个人经营还是家庭经营，是个人投资还是家庭投资，是个人享用经营收益还是家庭共同享用经营收益，进而确定债务是以个人财产承担还是以家庭财产承担的问题，司法实践中一般有以下认定标准：1. 以公民个人名义申请登记的个体工商户，用家庭共有财产投资，或者收益的主要部分供家庭成员享用的，其债务应以家庭共有财产清偿。2. 夫妻关系存续期间，一方从事个体经营，其收入为夫妻共有财产，债务亦应以夫妻共有财产清偿。此外，个体工商户的债务，如以其家庭共有财产承担责任，应当保留家庭成员的生活必需品和必要的生产工具。

对于农村土地承包经营需要说明的是：1. 家庭承包中，是按人人有份分配承包地，按户组成一个生产经营单位作为承包方。2. 本集体经济组织的农户作为承包方的主要是针对耕地、草地和林地等适宜家庭承包的土地的承包。不宜采取家庭承包方式的“四荒”地等农村土地可以通过市场化方式发包给农户，也可发包给本集体经济组织外的个人或单位。3. 农户内的成员分家析产的，单独成户的成员可以对原家庭承包的土地进行分别耕作，但承包经营权仍是一个整体，不能分割。

在承包期内，无论承包户内人口发生什么样的变化，是增是减，只要作为承包户的家庭还存在，承包户就是一个生产经营单位，是一个对外承担责任的主体。考虑到随着我国城乡经济结构的调整和城镇化的发展，农村剩余劳动力向城镇的转移会不断增加，有的家庭成员进城务工就业，分门立户，已完全不参与家庭土地承包经营，也不分享承包家庭的收益，在这种情况下，可以不再承担原所在家庭承包经营的债务。因此本条规定，“事实上由农户部分成员经营的，以该部分成员的财产承担”。需要指出的是，在实践中，这一规定要严格掌握，防止借本条规定逃避应承担的债务。

第三章 法 人

第一节 一般规定

第五十七条 法人的概念

法人是具有民事权利能力和民事行为能力，依法独立享有民事权利和承担民事义务的组织。

▶理解与适用

法人是“自然人”的对称，是自然人之外最为重要的民事主体，有自身独立的法律人格，可以以自己的名义起诉与应诉、拥有财产、进行交易、承担责任。法人制度是近现代民法上一项极为重要的法律制度。

所谓法人的民事权利能力，是指法人作为民事主体，享受民事权利并承担民事义务的资格。法人的民事权利能力与法人的民事主体资格是同一的，法人之所以具有民事主体资格，就是因为其具有民事权利能力。法人的民事权利能力是法人实施民事行为和从事民事活动的前提和基础。法人和自然人均具有民事权利能力，但是法人的民事权利能力不同于自然人的民事权利能力。法人是组织体，不是生命体，因此，某些与自然人的人身不可分离的人身权如生命权、健康权等不可能由法人享有，以性别、年龄、身份及亲属关系等为前提的权利义务，也不可能由法人享有和承担。

所谓法人的民事行为能力，是指法人作为民事主体，以自己的行为取得民事权利并承担民事义务的资格。法人作为一个统一的组织体，有自己的内部机构，能够产生并实现自己的意思，从而决定了法人具有民事行为能力。董事作为法人的机关，其在职务上的行为，视为法人本身的行为。法人的团体意志并不同于个人的意志，也不是个人意志的简单总和，而是一种意志的综合。

▶条文参见

《公司法》第3条

第五十八条 法人的成立

法人应当依法成立。

法人应当有自己的名称、组织机构、住所、财产或者经费。法人成立的具体条件和程序，依照法律、行政法规的规定。

设立法人，法律、行政法规规定须经有关机关批准的，依照其规定。

▶理解与适用

法人成立，是指法人开始取得民事主体资格，享有民事权利能力。法人的成立，表现为营利法人、非营利法人以及特别法人开始具有法人的人格，成为民事权利主体的始期。法人成立的条件是：1. 须有设立行为。法人必须经过设立人的设立行为，才可能成立。2. 须符合设立的要求：（1）法人要有自己的名称，确定自己法人人格的文字标识；（2）要有能够进行经营活动的组织机构；（3）必须有自己固定的住所；（4）须有必要的财产或者经费，能够进行必要的经营活动和承担民事责任。3. 须有法律依据或经主管机关的批准。中国的法人设立不采取自由设立主义，凡是成立法人，均须依据相关的法律，以法律作为成立的依据。4. 须经登记。法人的设立，原则上均须经过登记方能取得法人资格。机关法人成立不须登记。事业单位法人和社会团体法人，除法律规定不需要登记的外，也要办理登记。成立法人，须完成以上条件才能够取得法人资格。法人的成立与法人的设立是不同的概念。设立是行为，成立是结果；设立尚未成立，成立必须经过设立。设立成功，方为成立，法人成立前尚无法人资格。

▶**条文参见**

《公司法》第6－8条、第23条；《社会团体登记管理条例》第3条

第五十九条　法人的民事权利能力和民事行为能力

法人的民事权利能力和民事行为能力，从法人成立时产生，到法人终止时消灭。

▶**理解与适用**

法人的民事权利能力是法人具有民事主体资格的表现，一旦成立即具有民事权利能力，在法人终止前，其民事权利能力始终存在。法人的民事权利能力因法人成立而取得，因法人终止而消灭。

法人的民事行为能力是法人自己实施民事法律行为的资格。法人作为社会组织体，没有无民事行为能力、限制民事行为能力、完全民事行为能力的划分，一旦成立，即具有民事行为能力。一旦终止，其民事行为能力立即消灭。也就是说，法人的民事权利能力与民事行为能力在取得和消灭的时间上是一致的。

本条规定“法人的民事权利能力和民事行为能力，从法人成立时产生，到法人终止时消灭”。之所以用“成立”而非“登记”，是因为在我国，“登记”并非各类法人成立的统一必备程序要件。比如，机关法人的成立无须履行登记程序。具备法人条件的事业单位和社会团体，经依法登记成立，取得法人资格；依法不需要办理法人登记的，从成立之日起，具有法人

资格。之所以用“终止”而非“解散”，是因为法人解散后进入清算，清算中的法人仍是法人，法人资格继续存在，只是其民事行为能力被限制在了清算目的范围内，不得从事与清算无关的活动。清算结束并完成法人注销登记时，法人终止；依法不需要办理法人登记的，清算结束时，法人终止。法人终止，意味着其民事主体资格消灭。

第六十条 法人的责任财产

法人以其全部财产独立承担民事责任。

▶理解与适用

法人以其全部财产独立承担民事责任，即承担有限责任。无论法人应当承担多少责任，最终都以其全部财产来承担，不承担无限责任。法人以其全部财产独立承担民事责任，这就是法人的民事责任能力。民事责任能力，是指民事主体据以独立承担民事责任的法律地位或法律资格，也叫作侵权行为能力。我国民法采取法人实在说，承认法人的民事责任能力。法人作为一个实在的组织体，对其法定代表人及成员在执行职务中的行为造成他人的损害，承担民事责任。

▶条文参见

《公司法》第3、14条

第六十一条 法定代表人

依照法律或者法人章程的规定，代表法人从事民事活动的负责人，为法人的法定代表人。

法定代表人以法人名义从事的民事活动，其法律后果由法人承受。

法人章程或者法人权力机构对法定代表人代表权的限制，不得对抗善意相对人。

▶理解与适用

法人的章程或者权力机构对法定代表人的代表权范围的限制，对于法定代表人有完全的效力，即法定代表人不得超出其法人章程或者权力机构对其的限制。法人的章程或者权力机构对法定代表人的代表权范围的限制，对于第三人不具有完全的效力。只要进行民事活动的相对人是善意的，对其超出职权范围不知情且无过失，法人就不能以超越职权为由对抗该善意相对人；如果相对人知情，则可以主张该民事法律行为无效或者撤销。

▶条文参见

《公司法》第13条；《民事诉讼法》第48条

第六十二条 法定代表人职务行为的法律责任

法定代表人因执行职务造成他人损害的，由法人承担民事责任。

法人承担民事责任后，依照法律或者法人章程的规定，可以向有过错的法定代表人追偿。

▶理解与适用

法定代表人因执行职务造成他人损害的，由法人承担责任，此处法人承担的责任形态是替代责任。法定代表人因执行职务造成他人损害的责任承担规则是：1. 法定代表人因执行职务造成他人的损害，由法人承担赔偿责任。2. 法人承担了赔偿责任以后，如果法定代表人在执行职务中，造成他人损害是有过错的，法人可以向法定代表人要求追偿。

▶条文参见

《公司法》第149条；《保险法》第83条

第六十三条 法人的住所

法人以其主要办事机构所在地为住所。依法需要办理法人登记的，应当将主要办事机构所在地登记为住所。

▶理解与适用

住所是民事主体从事民事活动所产生的各种权利义务的归属地点，是发生民事法律关系的中心地域。法人若要从事民事活动，形成各种民事法律关系，则与自然人一样，也需要以一定的地域作为中心，即也需要住所。一个法人有可能拥有数个活动场所或者办事机构，但法人的住所只有一个。法人的住所在法律上具有重要意义，如决定债务履行地、登记管辖、诉讼管辖、法律文书送达之处所、涉外民事关系之准据法等。

法人登记是指法人依法将其内部情况向国家登记机关报告登记的制度，是将法人内部情况公布于外的一种方法。通过法人登记进行公示，既是保护交往相对人的需要，也是对法人进行必要的管理监督，以实现对社会经济秩序有效间接调控的需要。除依法不需要办理法人登记即可成立的少数法人外，绝大多数法人只有经登记机关依法登记，方能取得法人资格。同时在我国还存在着依法不需要办理法人登记的法人，比如依法不需要办理法人登记的事业单位和社会团体等。

▶条文参见

《公司法》第 10 条；《最高人民法院关于适用〈中华人民共和国民事诉讼法〉的解释》第 3 条

第六十四条 法人的变更登记

法人存续期间登记事项发生变化的，应当依法向登记机关申请变更登记。

▶理解与适用

《公司登记管理条例》第3条第1款规定："公司经公司登记机关依法登记，领取《企业法人营业执照》，方取得企业法人资格。"关于登记的事项，往往是与其基本存在条件有重大关系的事项，如组织形式、目的范围、注册资本、法定代表人等。具体而言，不同的法人类型不尽相同。

依法登记成立的法人，在其取得法人资格的同时，其在登记机关登记的事项亦产生对外公示的效力。这些登记的事项在法人的运行过程中可能发生变化。如果不及时到登记机关办理变更登记，就会出现对外公示的登记信息与法人的实际信息不一致的情况，从而危及交易安全和交往安全。因此，法人存续期间登记事项发生变化的，应当依法向登记机关申请变更登记。

▶条文参见

《公司法》第7条；《企业法人登记管理条例》第17条；《公司登记管理条例》第26条；《事业单位登记管理暂行条例》第10条；《社会团体登记管理条例》第18条；《基金会管理条例》第15条

第六十五条 法人登记的对抗效力

法人的实际情况与登记的事项不一致的，不得对抗善意相对人。

▶条文参见

《公司法》第32条；《最高人民法院关于适用〈中华人民共和国公司法〉若干问题的规定（三）》第25－28条

▶典型案例指引

北京公达房地产有限责任公司诉北京市祥和三峡房地产开发公司房地产开发合同纠纷案（《最高人民法院公报》2010年第11期）

案件适用要点：公司的法定代表人依法代表公司对外进行民事活动。法定代表人发生变更的，应当在工商管理部门办理变更登记。公司的法定代表人在对外签订合同时已经被上级单位决定停止职务，但未办理变更登记，公司以此主张合同无效的，人民法院不予支持。

第六十六条　登记机关的公示义务

登记机关应当依法及时公示法人登记的有关信息。

▶条文参见

《公司法》第6条；《企业信息公示暂行条例》第3、6-8条；《慈善法》第70条；《公司登记管理条例》第55、57条；《企业法人登记管理条例》第23、24条

第六十七条　法人合并、分立后的权利义务承担

法人合并的，其权利和义务由合并后的法人享有和承担。

法人分立的，其权利和义务由分立后的法人享有连带债权，承担连带债务，但是债权人和债务人另有约定的除外。

▶理解与适用

法人合并，是指两个以上的法人不经清算程序而合并为一个法人的法律行为。按合并方式的不同，法人合并分为吸收合并和新设合并。吸收合并，是指一个或多个法人归并到一个现存的法人中去，被合并的法人资格消灭，存续法人的主体资格仍然存在。新设合并，是指两个以上的法人合并为一个新法人，原来的法人消灭，新的法人产生。法人分立，是指一个法人分成两个或两个以上法人的法律行为。按分立方式的不同，法人分立分为派生分立和新设分立两种方式。派生分立，是指原法人仍然存在，但从原法人中分立出去一个新的法人；新设分立，是指原法人分立为两个或者两个以上新的法人，原法人不复存

在。因合并、分立而存续的法人，其登记事项发生变化的，应当申请变更登记；因合并、分立而解散的法人，应当申请注销登记；因合并、分立而新设立的法人，应当申请设立登记。

▶条文参见

《公司法》第174、176条

第六十八条 法人的终止

有下列原因之一并依法完成清算、注销登记的，法人终止：

（一）法人解散；

（二）法人被宣告破产；

（三）法律规定的其他原因。

法人终止，法律、行政法规规定须经有关机关批准的，依照其规定。

▶理解与适用

法人的终止也叫法人的消灭，是指法人丧失民事主体资格，不再具有民事权利能力与民事行为能力。法人终止后，其民事权利能力和民事行为能力消灭，民事主体资格丧失，终止后的法人不能再以法人的名义对外从事民事活动。

▶条文参见

《公司法》第180条；《企业破产法》第2、7条

第六十九条 法人的解散

有下列情形之一的，法人解散：

（一）法人章程规定的存续期间届满或者法人章程规定的其他解散事由出现；

（二）法人的权力机构决议解散；

（三）因法人合并或者分立需要解散；

（四）法人依法被吊销营业执照、登记证书，被责令关闭或者被撤销；

（五）法律规定的其他情形。

▶典型案例指引

林方清诉常熟市凯莱实业有限公司、戴小明公司解散纠纷案（最高人民法院指导案例8号）

案件适用要点：《公司法》第183条将“公司经营管理发生严重困难”作为股东提起解散公司之诉的条件之一。判断“公司经营管理是否发生严重困难”，应从公司组织机构的运行状态进行综合分析。公司虽处于盈利状态，但其股东会机制长期失灵，内部管理有严重障碍，已陷入僵局状态，可以认定为公司经营管理发生严重困难。对于符合公司法及相关司法解释规定的其他条件的，人民法院可以依法判决公司解散。

第七十条 清算义务人

法人解散的，除合并或者分立的情形外，清算义务人应当及时组成清算组进行清算。

法人的董事、理事等执行机构或者决策机构的成员为清算义务人。法律、行政法规另有规定的，依照其规定。

清算义务人未及时履行清算义务，造成损害的，应当承担民事责任；主管机关或者利害关系人可以申请人民法院指定有关人员组成清算组进行清算。

▶理解与适用

本条第1款规定了清算义务人的及时清算义务。法人的清算义务人应当及时履行其负有的启动清算程序即组成清算组的义务，即便司法强制解散情形下也不例外。经研究认为，法人的类型多样，不同类型的法人解散后需要组成清算组的时间不尽相同。比如，依照《公司法》第183条的规定，公司应当在解散事由出现之日起15日内成立清算组，开始清算。但是，依照《慈善法》第18条的规定，慈善组织的决策机构应当在终止情形出现之日起30日内成立清算组进行清算。

本条第2款规定了清算义务人的担当主体。清算义务人与清算人的概念不同。清算义务人是指法人解散后依法负有启动清算程序的主体，其义务在于根据法律规定及时启动相应的清算程序以终止法人。清算义务人也可称为法人清算的组织主体。清算人，在我国通常被称为清算组，是指具体负责清算事务的主体，其义务在于依照法定程序进行清算。如果法人解散后未进行清算，也就不存在清算人，但始终存在着清算义务人。需要说明的是，清算义务人直接担任清算人进行清算时，在具体民事主体上存在竞合的情形。明确清算义务人的概念及其责任，对于督促清算义务人及时履行清算义务，从源头上减少僵尸企业等，具有重要意义。

本条第3款规定了清算义务人未及时履行清算义务的后果。

在理解本条第3款时应当注意以下3点：1. 清算义务人未及时履行清算义务，会引发两种不同性质的法律后果：一是程序方面的法律后果，即强制清算程序的启动，具体规定于本款后半段“主管机关或者利害关系人可以申请人民法院指定有关人员组成清算组进行清算”。2. 关于强制清算程序的启动主体，包括主管机关和利害关系人。主管机关作为启动主体的，比如《慈善法》第18条第2款规定，不成立清算组或者清算组不履行职责的，民政部门可以申请人民法院指定有关人员组成清算组进行清算。利害关系人作为启动主体的，比如《公司法》第183条规定，逾期不成立清算组进行清算的，债权人可以申请人民法院指定有关人员组成清算组进行清算。审判实务中，最高人民法院通过司法解释又将申请强制清算的主体作了扩展。《最高人民法院关于适用〈中华人民共和国公司法〉若干问题的规定（二）》第7条第2款规定：“有下列情形之一，债权人申请人民法院指定清算组进行清算的，人民法院应予受理：（一）公司解散逾期不成立清算组进行清算的；（二）虽然成立清算组但故意拖延清算的；（三）违法清算可能严重损害债权人或者股东利益的。”第3款规定：“具有本条第二款所列情形，而债权人未提起清算申请，公司股东申请人民法院指定清算组对公司进行清算的，人民法院应予受理。”《最高人民法院关于审理公司强制清算案件工作座谈会纪要》第7条规定：“公司债权人或者股东向人民法院申请强制清算应当提交清算申请书……”3. 关于实体责任方面的法律后果，乃是基于侵权责任原理，在判断责任构成时，应当按照清算义务人主观上有过错、客观上未及时履行清算义务、造成损害、损害与清算义务人未及时履行清算义务之间存在因果关系进行把握。

▶条文参见

《公司法》第183条；《慈善法》第18条；《保险法》第89、149条；《事业单位登记管理条例》第13条；《社会团体登记管理条例》第20条；《基金会管理条例》第18条；《民办非企业单位登记管理暂行条例》第16条；《宗教事务条例》第60条；《最高人民法院关于适用〈中华人民共和国公司法〉若干问题的规定（二）》第18－20条

▶典型案例指引

上海存亮贸易有限公司诉蒋志东、王卫明等买卖合同纠纷案（最高人民法院指导案例9号）

案件适用要点：有限责任公司的股东、股份有限公司的董事和控股股东，应当依法在公司被吊销营业执照后履行清算义务，不能以其不是实际控制人或者未实际参加公司经营管理为由，免除清算义务。

第七十一条 法人清算的法律适用

法人的清算程序和清算组职权，依照有关法律的规定；没有规定的，参照适用公司法律的有关规定。

▶条文参见

《公司法》第184、186－189条；《最高人民法院关于适用〈中华人民共和国公司法〉若干问题的规定（二）》第7条

第七十二条 清算的法律效果

清算期间法人存续，但是不得从事与清算无关的活动。

法人清算后的剩余财产，按照法人章程的规定或者法人权力机构的决议处理。法律另有规定的，依照其规定。

清算结束并完成法人注销登记时，法人终止；依法不需要办理法人登记的，清算结束时，法人终止。

▶条文参见

《公司法》第186条

第七十三条 法人的破产终止

法人被宣告破产的，依法进行破产清算并完成法人注销登记时，法人终止。

▶理解与适用

与法人解散后进行的清算不同，法人被宣告破产后，依法进行破产清算。

需要注意的是，目前我国并无统一的破产法，《企业破产法》的适用范围是企业。但《企业破产法》为企业法人以外的法人和非法人组织破产时的清算程序，预留了接口。该法第一

百三十五条规定："其他法律规定企业法人以外的组织的清算，属于破产清算的，参照适用本法规定的程序。"

▶条文参见

《企业破产法》；《民办教育促进法》第58、59条

第七十四条 法人的分支机构

法人可以依法设立分支机构。法律、行政法规规定分支机构应当登记的，依照其规定。

分支机构以自己的名义从事民事活动，产生的民事责任由法人承担；也可以先以该分支机构管理的财产承担，不足以承担的，由法人承担。

▶理解与适用

法人的分支机构，是指企业法人投资设立的、有固定经营场所、以自己名义直接对外从事经营活动的、不具有法人资格，其民事责任由其隶属企业法人承担的经济组织。包括企业法人或公司的分厂、分公司、营业部、分理处、储蓄所等机构。

法人设立分支机构，可以根据自己的实际需要确定。只有在法律、行政法规规定，分支机构应当办理登记的时候，设立的分支机构才需要按照规定办理登记。

法人的分支机构是法人的组成部分，其产生的责任，本应由法人承担有限责任，由于法人的分支机构单独登记，又有一定的财产，具有一定的责任能力，因而法人的分支机构自己也能承担一定的责任。相对人可以根据自己的利益，选择法人承担民事责任；或者选择法人的分支机构承担民事责任，法人承担补充责任。

▶条文参见

《公司法》第14条；《商业银行法》第19、22条；《保险法》第74条；《证券法》第129条；《社会团体登记管理条例》

第17条；《基金会管理条例》第12条；《民办非企业单位登记管理暂行条例》第13条；《公司登记管理条例》第45-47条

第七十五条 设立中的法人

设立人为设立法人从事的民事活动，其法律后果由法人承受；法人未成立的，其法律后果由设立人承受，设立人为二人以上的，享有连带债权，承担连带债务。

设立人为设立法人以自己的名义从事民事活动产生的民事责任，第三人有权选择请求法人或者设立人承担。

▶条文参见

《公司法》第94条；《最高人民法院关于适用〈中华人民共和国公司法〉若干问题的规定（三）》第2-5条

第二节 营利法人

第七十六条 营利法人的概念

以取得利润并分配给股东等出资人为目的成立的法人，为营利法人。

营利法人包括有限责任公司、股份有限公司和其他企业法人等。

▶理解与适用

营利法人区别于非营利法人的重要的特征，不是“取得利润”，而是“利润分配给出资人”。如果利润归属于法人，用于实现法人目的，则不是营利法人；如果利润分配给出资人，则属于营利法人。是否从事经营活动并获取利润，与法人成立的目的没有直接关系，也不影响营利法人与非营利法人的分类。例如，基金会法人是非营利法人，但为了维持财产价值或者升值，也会将管理的资金用于经营活动；有些寺庙也会收取门票等。

▶条文参见

《公司法》第4、8、34条

第七十七条 营利法人的成立

营利法人经依法登记成立。

▶理解与适用

营利法人取得法人资格只有一种方式，即经过登记程序成立。经过依法登记后，营利法人取得法人资格。

▶条文参见

《公司法》第6条；《企业法人登记管理条例》第2条

第七十八条 营利法人的营业执照

依法设立的营利法人，由登记机关发给营利法人营业执照。营业执照签发日期为营利法人的成立日期。

▶理解与适用

本条明确了营利法人成立的时间点，也就是营利法人开始营业的起始点——营业执照的签发日期。在此之前的设立阶段，营利法人还没有正式成立，不具有法人资格，不能以营利法人名义参与民事活动。营利法人经登记成立后，需要由登记机关颁发营业执照。登记机关核准营利法人的标志是颁发给其营业执照，营利法人营业执照的颁发的日期是公司的成立日期。营业执照在具备经营资格证明这一功能外，还具有法人资格证明的功能，集经营资格和法人资格于一身，成为法人资格合法存在的身份证明和直接表现。

营业执照上应该记载相应的法定事项，是作为营利法人必须具备的条件，在营业执照上予以明确能够使与其交易的市场主体了解它的信息，对该法人做出切实的评价。所以这些信息必须与实际情况相符，不能任意变更，一旦发生变化，营利法人应当向登记机关做出变更登记申请，依法予以变更。

▶条文参见

《公司登记管理条例》第 25 条

第七十九条 营利法人的章程

设立营利法人应当依法制定法人章程。

▶理解与适用

法人章程是关于法人组织和行为的自治规则。设立营利法人必须有法人章程，章程是营利法人设立的法定必备文件之一。《公司法》第 11 条就明确规定，设立公司必须依法制定公司章程。法人章程是法人的行为准则，对法人具有约束力，法人的权力机构、执行机构和监督机构及其成员等也都要受到章程的制约。

▶条文参见

《公司法》第 12、25 条

第八十条 营利法人的权力机构

营利法人应当设权力机构。

权力机构行使修改法人章程，选举或者更换执行机构、监督机构成员，以及法人章程规定的其他职权。

▶条文参见

《公司法》第 36、66、98 条

第八十一条 营利法人的执行机构

营利法人应当设执行机构。

执行机构行使召集权力机构会议，决定法人的经营计划和投资方案，决定法人内部管理机构的设置，以及法人章程规定的其他职权。

执行机构为董事会或者执行董事的，董事长、执行董事或者经理按照法人章程的规定担任法定代表人；未设董事会或者执行董事的，法人章程规定的主要负责人为其执行机构和法定代表人。

▶条文参见

《公司法》第13、44、50、67条

第八十二条 营利法人的监督机构

营利法人设监事会或者监事等监督机构的，监督机构依法行使检查法人财务，监督执行机构成员、高级管理人员执行法人职务的行为，以及法人章程规定的其他职权。

▶条文参见

《公司法》第51、70、117条

第八十三条 营利法人出资人的权利滥用

营利法人的出资人不得滥用出资人权利损害法人或者其他出资人的利益；滥用出资人权利造成法人或者其他出资人损失的，应当依法承担民事责任。

营利法人的出资人不得滥用法人独立地位和出资人有限责任损害法人债权人的利益；滥用法人独立地位和出资人有限责任，逃避债务，严重损害法人债权人的利益的，应当对法人债务承担连带责任。

▶理解与适用

滥用出资人权利，是指营利法人的出资人为自己的利益或者第三人谋取利益，利用自己作为出资人的权利，损害法人或者其他出资人利益的行为。构成滥用出资人权利的要件是：1. 行为的主体是营利法人的出资人；2. 营利法人的出资人实施了不正当地利用自己出资人权利的行为；3. 出资人滥用自己权利的目的，是为自己的利益或者为第三人谋取利益，是故意所为；4. 出资人滥用自己权利的行为，给法人或者其他出资人造成损失的，滥用权利的行为与损害后果之间具有引起与被引起的因果关系。滥用出资人权利的法律后果是依法承担损害赔偿责任。损害赔偿请求权人，是因此受到损害的法人或者其他出资人。

法人人格否认，是指法人虽为独立的民事主体，承担独立于其成员的责任，但当出现有悖于法人存在目的及独立责任的情形时，如果在坚持形式上的独立人格与独立责任将有悖于公平时，在具体个案中视法人的独立人格于不顾，直接将法人的责任归结为法人成员的责任。法人人格否认的构成要件是：1. 法人人格否认的行为人是营利法人的出资人；2. 法人人格否认的行为，是营利法人的出资人滥用法人独立地位和出资人有限责任而逃避债务；3. 营利法人的出资人滥用其权利逃避债务的目的，是为自己或者其他第三人谋取利益；4. 出资人滥用法人独立地位和出资人有限责任的行为，损害了法人债权人的利益，滥用行为与损害后果之间具有因果关系。法人的债权人是实际损害的受害人，其损害的程度应当达到严重的程度。构成法人人格否认，应当承担损害赔偿责任，请求权人是受到严重损害的法人债权人。责任主体是滥用权利地位的出资人和法人，共同对受到损害的法人的债务人承担连带责任。

▶条文参见

《公司法》第20条

▶典型案例指引

1. 徐工集团工程机械股份有限公司诉成都川交工贸有限责任公司等买卖合同纠纷案（最高人民法院指导案例15号）

案件适用要点：关联公司的人员、业务、财务等方面交叉或混同，导致各自财产无法区分，丧失独立人格的，构成人格混同。

关联公司人格混同，严重损害债权人利益的，关联公司相互之间对外部债务承担连带责任。

2. 邵萍与云南通海昆通工贸有限公司、通海兴通达工贸有限公司民间借贷纠纷案（《最高人民法院公报》2017年第3期）

案件适用要点：依据《公司法》第二十条第三款的规定，认定公司滥用法人人格和有限责任的法律责任，应综合多种因素作出判断。在实践中，公司设立的背景，公司的股东、控制人以及主要财务人员的情况，该公司的主要经营业务以及公司与其他公司之间的交易目的，公司的纳税情况以及具体债权人与公司签订合同时的背景情况和履行情况等因素，均应纳入考察范围。

第八十四条 滥用关联关系造成损失的赔偿责任

营利法人的控股出资人、实际控制人、董事、监事、高级管理人员不得利用其关联关系损害法人的利益；利用关联关系造成法人损失的，应当承担赔偿责任。

▶理解与适用

法人的关联交易一般是指具有投资关系或者合同关系的不同主体之间所进行的交易，又称为关联方交易。

根据本条规定，与营利法人有关联关系的五种人不得利用其与营利法人的关联关系损害营利法人的利益，包括：1. 营利法人的控股出资人。比如，出资额占有限责任公司资本总额50%以上或者持有的股份占股份有限公司股本总额50%以上的股东；出资额或者持有股份的比例虽然不足50%，但依其出资额或者持有的股份所享有的表决权已足以对股东会、股东大会的决议产生重大影响的股东。2. 实际控制人。是指虽然不是营利法人的出资人，但通过投资关系、协议或者其他安排，能够实际支配营利法人行为的人。3. 董事。是指营利法人权力机构选举出来的董事会成员。4. 监事。是指营利法人权力机构选举出来的监事会成员。5. 高级管理人员。是指营利法人的经理、副经理、财务负责人，上市公司董事会秘书以及营利法人章程规定的其他人员。所谓关联关系，是指营利法人的控股出资人、实际控制人、董事、监事、高级管理人员与其直接或者间接控制的营利法人之间的关系，以及可能导致营利法人利益转移的其他关系；但是，国家控股的营利法人之间不仅仅因为同受国家控股而具有关联关系。利用关联关系给法人造成损失的，应当就损失承担赔偿责任。

▶条文参见

《公司法》第21条；《最高人民法院关于适用〈中华人民共和国公司法〉若干问题的规定（三）》第12条

第八十五条 营利法人出资人对瑕疵决议的撤销权

营利法人的权力机构、执行机构作出决议的会议召集程序、表决方式违反法律、行政法规、法人章程，或者决议内容违反法人章程的，营利法人的出资人可以请求人民法院撤销该决议。但是，营利法人依据该决议与善意相对人形成的民事法律关系不受影响。

▶理解与适用

根据本条的规定，可以请求人民法院撤销的营利法人权力机构、执行机构决议分为程序瑕疵和内容瑕疵两类：程序瑕疵是指营利法人权力机构、执行机构作出决议的会议召集程序、表决方式违反法律、行政法规、法人章程。内容瑕疵是指营利法人的权力机构、执行机构决议内容违反法人章程。无论是程序瑕疵还是内容瑕疵，营利法人的任何出资人都可以请求人民法院撤销该决议。

要注意的是，根据本条规定，即使决议被人民法院撤销，但是营利法人依据该决议与善意相对人形成的民事法律关系不受影响。

▶**条文参见**

《公司法》第22条

▶**典型案例指引**

李建军诉上海佳动力环保科技有限公司公司决议撤销纠纷案（最高人民法院指导案例10号）

案件适用要点：人民法院在审理公司决议撤销纠纷案件中应当审查：会议召集程序、表决方式是否违反法律、行政法规或者公司章程，以及决议内容是否违反公司章程。在未违反上述规定的前提下，解聘总经理职务的决议所依据的事实是否属实，理由是否成立，不属于司法审查范围。

第八十六条　营利法人的社会责任

营利法人从事经营活动，应当遵守商业道德，维护交易安全，接受政府和社会的监督，承担社会责任。

第三节　非营利法人

第八十七条　非营利法人的概念

为公益目的或者其他非营利目的成立，不向出资人、设立人或者会员分配所取得利润的法人，为非营利法人。

非营利法人包括事业单位、社会团体、基金会、社会服务机构等。

▶理解与适用

非营利法人，是“营利法人”的对称，指为公益目的或者其他非营利目的成立，不向其成员或者设立人分配利润的法人。非营利法人既包括面向社会大众，以满足不特定多数人的利益为目的的公益法人，如中华慈善总会、中国红十字会、环境保护协会、保护妇女儿童组织、各类基金会等；也包括为其他非营利目的成立的法人，比如为互助互益目的（即既非为公益又非为成员的经济利益，而是为成员的非经济利益）而成立的互益性法人（又称为共益性法人），仅面向成员提供服务，如商会、行业协会、学会、俱乐部等。非营利法人均不得分配利润，这是由其设立目的决定的。非营利法人如果在其存续期间分配利润，则与营利法人难以区分，背离非营利法人的设立目的。尽管非营利法人均不得分配利润，但在法人终止后能否分配剩余财产方面，为公益目的设立的非营利法人与为其他目的设立的非营利法人不同。为其他目的设立的非营利法人可以分配剩余财产，但为公益目的设立的非营利法人不得分配剩余财产。将非营利法人按照为公益为目的设立和为其他非营利目的设立进行区分，有助于国家针对不同性质的非营利法人，制定不同的法律规范和政策措施，更好地促进各类非营利法人的发展。

第八十八条 事业单位法人

具备法人条件，为适应经济社会发展需要，提供公益服务设立的事业单位，经依法登记成立，取得事业单位法人资格；依法不需要办理法人登记的，从成立之日起，具有事业单位法人资格。

▶条文参见

《事业单位登记管理暂行条例》第2、3、6、11条

第八十九条 事业单位法人的治理机构

事业单位法人设理事会的，除法律另有规定外，理事会为其决策机构。事业单位法人的法定代表人依照法律、行政法规或者法人章程的规定产生。

第九十条 社会团体法人

具备法人条件，基于会员共同意愿，为公益目的或者会员共同利益等非营利目的设立的社会团体，经依法登记成立，取得社会团体法人资格；依法不需要办理法人登记的，从成立之日起，具有社会团体法人资格。

▶条文参见

《社会团体登记管理条例》第2、3、6、9条

第九十一条 社会团体法人的治理依据与治理机构

设立社会团体法人应当依法制定法人章程。

社会团体法人应当设会员大会或者会员代表大会等权力机构。

社会团体法人应当设理事会等执行机构。理事长或者会长等负责人按照法人章程的规定担任法定代表人。

第九十二条 捐助法人

具备法人条件，为公益目的以捐助财产设立的基金会、社会服务机构等，经依法登记成立，取得捐助法人资格。

依法设立的宗教活动场所，具备法人条件的，可以申请法人登记，取得捐助法人资格。法律、行政法规对宗教活动场所有规定的，依照其规定。

▶理解与适用

捐助法人，是指由自然人或者法人、非法人组织为实现公益目的，自愿捐助一定资金为基础而成立，以对捐助资金进行专门管理为目的的非营利法人。捐助法人的特点是：1. 捐助法人是财产集合体，是以财产的集合为基础成立的法人；2. 捐助法人没有成员或者会员，不存在通常的社会团体法人由会员大会组成的权力机构，只设立理事会和监事会；3. 捐助法人具有非营利性，活动宗旨是通过资金资助进行科学研究、文化教育、社会福利和其他公益事业的发展，不具有营利性，为公益法人。

捐助法人的类型是：1. 基金会，是利用自然人、法人或者非法人组织捐赠的财产，以从事公益事业为目的，按照基金会管理条例成立的非营利法人；2. 社会服务机构，是由社会公益性资金或政府财政拨款举办的以公益为目的，运用专业技能在某些专业领域提供社会服务的机构。3. 宗教捐助法人。宗教捐助法人也是捐助法人，由于具有特殊性，本条第二款专门规定宗教捐助法人。

依法设立的宗教活动场所，具有法人条件的，可以申请法人登记，取得捐助法人资格。故宗教捐助法人是依法设立，具有法人条件的宗教活动场所，经过登记成立的捐助法人。其特点是：1. 是依法设立的宗教活动场所，包括寺院、道观、教会等；2. 应当具备法人条件，有自己的名称、组织机构、住所、财产和经费；3. 依照宗教活动场所自己的意愿，可以申请登记成立捐助法人，也可以不申请登记成立捐助法人，愿意登记为宗教捐助法人的须经过登记，登记后取得宗教捐助法人资格，成为民事主体，享有民事权利能力和民事行为能力，能够自己承担民事责任。

▶条文参见

《宗教事务条例》第7、19条；《基金会管理条例》第2条

第九十三条 捐助法人的治理依据与治理机构

设立捐助法人应当依法制定法人章程。

捐助法人应当设理事会、民主管理组织等决策机构，并设执行机构。理事长等负责人按照法人章程的规定担任法定代表人。

捐助法人应当设监事会等监督机构。

第九十四条 捐助人的权利

捐助人有权向捐助法人查询捐助财产的使用、管理情况，并提出意见和建议，捐助法人应当及时、如实答复。

捐助法人的决策机构、执行机构或者法定代表人作出决定的程序违反法律、行政法规、法人章程，或者决定内容违反法人章程的，捐助人等利害关系人或者主管机关可以请求人民法院撤销该决定。但是，捐助法人依据该决定与善意相对人形成的民事法律关系不受影响。

▶理解与适用

本条第 2 款是就决定的撤销所作的规定。

捐助法人的财产，由捐助人提供，因而捐助人尽管不从捐助法人的活动中获得利益，但是对于捐助法人享有部分权利。捐助人对捐助法人享有的权利是：1. 查询捐助财产使用、管理情况。捐助法人对此负有义务，应当及时、如实答复。2. 对捐助法人使用和管理捐助财产有权提出意见和建议，便于改进工作，使捐助财产发挥更好的公益效益。3. 对于捐助法人错误的决定有权向法院主张撤销。捐助法人的决策机构、执行机构或者其法定代表人作出的决定违反捐助了法人章程的规定，不符合捐助人捐助财产设置捐助法人的意愿，捐助人享有向人民法院请求予以撤销的权利，查证属实的，人民法院应当予以撤销。

与捐助法人有关的利害关系人或者捐助法人的主管机关，对此也享有撤销权，可以请求人民法院予以撤销。

基于维护交易安全的考虑，相关决定被人民法院撤销后，捐助法人依据该决定与善意相对人形成的民事法律关系不受影响。这并不意味着撤销权的行使没有效果。如果决定存在瑕疵并被人民法院撤销，造成损失的，可要求有过错的决策机构成员、执行机构成员或者法定代表人赔偿。这方面的立法精神在《基金会管理条例》中已有体现。《基金会管理条例》第 43 条第 1 款规定："基金会理事会违反本条例和章程规定决策不当，致使基金会遭受财产损失的，参与决策的理事应当承担相应的赔偿责任。"当然，如果表决时投了反对票，则该投反对票者不应当承担赔偿责任。

▶条文参见

《基金会管理条例》第 39、43 条；《宗教事务条例》第 57、58 条

第九十五条 公益性非营利法人剩余财产的分配

为公益目的成立的非营利法人终止时，不得向出资人、设立人或者会员分配剩余财产。剩余财产应当按照法人章程的规定或者权力机构的决议用于公益目的；无法按照法人章程的规定或者权力机构的决议处理的，由主管机关主持转给宗旨相同或者相近的法人，并向社会公告。

▶理解与适用

非营利法人终止时，能否向出资人、设立人或者会员等分配剩余财产，是区别为公益目的成立的非营利法人和其他非营利法人的主要标准。

▶条文参见

《慈善法》第 18 条；《民办教育促进法》第 46、59 条；《基金会管理条例》第 10、33 条；《宗教事务条例》第 60 条

第四节 特别法人

第九十六条 特别法人的类型

本节规定的机关法人、农村集体经济组织法人、城镇农村的合作经济组织法人、基层群众性自治组织法人，为特别法人。

▶理解与适用

特别法人，是指我国现实生活中存在的，既不属于营利法人，也不属于非营利法人，具有民事权利能力和民事行为能力，依法独立享有民事权利和承担民事义务的组织。其特点是：1. 特别法人既不属于营利法人，也不属于非营利法人。特别法人是为公益目的或者其他非营利目的而成立的，但又不具有出资人和设立人，而是依据国家法律或者政府的命令而设立的法人。2. 特别法人具有法人的组织形式。特别法人有自己的名称、有组织机构、住所，也有一定的财产或者经费，也有其法定代表人，并且依照法律的规定而设立，具备法人的所有组织形式，是一个具有法人资格的组织体。3. 特别法人具有民事权利能力和民事行为能力，能够以自己的财产或者经费承担民事责任。4. 法律只规定了四类特别法人，包括机关法人、农村集体经济组织法人、合作经济组织法人和基层群众性自治组织法人。

第九十七条 机关法人

有独立经费的机关和承担行政职能的法定机构从成立之日起，具有机关法人资格，可以从事为履行职能所需要的民事活动。

第九十八条 机关法人终止后权利义务的承担

机关法人被撤销的，法人终止，其民事权利和义务由继任的机关法人享有和承担；没有继任的机关法人的，由作出撤销决定的机关法人享有和承担。

▶理解与适用

机关法人是指依照法律和行政命令组建，享有公权力，有独立的经费，以从事国家管理活动为主的各级国家机关。这种机关从成立之日起，即具有法人资格。机关法人作为民事主体，只有在其从事为履行职能所需要的民事活动时，才有意义。

▶条文参见

《行政诉讼法》第 26 条

第九十九条 农村集体经济组织法人

农村集体经济组织依法取得法人资格。

法律、行政法规对农村集体经济组织有规定的，依照其规定。

▶理解与适用

农村集体经济组织法人，是指在自然乡村范围内，农民将其各自所有的生产资料投入集体所有，集体组织农业生产经营，集体劳动或者个人承包，按劳分配，具有民事权利能力和民事行为能力的特别法人。农村集体经济组织法人与营利法人和非营利法人最大的区别是，农村集体经济组织法人的成员具有天然性和身份性。所谓天然性和身份性是指集体经济组织的成员与土地有依附关系，与农民的身份也有依附关系。因此，农村集体成员的加入、退出与其他法人有很大的区别，营利法人和非营利法人的成员原则上讲都是加入自愿，退出自由；而农村集体经济组织的成员原则上讲，其加入和退出都是与土地和农民的身份密切相关的。

▶条文参见

《农村土地承包法》第13条

第一百条 合作经济组织法人

城镇农村的合作经济组织依法取得法人资格。

法律、行政法规对城镇农村的合作经济组织有规定的，依照其规定。

▶理解与适用

城镇农村的合作经济组织法人，是指城市居民或者农民等小生产者，为了维护和改善各自的生产及生活条件，在自愿互助和平等互利的基础上，遵守合作社的法律和规章制度，联合从事特定经济活动所组成的具有企业性质的特别法人。合作经济组织依法成立后，符合法律要求的，就具有法人资格，具有民事权利能力和民事行为能力，依法承担民事责任。

▶条文参见

《农民专业合作社法》第2、10、11条；《农民专业合作社登记管理条例》第3条

第一百零一条 基层群众性自治组织法人

居民委员会、村民委员会具有基层群众性自治组织法人资格，可以从事为履行职能所需要的民事活动。

未设立村集体经济组织的，村民委员会可以依法代行村集体经济组织的职能。

▶理解与适用

村民委员会和居民委员会都是我国的基层群众性自治组织。

与其他法人相比，具有下列特殊性：1. 设立特殊。村民委员会、居民委员会都是依据法律直接设立的。村民委员会是各行政村依据村民委员会组织法设立的；居民委员会是依据居民

委员会组织法设立的。2. 变更和终止特殊。除非村乡合并或者居民社区的区划发生变化，否则村民委员会和居民委员会不终止。3. 行使职能特殊。村民委员会和居民委员会主要从事公益事业和提供公共服务，这与营利法人和非营利法人的职能有较大的不同。4. 组织机构特殊。村民委员会一般由村主任等村干部组成，居民委员会一般由居委会主任等干部组成，根据村民委员会组织法和居民委员会组织法，这些成员都是经过公开选举产生。5. 责任承担上特殊。根据《城市居民委员会组织法》的规定，居民委员会办理本居住地区公益事业所需的费用，经居民会议讨论决定，可以根据自愿原则向居民筹集，也可以向本居住地区的受益单位筹集，但是必须经受益单位同意；收支账目应当及时公布，接受居民监督。居民委员会的工作经费和来源，由不设区的市、市辖区的人民政府或者上级人民政府规定并拨付；经居民会议同意，可以从居民委员会的经济收入中给予适当补助。因此，其债务也只能以居民筹集的费用、政府拨付的工作经费和居民委员会的经济收入补助来承担。村民委员会原则上也应当以其办公经费承担债务，该债务是其代表村集体从事经济活动所欠，可以以村集体财产承担，但不得处分村集体所有的土地。

▶条文参见

《村民委员会组织法》第 2 条；《城市居民委员会组织法》第2－4 条

第四章　非法人组织

第一百零二条　非法人组织的概念

非法人组织是不具有法人资格，但是能够依法以自己的名义从事民事活动的组织。

非法人组织包括个人独资企业、合伙企业、不具有法人资格的专业服务机构等。

▶理解与适用

非法人组织是指不具有法人资格但可以以自己的名义从事民事活动的组织，与法人不同的是，非法人组织的民事责任由其出资人或者设立人承担无限责任。比如，根据《乡镇企业法》的规定，乡镇企业只有符合企业法人条件的，依法取得企业法人资格。因此不具备法人条件的乡镇企业也属于非法人组织。

非法人组织的特征有：一是非法人组织为一种组织体，而不是自然人，这是非法人组织和法人的相同之处。二是非法人组织不具有法人资格。非法人组织与法人的最大区别在于，非法人组织不能独立承担民事责任，非法人组织的责任最终是由设立人或出资人承担无限责任。三是和法人一样，非法人组织可以以自己的名义从事民事活动，非法人组织具有民事权利能力和民事行为能力，能够享有并行使民事权利，承担民事义务。

▶条文参见

《个人独资企业法》第 2 条；《合伙企业法》第 2 条；《律师法》第 15 条；《注册会计师法》第 23 条

第一百零三条 非法人组织的成立

非法人组织应当依照法律的规定登记。

设立非法人组织，法律、行政法规规定须经有关机关批准的，依照其规定。

▶条文参见

《合伙企业法》第 9 条；《个人独资企业法》第 9 条；《律师法》第 18 条；《注册会计师法》第 25 条

第一百零四条 非法人组织的债务承担

非法人组织的财产不足以清偿债务的，其出资人或者设立人承担无限责任。法律另有规定的，依照其规定。

▶条文参见

《个人独资企业法》第2条；《合伙企业法》第2、39、57条；《注册会计师法》第23条；《律师法》第15、16条

第一百零五条 非法人组织的代表人

非法人组织可以确定一人或者数人代表该组织从事民事活动。

第一百零六条 非法人组织的解散

有下列情形之一的，非法人组织解散：

（一）章程规定的存续期间届满或者章程规定的其他解散事由出现；

（二）出资人或者设立人决定解散；

（三）法律规定的其他情形。

▶条文参见

《合伙企业法》第85条；《个人独资企业法》第26条

第一百零七条 非法人组织的清算

非法人组织解散的，应当依法进行清算。

▶理解与适用

出资人或设立人在非法人组织出现解散事由后，应当解散非法人组织，指定清算人开展清算活动。非法人组织的清算人可以由非法人组织的设立人或出资人确定，或者按照法律规定的方式确定。清算人可以由非法人组织的出资人或者设立人担任，也可以是设立人或出资人委托的人，还可能是法律规定的其他人员。清算期间，非法人组织不得开展与清算目的无关的活动。非法人组织清算完成后，依法需要登记的非法人组织，

还需要到登记机关办理注销登记手续，完成注销登记手续后非法人组织终止。

▶条文参见

《个人独资企业法》第27－30、32条；《合伙企业法》第86－88条

第一百零八条　非法人组织的参照适用规定

非法人组织除适用本章规定外，参照适用本编第三章第一节的有关规定。

第五章　民事权利

第一百零九条　一般人格权

自然人的人身自由、人格尊严受法律保护。

▶理解与适用

人格权是指民事主体专属享有，以人格利益为客体，为维护民事主体独立人格所必备的固有民事权利。

▶条文参见

《宪法》第37、38条；《刑法》第238条

第一百一十条　具体人格权

自然人享有生命权、身体权、健康权、姓名权、肖像权、名誉权、荣誉权、隐私权、婚姻自主权等权利。

法人、非法人组织享有名称权、名誉权和荣誉权。

第一百一十一条 个人信息权

自然人的个人信息受法律保护。任何组织或者个人需要获取他人个人信息的，应当依法取得并确保信息安全，不得非法收集、使用、加工、传输他人个人信息，不得非法买卖、提供或者公开他人个人信息。

▶理解与适用

《网络安全法》对个人信息的概念进行了界定：个人信息，是指以电子或者其他方式记录的能够单独或者与其他信息结合识别自然人个人身份的各种信息，包括但不限于自然人的姓名、出生日期、身份证件号码、个人生物识别信息、住址、电话号码等。根据该条规定，个人信息应包含以下几个基本要素：1. 信息的主体为自然人，不包括法人和非法人组织；2. 个人信息是以电子方式记录或者以其他方式记录的信息；3. 具有可识别性，能够单独或者与其他信息结合识别自然人的个人身份。该项为兜底性规定，除了法条列举的自然人的姓名、出生日期、身份证件号码、个人生物识别信息、住址、电话号码等常见个人信息类型外，凡是能够单独或者与其他信息结合识别自然人个人身份的，均属于个人信息的范畴。比如，在现代信息技术之下，互联网、移动智能终端、可穿戴设备等使得个人生活的方方面面都有可能被记录，这些位置信息、行为数据等也构成个人信息。

个人信息权利是公民在现代信息社会享有的重要权利，承载着信息主体的人格利益，也与信息主体的其他人身、财产利益密切相关。因此，明确对个人信息的保护，对于保护公民的人格尊严、人格自由，使公民免受非法侵扰，维护正常的社会秩序具有现实意义。

▶条文参见

《消费者权益保护法》第14、29、50条；《网络安全法》第42、76条；《商业银行法》第29条；《执业医师法》第22

条；《居民身份证法》第19条；《刑法》第253条之一；《最高人民法院、最高人民检察院关于办理侵犯公民个人信息刑事案件适用法律若干问题的解释》

第一百一十二条　身份权

自然人因婚姻家庭关系等产生的人身权利受法律保护。

第一百一十三条　财产权受法律平等保护

民事主体的财产权利受法律平等保护。

▶理解与适用

财产权利平等保护原则，是指不同的民事主体对其所享有的财产权利，享有平等地位，适用规则平等和法律保护平等的民法原则。其内容是：1. 财产权利的地位一律平等，最主要的含义是强调自然人和其他权利人的财产权利受到平等保护。2. 适用规则平等，对于财产权利的取得、设定、移转和消灭，都适用共同规则，体现法律规则适用的平等性。3. 保护的平等，在财产权利出现争议时，平等保护所有受到侵害的财产权利，不受任何歧视。

财产权利的内容是：1. 物权；2. 债权；3. 知识产权；4. 继承权；5. 股权和其他投资性权利；6. 其他财产权利与利益。

▶条文参见

《宪法》第12、13条

第一百一十四条　物权的概念

民事主体依法享有物权。

物权是权利人依法对特定的物享有直接支配和排他的权利，包括所有权、用益物权和担保物权。

▶理解与适用

物权，是对物的权利。物权是一种财产权，财产权主要有物权、债权、继承权和知识产权中的财产权。财产可分为有形财产和无形财产，物权是对有形财产的权利。这种权利是权利人在法律规定的范围内对特定的物享有的直接支配和排他的权利。由于物权是直接支配物的权利，因而物权又被称为“绝对权”；物权的权利人享有物权，任何其他人都不得非法干预，物权的权利人以外的任何人都是物权的义务人，因此物权又被称为“对世权”。

物权的权利人对物享有直接支配的权利，是物权的主要特征之一。各种物权均以直接支配物作为其基本内容。“直接”即权利人实现其权利不必借助于他人，在法律规定的范围内，完全可以按照自己的意愿行使权利。“支配”有安排、利用的意思，包括占有、使用、收益和处分的权能总和。“直接支配”指的是对于物不需要他人的协助、配合，权利人就能对物自主利用。对所有权来说，权利人可以按照自己的意愿行使占有、使用、收益和处分的权利。直接支配还有排除他人干涉的含义，其他人负有不妨碍、不干涉物权人行使权利的义务。

物权的排他性是指一物之上不能有相互冲突的物权，比如所有权，一物之上只能有一个所有权，此物是我的就不是你的（建筑物区分所有权等是特例）；即使一物之上可以设定若干个抵押权，但由于是按照抵押权设定的先后顺序优先受偿，其间也不存在冲突。

1. 所有权。所有权是指权利人依法对自己的不动产和动产享有全面支配的权利。所有权具有四项权能，即占有、使用、收益和处分。“占有”是对于财产的实际管领或控制，拥有一个物的一般前提就是占有，这是财产所有者直接行使所有权的表现。“使用”是权利主体对财产的运用，发挥财产的使用价值。拥有物的目的一般是为了使用。“收益”是通过财产的占有、使用等方式取得的经济效益。使用物并获益是拥有物的目的之一。“处分”是指财产所有人对其财产在事实上和法律上的最终处置。

2. 用益物权。用益物权是权利人对他人所有的不动产或者动产，依法享有占有、使用和收益的权利。本法中规定了土地承包经营权、建设用地使用权、宅基地使用权和地役权这几种用益物权。用益物权是以对他人所有的不动产或者动产为使用、收益的目的而设立的，因而被称作“用益”物权。用益物权制度是物权法律制度中一项非常重要的制度，与所有权制度、担保物权制度一同构成了物权制度的完整体系。

3. 担保物权。担保物权是为了确保债务履行而设立的物权，当债务人不履行债务时，债权人就担保财产依法享有优先受偿的权利。担保物权对保证债权实现、维护交易秩序、促进资金融通，具有重要作用。担保物权包括抵押权、质权和留置权。

第一百一十五条　物权的客体

物包括不动产和动产。法律规定权利作为物权客体的，依照其规定。

▶理解与适用

法律上所指的物，主要是不动产和动产。不动产是不可移动的物，比如土地以及房屋、林木等土地附着物。动产是不动产以外的可移动的物，比如机动车、电视机等。物权法上的物指有体物或者有形物，有体物或者有形物是物理上的物，包括固体、液体、气体，也包括电等没有形状的物。所谓有体物或者有形物主要是与精神产品相对而言的，著作、商标、专利等是精神产品，是无体物或者无形物，精神产品通常不是物权制度规范的对象。同时，并非所有的有体物或者有形物都是物权制度规范的对象，能够作为物权制度规范对象的还必须是人力所能控制、有利用价值的物。随着科学技术的发展，一些原来无法控制且无法利用的物也可以控制和利用了，也就纳入了物权制度的调整范围，物权制度规范的物的范围也在不断扩大。

精神产品不属于物权制度的调整范围，但是在有些情况下，财产权利可以作为担保物权的标的，比如可以转让的注册商标专用权、专利权、著作权等知识产权中的财产权，可以出质作为担保物权的标的，形成权利质权，由此权利也成为物权的客体。因此，本条规定，法律规定权利作为物权客体的，依照规定。

第一百一十六条 物权法定

物权的种类和内容，由法律规定。

▶理解与适用

物权法定中的“法”，指法律，即全国人大及其常委会制定的法律，除法律明确规定可以由行政法规、地方性法规规定的外，一般不包括行政法规和地方性法规。需要说明的是，物权法定中的法律，除本法物权编外，还包括其他法律，如《土地管理法》、《城市房地产管理法》、《矿产资源法》、《草原法》、《森林法》、《海域使用管理法》、《渔业法》、《海商法》、《民用航空法》等，这些法律中都有对物权的规定。

物权法定，有两层含义：一是物权由法律规定，当事人不能自由创设物权；二是违背物权法定原则，所设“物权”没有法律效力。本条规定“物权的种类和内容，由法律规定”，其一是设立哪些物权的种类，只能由法律规定，当事人之间不能创立。物权的种类大的分所有权、用益物权和担保物权，用益物权中还可分为土地承包经营权、建设用地使用权、宅基地使用权和地役权；担保物权中还可分为抵押权、质权和留置权。其二是物权的权利内容，一般也只能由法律规定，物权的内容指物权的权利义务，如土地承包经营权的承包期多长、何时设立、流转权限，承包地的调整、收回，被征收中的权利义务等。有关物权的规定许多都是强制性规范，当事人应当严格遵守，不能由当事人约定排除，除非法律规定了“有约定的按照约定”“当事人另有约定的除外”这些例外情形。

第一百一十七条 物的征收与征用

为了公共利益的需要，依照法律规定的权限和程序征收、征用不动产或者动产的，应当给予公平、合理的补偿。

▶理解与适用

征收是国家以行政权取得集体、单位和个人的财产所有权的行为。征收的主体是国家，通常是政府以行政命令的方式从集体、单位和个人手中取得土地、房屋等财产。在物权法上，征收是物权变动的一种特殊的情形，涉及所有权人的所有权丧失。征用是国家为了抢险、救灾等公共利益需要，在紧急情况下强制性地使用单位、个人的不动产或者动产。征用的目的只在获得使用权，征用不导致所有权移转，被征用的不动产或者动产使用后，应当返还被征用人。征收、征用属于政府行使行政权，属于行政关系，不属于民事关系，但由于征收、征用是对所有权或者使用权的限制，同时又是国家取得所有权或者使用权的一种方式，因此民法通常从这一民事角度对此作原则规定。

需要说明的是，征收和征用是两个不同的法律概念。征收是指为了公共利益需要，国家将他人所有的财产强制地征归国有；征用是指为了公共利益需要而强制性地使用他人的财产。征收和征用共同之处在于，都是为了公共利益需要，都要经过法定程序，并都要给予补偿。不同之处在于，征收主要是所有权的改变，征用只是使用权的改变。征收是国家从被征收人手中直接取得所有权，其结果是所有权发生了移转；征用则主要是在紧急情况下对他人财产的强制使用，一旦紧急情况结束，被征用的财产应返还原权利人。

▶条文参见

《国有土地上房屋征收与补偿条例》第2条；《宪法》第10、13条；《土地管理法》第45－49条

第一百一十八条 债权的概念

民事主体依法享有债权。

债权是因合同、侵权行为、无因管理、不当得利以及法律的其他规定，权利人请求特定义务人为或者不为一定行为的权利。

▶理解与适用

债是因合同、侵权行为、无因管理、不当得利以及法律的其他规定，在特定当事人之间发生的权利义务关系。首先，债是一种民事法律关系，是民事主体之间以权利义务为内容的法律关系。其次，债是特定当事人之间的法律关系。债的主体各方均为特定当事人。再次，债是特定当事人之间得请求为或者不为一定行为的法律关系。享有权利的人是债权人，负有义务的人是债务人。债是以请求权为特征的法律关系，债权人行使债权，只能通过请求债务人为或者不为一定行为得以实现。最后，债是因合同、侵权行为、无因管理、不当得利以及法律的其他规定而发生的法律关系。债权是因合同、侵权行为、无因管理、不当得利以及法律的其他规定，权利人请求特定义务人为或者不为一定行为的权利。债权是现代社会生活中民事主体的一项重要财产权利。

合同是平等主体的自然人、法人、非法人组织之间设立、变更、终止民事权利义务关系的协议。合同依法成立后，即在当事人之间产生债权债务关系。基于合同所产生的债为合同之债。债权人有权按照合同约定，请求合同义务人履行合同义务。合同之债是民事主体为自己利益依自己意思自行设定的，合同之债属于意定之债。

侵权行为，是指侵害他人民事权益的行为。本法第 3 条规定，民事主体的人身权利、财产权利以及其他合法权益受法律保护，任何组织或者个人不得侵犯。在民事活动中，民事主体的合法权益受法律保护，任何人都负有不得侵害的义务。行为人侵害他人人身权利、财产权利以及其他合法权益的，应依法承担民事责任。民事权益受到侵害的，被侵权人有权请求侵权人承担侵权责任。因侵权行为，侵权人与被侵权人之间形成债权债务关系。侵权行为之债不是侵权人所愿意发生的法律后果，法律确认侵权行为之债的目的在于通过债权和民事责任使侵权行为人承担其不法行为所造成的不利后果，给被侵权人救济，从而保护民事主体的合法民事权益。

无因管理，是指没有法定的或者约定的义务，为避免他人利益受损失进行管理的行为。无因管理行为虽为干预他人事务，但却是以为避免他人利益受损失为目的，有利于社会的互助行为。法律为鼓励这一行为赋予管理人请求受益人偿还因管理行为支出的必要费用的权利。因无因管理产生的债称为无因管理之债。无因管理之债并不是基于当事人的意愿设定的，而是根据法律的规定，为法定之债。

不当得利，是指没有法律根据，取得不当利益，造成他人损失的情形。在社会生活中，任何民事主体不得没有法律根据，取得利益而致他人损害，因此，法律规定受损失的人有权请求取得不当得利的人返还不当利益。不当得利为债的发生原因，基于不当得利而产生的债称为不当得利之债。不当得利之债既不同于合同之债，也不同于无因管理之债。不当得利不是当事人双方间的合意，并非是当事人寻求的法律目的，也不以当事人的意志为转移，而是法律为纠正不当得利，直接赋予当事人的权利义务，也是法定之债。

合同、侵权行为、无因管理、不当得利是债的发生的主要原因，除此以外，法律的其他规定也会引起债的发生，民事主体依法享有债权。如本法第 26 条规定，父母对未成年子女负有抚养、教育和保护的义务。成年子女对父母负有赡养、扶助和保护的义务。父母不履行抚养义务时，未成年的或不能独立生活的子女，有要求父母付给抚养费的权利。子女不履行赡养义务时，无劳动能力的或生活困难的父母，有要求子女付给赡养费的权利。此时，未成年的或不能独立生活的子女和无劳动能力的或生活困难的父母依据法律的规定享有债权。

第一百一十九条 合同之债

依法成立的合同，对当事人具有法律约束力。

▶理解与适用

合同是双方或多方的民事法律行为，只有各方的意思表示一致才能成立。合同之债是当事人在平等基础上自愿设定的，订不订合同、与谁订合同、合同的内容如何等，由当事人自愿约定。但是，合同依法成立以后，对当事人就具有了法律约束力。所谓法律约束力，是指当事人应当按照合同的约定履行自己的义务，非依法律规定或者取得对方同意，不得擅自变更或者解除合同。如果不履行合同义务或者履行合同义务不符合约定，应当承担违约责任。只有依法成立的合同才能产生合同之债。

第一百二十条 侵权责任之债

民事权益受到侵害的，被侵权人有权请求侵权人承担侵权责任。

▶理解与适用

被侵权人在其民事权益被侵权人侵害构成侵权时，有权请求侵权人承担侵权责任。这种权利是一种请求权。所谓请求权，是指请求他人为一定行为或不为一定行为的权利。请求权人自己不能直接取得作为该权利内容的利益，必须通过他人的特定行为间接取得。在侵权人的行为构成侵权，侵害了被侵权人的民事权益时，被侵权人有权请求侵权人承担侵权责任。被侵权人可以直接向侵权人行使请求权，也可以向法院提起诉讼，请求法院保护自己的合法权益。

被侵权人可以是所有具有民事权利能力的民事主体，只要具有实体法上的民事权利能力，又因侵权行为而使其民事权益受到侵害的人，就具有被侵权人的资格，包括自然人、法人和非法人组织。被侵权人的资格不在于其是否具有民事行为能力，但是有无民事行为能力关系到其是否可以自己行使请求侵权人承担侵权责任的权利。

第一百二十一条 无因管理之债

没有法定的或者约定的义务，为避免他人利益受损失而进行管理的人，有权请求受益人偿还由此支出的必要费用。

▶理解与适用

构成无因管理，有以下几个要件：

1. 管理他人事务。管理他人事务，即为他人进行管理，这是成立无因管理的首要条件。如将自己的事务误认为他人事务进行管理，即使目的是为他人避免损失，也不能构成无因管理。

2. 为避免他人利益受损失。一般来说，在既无法定义务又无约定义务的情况下，管理他人的事务，属于干预他人事务的范畴。而法律规定的无因管理，是为避免他人利益受损失而进行管理的行为。符合助人为乐、危难相助的道德准则的行为，应该得到鼓励和受到保护。

3. 没有法定的或者约定的义务。无因，指没有法定的或者约定的义务。没有法定的或者约定的义务是无因管理成立的重要条件。如果行为人负有法定的或者约定的义务进行管理，则不能构成无因管理。

根据本条规定，符合以上三个要件，构成无因管理的。无因管理发生后，管理人享有请求受益人偿还因管理行为支出的必要费用，受益人有偿还该项费用的义务。

第一百二十二条 不当得利之债

因他人没有法律根据，取得不当利益，受损失的人有权请求其返还不当利益。

▶理解与适用

构成不当得利，有以下几个要件：

1. 民事主体一方取得利益。取得利益，是指财产利益的增加。既包括积极的增加，即财产总额的增加。也包括消极的增加，即财产总额应减少而未减少，如本应支付的费用没有支付等。

2. 民事主体他方受到损失。受到损失，是指财产利益的减少。既包括积极损失，即财产总额的减少。也包括消费损失，即应当增加的利益没有增加。

3. 一方取得利益与他方受到损失之间有因果关系。一方取得利益与他方受到损失之间有因果关系是指他方的损失是因一方获得利益造成的。

4. 没有法律根据。没有法律根据是构成不当得利的重要要件。如果一方取得利益和他方受到损失之间有法律根据，民事主体之间的关系就受到法律的认可和保护，不构成不当得利。

第一百二十三条 知识产权及其客体

民事主体依法享有知识产权。

知识产权是权利人依法就下列客体享有的专有的权利：

（一）作品；

（二）发明、实用新型、外观设计；

（三）商标；

（四）地理标志；

（五）商业秘密；
（六）集成电路布图设计；
（七）植物新品种；
（八）法律规定的其他客体。

▶理解与适用

知识产权是国际上广泛使用的一个法律概念，是民事主体对其创造性的客体依法享有的专有权利。知识产权有以下特征：1 知识产权是一种无形财产权。2. 知识产权具有财产权和人身权的双重属性，如作者享有发表权、署名权、修改权等人身权。3. 知识产权具有专有性。本条规定，知识产权是权利人依法就下列客体享有的专有的权利。法律规定知识产权为权利人专有，除权利人同意或法律规定外，权利人以外的第三人不得享有或者使用该项权利，否则为侵害他人的知识产权。4. 知识产权具有地域性，法律确认和保护的知识产权，除该国与他国条约或参加国际公约外，只在一国领域内发生法律效力。5. 知识产权具有时间性，各国法律对知识产权的保护都有严格的时间限制。丧失效力的知识产权客体进入公有领域，成为全人类共有的财富。

根据本条规定，知识产权是权利人依法就下列客体所享有的专有权利：

1. 作品。对作品的知识产权保护主要规定在著作权相关法律法规中。《著作权法》第 3 条规定，本法所称的作品，包括以下列形式创作的文学、艺术和自然科学、社会科学、工程技术等作品：(1) 文字作品；(2) 口述作品；(3) 音乐、戏剧、曲艺、舞蹈、杂技艺术作品；(4) 美术、建筑作品；(5) 摄影作品；(6) 电影作品和以类似摄制电影的方法创作的作品；(7) 工程设计图、产品设计图、地图、示意图等图形作品和模型作品；(8) 计算机软件；(9) 法律、行政法规规定的其他作品。权利人依法就作品享有的专有权利是著作权。根据著作权法的规定，著作权是指著作权人对其作品享有的人身权和财产权，包括发表权、署名权、修改权、保护作品完整权、复制权、发行权、出租权、展览权、表演权、放映权、广播权、信息网络传播权、摄制权、改编权、翻译权、汇编权和应当由著作权人享有的其他权利。

2. 发明、实用新型、外观设计。《专利法》第 2 条规定，本法所称的发明创造是指发明、实用新型和外观设计。发明，是指对产品、方法或者其改进所提出的新的技术方案。实用新型，是指对产品的形状、构造或者其结合所提出的适于实用的新的技术方案。外观设计，是指对产品的形状、图案或者其结合以及色彩与形状、图案的结合所作出的富有美感并适于工业应用的新设计。

3. 商标。《商标法》第 3 条规定，经商标局核准注册的商标为注册商标，包括商品商标、服务商标和集体商标、证明商标。本法所称集体商标，是指以团体、协会或者其他组织名义注册，供该组织成员在商事活动中使用，以表明使用者在该组织中的成员资格的标志。本法所称证明商标，是指由对某种商品或者服务具有监督能力的组织所控制，而由该组织以外的单位或者个人使用于其商品或者服务，用以证明该商品或者服务的原产地、原料、制造方法、质量或者其他特定品质的标志。

4. 地理标志。地理标志是指标示某商品来源于某地区，该商品的特定质量、信誉或者其他特征，主要由该地区的自然因素或者人文因素所决定的标志。权利人依法就地理标志享有专有权。

5. 商业秘密。商业秘密是指不为公众所知悉、能为权利人带来经济利益、具有实用性并经权利人采取保密措施的技术信息和经营信息。权利人依法对商业秘密享有专有权。

6. 集成电路布图设计。集成电路布图设计是指集成电路中至少有一个是有源元件的两个以上元件和部分或者全部互连线路的三维配置，或者为制造集成电路而准备的上述三维配置。

权利人依法对集成电路布图设计享有专有权。

7. 植物新品种。植物新品种是指植物品种保护名录内经过人工选育或者发现的野生植物加以改良，具备新颖性、特异性、一致性、稳定性和适当命名的植物品种。

▶条文参见

《著作权法》第3条；《专利法》第2条；《商标法》第3、16、57条；《商标法实施条例》第4条；《反不正当竞争法》第5、10条；《种子法》第25、28条；《农业法》第23、49条；《集成电路布图设计保护条例》第2条

第一百二十四条 继承权及其客体

自然人依法享有继承权。

自然人合法的私有财产，可以依法继承。

第一百二十五条 投资性权利

民事主体依法享有股权和其他投资性权利。

▶理解与适用

股权是指民事主体因投资于公司成为公司股东而享有的权利。股权根据行使目的和方式的不同可分为自益权和共益权两部分。自益权指股东基于自身利益诉求而享有的权利，可以单独行使，包括资产收益权、剩余财产分配请求权、股份转让权、新股优先认购权等；共益权指股东基于全体股东或者公司的利益诉求而享有的权利，包括股东会表决权、股东会召集权、提案权、质询权、公司章程及账册的查阅权、股东会决议撤销请求权等。

其他投资性权利是指民事主体通过投资享有的权利。如民事主体通过购买证券、基金、保险等进行投资，而享有的民事权利。根据本条规定，民事主体依法享有其他投资性权利。这

些投资性权利的具体权利内容根据证券法等具体法律规定依法享有。

▶条文参见

《公司法》第4条

第一百二十六条 其他民事权益

民事主体享有法律规定的其他民事权利和利益。

第一百二十七条 对数据和网络虚拟财产的保护

法律对数据、网络虚拟财产的保护有规定的，依照其规定。

▶理解与适用

数据可以分为原生数据和衍生数据。原生数据是指不依赖于现有数据而产生的数据，衍生数据是指原生数据被记录、存储后，经过算法加工、计算、聚合而成的系统的、可读取、有使用价值的数据，例如购物偏好数据、信用记录数据等。能够建成为知识产权客体的数据是衍生数据。网络虚拟财产是指虚拟的网络本身以及存在于网络上的具有财产性的电磁记录，是一种能够用现有的度量标准度量其价值的数字化的新型财产。网络虚拟财产作为一种新兴的财产，具有不同于现有财产类型的特点。

▶条文参见

《网络安全法》第10条

第一百二十八条 对弱势群体的特别保护

法律对未成年人、老年人、残疾人、妇女、消费者等的民事权利保护有特别规定的，依照其规定。

第一百二十九条 民事权利的取得方式

民事权利可以依据民事法律行为、事实行为、法律规定的事件或者法律规定的其他方式取得。

▶理解与适用

民事权利的取得，是指民事主体依据合法的方式获得民事权利。根据本条规定，民事权利可以依据民事法律行为、事实行为、法律规定的事件或者法律规定的其他方式取得。

1. 民事法律行为。民事法律行为是指民事主体通过意思表示设立、变更、终止民事法律关系的行为，民法理论一般称为法律行为。如订立买卖合同的行为、订立遗嘱、放弃继承权、赠与等。本法本编第六章专章规定了民事法律行为，对民事法律行为的概念、成立、效力等作了规定。

2. 事实行为。事实行为是指行为人主观上没有引起民事法律关系发生、变更或者消灭的意思，而依照法律的规定产生一定民事法律后果的行为。如自建房屋、拾得遗失物、无因管理行为、劳动生产等。事实行为有合法的，也有不合法的。拾得遗失物等属于合法的事实行为，侵害他人的人身、财产的侵权行为是不合法的事实行为。民事权利可以依据事实行为取得，如民事主体因无因管理行为取得对他人的无因管理债权等。

3. 法律规定的事件。法律规定的事件是指与人的意志无关而根据法律规定能引起民事法律关系变动的客观情况，如自然人的出生、死亡，自然灾害，生产事故、果实自落以及时间经过等。民事权利可以依据法律规定的事件取得，如民事主体因出生取得继承权等。

4. 法律规定的其他方式。除了民事法律行为、事实行为、法律规定的事件，民事权利还可以依据法律规定的其他方式取得。如本法第229条规定，因人民法院、仲裁机构的法律文书或者人民政府的征收决定等，导致物权设立、变更、转让或者消灭的，自法律文书或者征收决定等生效时发生效力。

第一百三十条 权利行使的自愿原则

民事主体按照自己的意愿依法行使民事权利，不受干涉。

▶理解与适用

本条是自愿原则在行使民事权利中的体现，民事主体按照自己的意愿依法行使民事权利，不受干涉。体现在：一是民事主体有权按照自己的意愿依法行使民事权利或者不行使民事权利。二是民事主体有权按照自己的意愿选择依法行使的民事权利内容。三是民事主体有权按照自己的意愿选择依法行使民事权利的方式。民事主体按照自己的意愿行使权利，任何组织和个人不得非法干涉。

第一百三十一条 权利人的义务履行

民事主体行使权利时，应当履行法律规定的和当事人约定的义务。

第一百三十二条 禁止权利滥用

民事主体不得滥用民事权利损害国家利益、社会公共利益或者他人合法权益。

▶理解与适用

不得滥用民事权利，指民事权利的行使不得损害国家利益、社会公共利益或者他人合法权益。权利的行使，有一定界限，行使民事权利损害国家利益、社会公共利益或者他人合法权益为滥用民事权利。滥用民事权利和侵权存在区别，权利滥用的前提是有正当权利存在，且是权利行使或与权利行使有关的行为，侵权行为一般事先没有正当权利存在；权利不得滥用原则是对民事主体行使民事权利的一定限制，通过限制民事主体不得滥用权利损害国家利益、社会公共利益或者他人合法权益达到民事权利与国家利益、社会公共利益、他人合法权益的平衡，而侵权责任制度目的是为了保护民事主体的权利。

▶条文参见

《宪法》第51条

第六章　民事法律行为

第一节　一般规定

第一百三十三条　民事法律行为的概念

民事法律行为是民事主体通过意思表示设立、变更、终止民事法律关系的行为。

▶理解与适用

民事法律行为是对合同行为、婚姻行为、遗嘱行为等一系列能够产生具体权利义务关系的行为的抽象和概括，是民事主体在民事活动中实现自己意图的一项重要民事制度。

相较于《民法通则》,《民法典》对“民事法律行为”的内涵作了调整，使其既包括合法的法律行为，也包括无效、可撤销和效力待定的法律行为，同时强调了民事法律行为是民事主体通过意思表示设立、变更、终止民事法律关系的行为，突出了“意思表示”这一核心要素。

民事法律行为具有以下特征：

1. 民事法律行为是民事主体实施的行为。民事法律行为作为一种法律事实，其必须是由自然人、法人和非法人组织这些民事主体实施的行为，非民事主体实施的行为不是民事法律行为，例如司法机关作出的裁决，行政机关作出的处罚决定等也会产生法律后果，但其不是以民事主体身份作出的行为，因而裁决和处罚决定不属于民事法律行为。但机关在履行公共管理职能过程中可能会进行一些民事活动，例如行政机关购买办公用品、修建办公大楼等，则这些行为属于民事法律行为。

2. 民事法律行为应当是以发生一定的法律效果为目的的行为。民事主体在社会生产生活中会从事各种各样的活动，但并非任何行为都是民事法律行为。根据本条的规定，只有以设立、变更、终止民事法律关系为目的的行为才是民事法律行为，其最终结果是让民事主体具体地享受民事权利、承担民事义务。所谓设立民事法律关系是指民事主体通过民事法律行为形成某种法律关系，例如在合同领域，双方当事人通过要约和承诺形成的买卖关系、租赁关系、委托关系等合同关系。所谓变更民事法律关系是指民事主体在保持原有民事法律关系效力的基础上，通过民事法律行为对其内容作出一些调整。这里需要注意的是如果民事主体改变了原有民事法律关系的效力，就不属于这里的变更，而是消灭了原有民事法律关系，设立了一个新的民事法律关系。所谓消灭民事法律关系是指民事主体通过民事法律行为消灭原民事法律关系，终止其效力。这里需要强调的是，民事法律行为虽然是民事主体期望发生一定法律效果为目的行为，但并非任何民事法律行为都能最终产生民事主体所期望的法律效果。民事主体所从事的民事法律行为既可能是合法的，也可能是非法的，这与《民法通则》关于民事法律行为的规定有很大的不同。根据本章第三节关于民事法律行为效力的规定，合法有效的民事法律行为能产生民事主体所期望发生的法律效果，但是非法的民事法律行为则不一定能产生民事主体所期望的法律效果，例如无效的民事法律行为就确定地不发生民事主体所希望发生的法律效果；如果当事人提出撤销的申请，可撤销的民事法律行为也不能实现民事主体所希望的法律效果。非法的民事法律行为虽然可能不能实现民事主体意欲实现的法律效果，但是都可能产生一定的法律后果，例如根据本章的规定，欺诈、胁迫等民事法律行为是非法的，可能产生民事法律行为被撤销的法律后果；又如根据本章的规定，恶意串通损害他人合法权益的民事法律行为会产生无效的法律后果。

3. 民事法律行为是以意思表示为核心要素的行为。意思表示是指民事主体意欲发生一定法律效果的内心意思的外在表达，是民事法律行为最为核心的内容。民事法律行为之所以能对民事主体产生法律约束力，就是因为其是民事主体按照自己的意思作出的。这也是民事法律行为与事实行为最根本的区别。

第一百三十四条 民事法律行为的成立

民事法律行为可以基于双方或者多方的意思表示一致成立，也可以基于单方的意思表示成立。

法人、非法人组织依照法律或者章程规定的议事方式和表决程序作出决议的，该决议行为成立。

▶理解与适用

本条第1款根据不同的民事法律行为类型对其不同的成立条件和成立时间作了规定：

1. 双方民事法律行为。双方民事法律行为是指双方当事人意思表示一致才能成立的民事法律行为。最为典型的双方民事法律行为是合同。双方民事法律行为与单方民事法律行为的最大区别是行为的成立需要双方的意思表示一致，仅凭一方的意思表示而没有经过对方的认可或者同意不能成立。

2. 多方民事法律行为。多方民事法律行为是指根据两个以上的民事主体的意思表示一致而成立的行为。订立公司章程的行为和签订合伙协议的行为就是较为典型的多方民事法律行为。

3. 单方民事法律行为。单方民事法律行为是指根据一方的意思表示就能够成立的行为。与双方民事法律行为不同，单方民事法律行为不存在相对方，其成立不需要其他人的配合或者同意，而是依据行为人自己一方的意志就可以产生自己所期望的法律效果。在现实生活中单方民事法律行为也不少，这些民事法律行为从内容上划分，主要可以分为两类：1. 行使个人权利而实施的单方行为，例如所有权人抛弃所有权的行为等，这些单方民事法律行为仅涉及个人的权利变动，不涉及他人的权利变动；2. 涉及他人权利变动的单方民事法律行为，例如立遗嘱，授予代理权，行使撤销权、解除权、选择权等处分形成权的行为。

本条第2款规定了一种较为特殊的民事法律行为，即决议行为。决议行为是两个或者两个以上的当事人基于共同的意思表示而意图实现一定法律效果而实施的行为，其满足民事法律行为的所有条件，是一种民事法律行为。但是与多方民事法律行为、双方民事法律行为和单方民事法律行为相比，其又具有特殊性，这种特殊性体现在三个方面：1. 双方民事法律行为或者多方民事法律行为需要所有当事人意思表示一致才能成立，决议行为一般并不需要所有当事人意思表示一致才能成立，而是多数人意思表示一致就可以成立；2. 双方民事法律行为或者多方民事法律行为的设立过程一般不需要遵循特定的程序，而决议行为一般需要依一定的程序才能设立，根据本条的规定，决议行为应当依照法律或者章程规定的议事方式和表决程序。3. 双方民事法律行为或者多方民事法律行为适用的范围一般不受限制，而根据本条的规定，决议行为原则上仅适用于法人或者非法人组织内部的决议事项。

第一百三十五条 民事法律行为的形式

民事法律行为可以采用书面形式、口头形式或者其他形式；法律、行政法规规定或者当事人约定采用特定形式的，应当采用特定形式。

▶理解与适用

民事法律行为的形式是民事法律行为的核心要素意思表示

的外在表现形式。

根据本条的规定，民事法律行为可以采用书面形式、口头形式或者其他形式。书面形式是指以文字等可以以有形形式再现民事法律行为内容的形式。书面形式的种类很多，书面形式是合同书、信件等可以有形地表现所载内容的形式。口头形式是指当事人以面对面地谈话或者以电话交流等方式形成民事法律行为的形式。除了书面形式和口头形式外，本条还规定民事法律行为也可以采用其他形式。例如在合同领域，可以根据当事人的行为或者特定情形推定合同的成立，或者也可以称为默示合同。此类合同是指当事人未用语言或者文字明确表示成立，而是根据当事人的行为推定合同成立。这类合同在现实生活中很多，例如租房合同的期限届满后，出租人未提出让承租人退房，承租人也未表示退房而是继续交房租，出租人也接受了租金。根据双方的行为，可以推定租赁合同继续有效。对于民事法律行为是采用书面形式、口头形式还是其他形式，由当事人自主选择，法律原则上不干涉，但在一些特殊情况下，出于保护交易安全、避免纠纷等考虑，有的法律、行政法规会对民事法律行为提出特殊要求，或者当事人会约定民事法律行为采用特定形式，在这种情况下，应当采用特定形式。例如当事人约定民事法律行为采用公证形式的，则应当采用公证形式。

▶条文参见

《建筑法》第 15 条；《电子签名法》第 3、4 条；《劳动法》第 19 条

第一百三十六条 民事法律行为的生效

民事法律行为自成立时生效，但是法律另有规定或者当事人另有约定的除外。

行为人非依法律规定或者未经对方同意，不得擅自变更或者解除民事法律行为。

▶理解与适用

民事法律行为的生效是指民事法律行为产生法律约束力。

根据本条规定，民事法律行为从成立时具有法律拘束力。也就是说，民事法律行为自成立时生效，但是，民事法律行为成立和生效的时间，既有相一致的情形，也有不一致的情形：1. 民事法律行为的成立和有效处于同一个时间点，依法成立的民事法律行为，具备法律行为生效要件的，即时生效。2. 民事法律行为的成立和生效并非同一个时间，有三种情形：（1）法律规定民事法律行为须批准、登记生效的，成立后须经过批准、登记程序才能发生法律效力。（2）当事人约定民事法律行为生效条件的，约定的生效条件成就的，才能发生法律效力。（3）附生效条件、附生效期限的民事法律行为，其所附条件成就，或者所附期限到来时，该民事法律行为才能生效，其成立和生效也并非同一时间。

第二节　意思表示

第一百三十七条　有特定相对人的意思表示的生效时间

以对话方式作出的意思表示，相对人知道其内容时生效。

以非对话方式作出的意思表示，到达相对人时生效。以非对话方式作出的采用数据电文形式的意思表示，相对人指定特定系统接收数据电文的，该数据电文进入该特定系统时生效；未指定特定系统的，相对人知道或者应当知道该数据电文进入其系统时生效。当事人对采用数据电文形式的意思表示的生效时间另有约定的，按照其约定。

▶理解与适用

意思表示是指行为人为了产生一定民法上的效果而将其内心意思通过一定方式表达于外部的行为。意思是指设立、变更、终止民事法律关系的内心意图，表示是指将内心意思以适当方式向适当对象表示出来的行为。意思表示具有如下特征：1. 意思表示的表意人具有使民事法律关系发生变动的意图。通过这种意图，表意人可以依据自己的主观意志发生法律关系，所以从这种角度讲，意示表示是实现意思自治的工具。2. 意思表示是一个将意思由内到外的表示过程。一个人内心可能有很多的主观意思，但是若不通过适当的方式表示出来，让他人知晓，其内心意思就没有任何法律意义。3. 意思表示可以产生一定的法律效果。符合法定生效要件的意思表示可以发生当事人预期的法律效果。意思表示作为民事法律行为中最为核心的要素，对于确定民事法律行为的效力具有重要作用。

本条是对有相对人的意思表示生效时间的规定。对于此类情况，本条根据是否采用对话方式作了不同规定：

1. 以对话方式作出的意思表示。所谓以对话方式作出的意思表示是指采取使相对方可以同步受领的方式进行的意思表示，例如面对面交谈、电话等方式。在以这种方式进行的意思表示中，表意人作出意思表示和相对人受领意思表示是同步进行的，没有时间差，因此，表意人作出意思表示并使相对人知道时即发生效力。基于此，本条第 1 款规定，以对话方式作出的意思表示，相对人知道其内容时生效。

2. 以非对话方式作出的意思表示。以非对话方式作出的意思表示，是表意人作出意思表示的时间与相对人受领意思表示的时间不同步，二者之间存在时间差。非对话的意思表示在现实生活中存在的形式多样，例如传真、信函等。对于非对话的意思表示的生效时间，我国采用到达主义，规定意思表示到达相对人时生效。需要强调的是，这里“到达”并不意味着相对人必须亲自收到，只要进入相对人通常的地址、住所或者能够控制的地方（如信箱）即可视为到达，意思表示被相对人的代理人收到也可以视为到达。送达相对人时生效还意味着即使在意思表示送达相对人前相对人已经知道该意思表示内容的，该意思表示也不生效。

3. 以非对话方式作出的采用数据电文形式的意思表示。数据电文系指经由电子手段、电磁手段、光学手段或类似手段生成、发送、接收或存储的信息，这些手段包括但不限于电子数据交换、电子邮件、电报、电传或传真。采用数据电文方式作出的意思表示虽然也是以非对话方式进行的，但由于其发出和到达具有自动性、实时性等特点，意思表示发出即到达，其生效规则也与一般的非对话方式作出的意思表示的生效时间有所区别。采用数据电文形式订立合同，收件人指定特定系统接收数据电文的，该数据电文进入该特定系统的时间，视为到达时间；未指定特定系统的，该数据电文进入收件人的任何系统的首次时间，视为到达时间。当事人对采用数据电文形式的意思表示的生效时间另有约定的，按照其约定。这主要是为了尊重当事人对意思表示生效时间的约定，体现意思自治。在现实生活中，当事人可以约定数据电文形式意思表示的生效时间可以不是该意思表示进入特定系统的时间。有这种约定的，从其约定。

▶条文参见

《电子签名法》第 11 条

第一百三十八条 无相对人的意思表示的生效时间

无相对人的意思表示，表示完成时生效。法律另有规定的，依照其规定。

▶理解与适用

本条对无相对人的意思表示的生效时间作了规定。无相对人的意思表示在完成时生效，这是无相对人意思表示生效的一般性规则。但有时法律对无相对人的意思表示的生效时间会作出特别规定，例如《民法典》继承编部分就明确规定，遗嘱这种无相对人的意思表示自遗嘱人死亡时发生效力。所以，本条还规定，法律对无相对人意思表示的生效时间另有规定的，依照其规定。

第一百三十九条 公告的意思表示的生效时间

以公告方式作出的意思表示，公告发布时生效。

▶理解与适用

实践中，在意思表示有相对人的情况下，可能会发生意思表示的表意人不知道相对人的具体地址、相对人下落不明的情形。对表意人来说，要通过信函、邮件等方式送达相对人是困难的，其意思表示就有可能迟迟不能生效，影响其利益。对此，必须允许表意人采取特殊方式送达其意思表示。本条明确规定了表意人在这种情况下可以以公告方式作出意思表示。本条规定，对于以公告方式作出的意思表示，公告发布时生效。这里的公告方式既可以是在有关机构的公告栏，例如人民法院的公告栏；也可以是在报纸上刊登公告的方式。以公告方式作出的意思表示，表意人一旦发出公告能够为社会公众所知道，就认为意思表示已经到达，即发生效力。理解本条还需要注意两点：本条所规定的表意人并不是在任何情况都可以采用公告方式作出意思表示，只有在表意人非因自己的过错而不知相对人的下落或者地址的情况下才可以采用公告方式作出意思表示，否则对相对人很不公平。在表意人知道相对人下落的情况下，表意人不得采用公告方式作出意思表示，除非相对人同意。

第一百四十条 意思表示的形式

行为人可以明示或者默示作出意思表示。

沉默只有在有法律规定、当事人约定或者符合当事人之间的交易习惯时，才可以视为意思表示。

▶理解与适用

意思表示可以明示的方式或默示的方式做出。所谓明示的意思表示就是行为人以作为的方式，使得相对人能够直接了解到意思表示的内容。比较典型的是表意人采用口头、书面方式直接向相对人进行的意思表示。以默示方式作出的意思表示，又称为行为默示，是指行为人虽没有以语言或文字等明示方式作出意思表示，但以行为的方式作出了意思表示。这种方式虽不如明示方式那么直接表达出了意思表示的内容，但通过其行为可以推定出其作出一定的意思表示。在现实生活中，以默示方式作出的意思表示也比较常见。例如某人向自动售货机投入货币的行为即可推断其作出了购买物品的意思表示。又比如某人乘坐无人售票的公交车时，其投币行为就可以视为其具有缔结运输合同的意思表示。

在现实生活中也会出现一种特殊情形，即行为人以沉默的方式作出意思表示。沉默是一种既无语言表示也无行为表示的纯粹的缄默，是一种完全的不作为。沉默原则上不得作为意思表示的方式。只有在有法律规定、当事人约定或者符合当事人之间的交易习惯时，才可以视为意思表示。例如本法典合同编第 638 条第 1 款规定，试用买卖的买受人在试用期内可以购买标的物，也可以拒绝购买。试用期间届满，买受人对是否购买标的物未作表示的，视为购买。在这条规定中，试用期间届满后，买受人对是否购买标的物未作表示就是一种沉默，但这种沉默就可以视为买受人作出了购买的意思表示。

第一百四十一条　意思表示的撤回

行为人可以撤回意思表示。撤回意思表示的通知应当在意思表示到达相对人前或者与意思表示同时到达相对人。

▶理解与适用

意思表示的撤回，是指在意思表示作出之后但在发生法律效力之前，意思表示的行为人欲使该意思表示不发生效力而作出的意思表示。意思表示之所以可以撤回，是因为意思表示生效才能发生法律约束力，在其尚未生效之前，不会对意思表示的相对人产生任何影响，也不会对交易秩序产生任何影响。

行为人可以撤回意思表示，但不是在任何情况下都可以，而是有条件的。根据本条的规定，撤回意思表示的通知应当在意思表示到达相对人前或者与意思表示同时到达相对人。如果撤回意思表示的通知在意思表示到达相对人之后到达的，该意思表示已经生效，是否能够使其失效，则取决于相对人是否同意。因此，行为人若要撤回意思表示，必须选择以快于意思表示作出的方式发出撤回的通知，使之能在意思表示到达之前到达相对人。如果意思表示的行为人作出意思表示以后又立即以比作出意思表示更快的方式发出撤回通知，按照通常情况，撤回的通知应当先于或者最迟会与意思表示同时到达相对人，但因为其他原因耽误了，撤回的通知在意思表示到达相对人的才到达相对人，在这种情况下，相对人应当根据诚信原则及时通知意思表示的行为人，告知其撤回的通知已经迟到，意思表示已经生效；如果相对人怠于通知行为人，行为人撤回意思表示的通知视为未迟到，仍发生撤回表示的效力。

理解本条需要注意两点：

1. 意思表示的撤回原则上只有在该意思表示有相对人的情况下才有意义，若是无相对人的意思表示，在表示作出时就发生效力，不可能撤回，只可能撤销。

2. 意思表示的撤回与意思表示的撤销是不同的。根据本条的规定，意思表示的撤回是在意思表示未生效前使其不发生效力，而意思表示的撤销是指在意思表示作出并生效之后，行为人又作出取消其意思表示的表示。由于意思表示在到达后已经生效，相对人已知悉了意思表示的内容，甚至可能已经对该意思表示产生了合理的信赖，因此，行为人能否在意思表示生效后取消其意思表示，需要考虑保障相对人合理信赖的问题。这与意思表示撤回中仅考虑保护意思表示行为人对其意思表示的自由处分权利存在较大区别。考虑到意思表示生效后，已经对行为人产生了法律约束力，能否撤销，要平衡行为人和相对人的利益，不宜泛泛规定行为人可以撤销意思表示，基于此，合同编规定，要约可以撤销，但撤销要约的通知应当在受要约人发出承诺通知之前到达受要约人。同时还规定，有下列情形之一的，要约不得撤销：（1）要约人确定了承诺期限或者以其他形式明示要约不可撤销；（2）受要约人有理由认为要约是不可撤销的，并已经为履行合同作了准备工作。所以，本条只规定了意思表示的撤回，未规定意思表示的撤销。

第一百四十二条 意思表示的解释

有相对人的意思表示的解释，应当按照所使用的词句，结合相关条款、行为的性质和目的、习惯以及诚信原则，确定意思表示的含义。

无相对人的意思表示的解释，不能完全拘泥于所使用的词句，而应当结合相关条款、行为的性质和目的、习惯以及诚信原则，确定行为人的真实意思。

▶理解与适用

所谓意思表示的解释是指因意思表示不清楚或者不明确发生争议时，由人民法院或者仲裁机构对意思表示进行的解释。解释的目的就是为了明确意思表示的真实含义。意思表示的解释具有以下特征：1. 意思表示解释的对象是当事人已经表示出来的、确定的意思，而非深藏于当事人内心的意思。深藏于当事人内心的意思无法作为认识的对象，是无法解释的。2. 对意思表示进行解释的主体是人民法院或者仲裁机构，并不是任何机构或者个人都可以对意思表示作出有权解释。只有人民法院或者仲裁机构对意思表示作出的解释才是有权解释，才会对当事人产生法律约束力。3. 人民法院或者仲裁机构对意思表示的解释不是任意的主观解释，而是必须遵循一定的规则进行解释，这些规则就是解释意思表示的方法。

本条区分有相对人的意思表示和无相对人的意思表示，分别规定了不同的解释规则，主要基于以下考虑：有相对人的意思表示中，需要有意思表示的受领人，意思表示一旦为相对人所受领，相对人就会对此产生合理信赖。如果出现表意人的内心真实意思和外在表示出来的意思表示不一致的情况，就需要平衡保护相对人的信赖利益与保护表意人的内心真实意思；同时，在这种情况下还需要考虑相对人对意思表示的理解水平。而在无相对人的意思表示的情况下，因不存在受领人，则不需要考虑受领人的理解水平问题。因此，对无相对人的意思表示的解释就是主要探究表意人的内心真实意思。这里需要强调一点，对无相对人的意思表示的解释，不能完全拘泥于意思表示所使用的词句，但不是完全抛开意思表示所使用的词句，这主要是为了防止在解释这类意思表示时自由裁量权过大，影响当事人的利益。例如在对遗嘱进行解释时，虽说主要是探究遗嘱人作遗嘱的真实意思，但也不能完全不考虑遗嘱本身的词句。

第三节　民事法律行为的效力

第一百四十三条　民事法律行为的有效条件

具备下列条件的民事法律行为有效：

（一）行为人具有相应的民事行为能力；

（二）意思表示真实；

（三）不违反法律、行政法规的强制性规定，不违背公序良俗。

▶理解与适用

根据本条规定，民事法律行为应当具备的有效条件包括：

1. 行为人具有相应的民事行为能力。民事行为能力是行为人通过自己行为参与民事活动，享有权利和承担义务的能力。与作为法律资格的民事权利能力相比，民事行为能力是行为人实施民事法律行为的相应保证。

2. 意思表示真实。意思表示作为法律行为的核心要素，其真实性对于保证行为人正确实现行为目的至关重要。应当注意，此处的真实应作扩大解释，实际上还包含了传统民法理论意思表示自由的含义。比如，在因欺诈、胁迫实施民事法律行为的情形，受欺诈人、受胁迫人的意思表示虽然从表面看是真实的，但实际上并非其内心自由意志的体现。在意思表示不真实的情况下，民事法律行为不能具备完全有效的效力。

3. 不违反法律、行政法规的强制性规定，不违背公序良俗。

▶条文参见

《消费者权益保护法》第26条

▶典型案例指引

云南福运物流有限公司与中国人寿财产保险股份公司曲靖中心支公司财产损失保险合同纠纷案（《最高人民法院公报》2016年第7期）

案件适用要点：当事人就货物保险损失达成的《赔偿协议书》及《货运险赔偿确认书》是对财产损害赔偿金额的自认，是真实意思表示，是有效的民事法律行为。

第一百四十四条　无民事行为能力人实施的民事法律行为

无民事行为能力人实施的民事法律行为无效。

第一百四十五条　限制民事行为能力人实施的民事法律行为

限制民事行为能力人实施的纯获利益的民事法律行为或者与其年龄、智力、精神健康状况相适应的民事法律行为有效；实施的其他民事法律行为经法定代理人同意或者追认后有效。

相对人可以催告法定代理人自收到通知之日起三十日内予以追认。法定代理人未作表示的，视为拒绝追认。民事法律行为被追认前，善意相对人有撤销的权利。撤销应当以通知的方式作出。

▶**理解与适用**

限制民事行为能力人所从事的民事法律行为，须经法定代理人同意或者追认才能有效。如果没有经过同意或者追认，民事法律行为即使成立，也并不实际生效，而处于效力待定状态。这里对法定代理人补正限制民事行为能力人的行为能力规定了两种方式：一种是同意，指的是法定代理人事先对限制民事行为能力人实施某种民事法律行为予以明确认可；另一种是追认，指的是法定代理人事后明确无误地对限制民事行为能力人实施某种民事法律行为表示同意。无论是事先的同意还是事后的追认，都是法定代理人的单方意思表示，无须行为相对人的同意即可发生效力。需要说明的是，法定代理人对限制民事行为能力人行为的同意或者追认应当采用明示的方式作出，同时应当为行为相对人所知晓才能发生效力。

限制民事行为能力人实施民事法律行为后，与其从事民事法律行为的相对人可以催告限制民事行为能力人的法定代理人在30日内予以追认。法定代理人未作表示的，视为拒绝追认。所谓催告，是指民事法律行为的相对人要求法定代理人在一定期限内就是否认可限制民事行为能力人所实施民事法律行为的效力作出表示，逾期不作表示的，视为法定代理人拒绝承认行为的效力。催告在民法理论上被称为“准法律行为”，因为尽管催告具有类似意思表示的行为外观，但其最终效力的发生却仍然来自于法律规定。限制民事行为能力人在其行为能力范围之外实施的民事法律行为属于效力待定，此种效力不确定的状态不应一直持续。立法赋予相对人以催告权，可以避免这种效力不确定的状态长期持续，从而保护相对人权益，维护交易安全。在相对人催告法定代理人对行为是否予以追认的期间内，如果法定代理人不对此作出表示，意味着法定代理人对通过追认补足行为效力的态度是消极的、放任的，此时应视为其拒绝追认，因此该行为不发生效力。需要说明的是，相对人的催告应当以明示方式作出，期间也应从法定代理人收到通知之日起算。本条确定的期间为 30 日，法定代理人超过 30 日未作表示的，视为拒绝追认。

本条第 2 款除规定相对人的催告权外，还规定了善意相对人的撤销权，即民事法律行为被追认前，善意相对人有撤销的权利。此处的撤销权在性质上属于形成权，即相对人可以直接通过自己的行为而无须借助他人即可行使的权利。本条撤销权的行使应注意以下几点：1. 相对人撤销权的行使须在法定代理人追认之前，法定代理人一经追认，相对人不得再行使这一权利。2. 仅善意相对人可行使撤销权。所谓善意，是指相对人实施民事法律行为时并不知晓对方为限制民事行为能力人，且此种不知晓不构成重大过失。3. 相对人行使撤销权时，应当通过通知的方式作出，这种通知必须是明示的、明确的，不得通过默示的方式。

▶**条文参见**

《票据法》第 6 条

第一百四十六条 虚假表示与隐藏行为效力

行为人与相对人以虚假的意思表示实施的民事法律行为无效。

以虚假的意思表示隐藏的民事法律行为的效力，依照有关法律规定处理。

▶**理解与适用**

虚假意思表示又称虚伪表示，是指行为人与相对人都知道自己所表示的意思并非真意，通谋作出与真意不一致的意思表示。虚假表示的特征在于，双方当事人都知道自己所表示出的意思不是真实意思，民事法律行为本身欠缺效果意思，双方均不希望此行为能够真正发生法律上的效力。一般而言，虚假表示在结构上包括内外两层行为：外部的表面行为是双方当事人共同作出与真实意思不一致的行为，也可称作伪装行为；内部的隐藏行为则是被隐藏于表面行为之下，体现双方真实意思的行为，也可称作非伪装行为。比如，双方名为买卖实为赠与，买卖并非双方的真实意思表示，属于表面行为或伪装行为；赠与是双方的真实意思表示，属于隐藏行为或者非伪装行为。尽管隐藏行为的存在与虚假表示联系在一起，但虚假表示与隐藏行为并不总是一一对应。具体而言，无虚假表示就无所谓隐藏行为，有隐藏行为也就存在虚假表示，但存在虚假表示，并不一定有隐藏行为。比如，以逃避债务为目的假装财产赠与，赠与行为是虚假表示，但并不存在隐藏行为。

本条第 1 款是对双方以虚假意思表示作出的民事法律行为效力的规定，即行为人与相对人以虚假的意思表示实施的民事法律行为无效。这一规定的含义是：双方通过虚假的意思表示实施的民事法律行为是无效的。之所以对通过虚伪表示实施的民事法律行为的效力予以否定，是因为这一意思表示所指向的法律效果并非双方当事人的内心真意，双方对此相互知晓，如果认定其为有效，有悖于意思自治的原则。本款虽未明确规定行为人与相对人须通谋而为虚假的意思表示，实际上双方对虚假意思表示达成一致的结果反映出二者必须有一个意思联络的过程。这也是虚伪表示区别于真意保留的重要一点，真意保留的相对人并不知晓行为人表示的是虚假意思。

本条第 2 款是对隐藏行为效力的规定：行为人以虚假的意思表示隐藏的民事法律行为的效力，依照有关法律规定处理。当同时存在虚伪表示与隐藏行为时，虚伪表示无效，隐藏行为并不因此无效，其效力如何，应当依据有关法律规定处理。具体来说，如果这种隐藏行为本身符合该行为的生效要件，那么就可以生效。如在名为赠与实为买卖的行为中，赠与行为属于双方共同以虚假意思表示实施的民事法律行为，无效；而隐藏于赠与形式之下的买卖则是双方共同的真实意思表示，其效力能否成就取决于其是否符合买卖合同有关的法律规定：如果符合买卖合同生效要件的法律规定，则为有效；反之，则无效。

▶典型案例指引

日照港集团有限公司煤炭运销部与山西焦煤集团国际发展股份有限公司借款合同纠纷案（《最高人民法院公报》2017 年第 6 期）

案件适用要点：在三方或三方以上的企业间进行的封闭式循环买卖中，一方在同一时期先卖后买同一标的物，低价卖出高价买入，明显违背营利法人的经营目的与商业常理，此种异常的买卖实为企业间以买卖形式掩盖的借贷法律关系。企业间为此而签订的买卖合同，属于当事人共同实施的虚伪意思表示，应认定为无效。

在企业间实际的借贷法律关系中，作为中间方的托盘企业并非出于生产、经营需要而借款，而是为了转贷牟利，故借贷合同亦应认定为无效。借款合同无效后，借款人应向贷款人返还借款的本金和利息。因贷款人对合同的无效也存在过错，人民法院可以相应减轻借款人返还的利息金额。

第一百四十七条 重大误解

基于重大误解实施的民事法律行为，行为人有权请求人民法院或者仲裁机构予以撤销。

▶理解与适用

本条是关于基于重大误解实施的民事法律行为的效力规定。传统民法理论与重大误解相关的概念是错误。错误是指表意人非故意地使意思与表示不一致。按照意思表示本身的两个阶段，可以划分为意思形成阶段的错误和意思表达阶段的错误。其中，意思表达阶段的错误，是错误制度的主要规范对象，又可细分为表示错误与内容错误。所谓表示错误，是指表意人错误使用表示符号，该表示符号所表达的法律后果并非表意人内心的真实想法，典型的如将合同价款10000元写成1000元、误将A画当作B画取走等。所谓内容错误，不同于表示错误，它是指表意人使用的表示符号并没有错，但对该符号所表示的内容产生理解错误。典型的内容错误又可细分为同一性错误和行为类型错误。同一性错误如甲想和乙订立合同，却误将丙当作乙。行为类型错误如甲想把画卖给乙，对乙说："我有一幅画，你要不要？"由于没有约定价格，乙理解为赠与而予以接受。此时，买卖合同因未形成合意而不成立，赠与因符合表示主义而成立。甲可以基于行为类型错误而主张撤销赠与合同。意思形成阶段的错误，是指表意人在形成意思表示时所产生的错误，也称为动机错误。原则上，法律行为的效力与动机错误无关。比如，当事人对相对人的履约能力是否符合自己需求产生错误认识，不应作为错误主张撤销。但是，动机错误一律不得作为错误予以撤销的原则也有例外，当有关人或物的性质错误被视为对交易具有重要作用时，这种情形下的动机错误视为内容错误，同样可以适用错误规则。性质错误典型的例子如，甲以为A赛马赢得过竞赛冠军，故以重金买下，但实际上赢得竞赛冠军的是B赛马。此时甲对A赛马是否赢得过竞赛冠军的能力产生错误认识，属于性质错误。

重大误解，是我国民法自《民法通则》和《合同法》以来一直沿用的概念。认定重大误解需满足以下几个条件：一是行为人主观上存在错误认识，这种错误可以是关于行为的性质，也可以是关于行为的相对人、交易标的的质量、数量等；二是行为的结果与行为人的意思相悖；三是行为人的错误认识与行为后果之间存在因果关系，即如果没有这种错误认识，将不会产生该行为后果；四是行为人在客观上遭受了较大损失。如果没有损失或者损失较小，也不能构成重大误解。

本条规定，基于重大误解实施的民事法律行为，行为人有权请求人民法院或者仲裁机构予以撤销。撤销权的行使将彻底改变民事法律行为的效力，关涉当事人的重大利益，《民法通则》及《合同法》均规定撤销权须经诉讼或者仲裁，这样有利于维护正常的法律秩序，妥善保护当事人双方的合法权益。

第一百四十八条 欺诈

一方以欺诈手段，使对方在违背真实意思的情况下实施的民事法律行为，受欺诈方有权请求人民法院或者仲裁机构予以撤销。

▶理解与适用

民法中的欺诈，一般是指行为人故意欺骗他人，使对方陷入错误判断，并基于此错误判断作出意思表示的行为。欺诈的构成要件一般包括四项：一是行为人须有欺诈的故意。这种故意既包括使对方陷入错误判断的故意，也包括诱使对方基于此错误判断而作出意思表示的故意；二是行为人须有欺诈的行为。这种行为既可以是故意虚构虚假事实，也可以是故意隐瞒应当告知的真实情况等。三是受欺诈人因行为人的欺诈行为陷入错误判断，即欺诈行为与错误判断之间存在因果关系。四是受欺诈人基于错误判断作出意思表示。

欺诈的构成并不需要受欺诈人客观上遭受损害后果的事实，只要受欺诈人因欺诈行为作出了实施民事法律行为的意思表示，即可成立欺诈。欺诈的法律后果为可撤销，享有撤销权的是受欺诈人。

关于撤销权的行使。应通过法院或者仲裁机构为宜。此处需要注意的是，《民法典》没有延续原《合同法》对欺诈行为可变更的规定，仅规定了可撤销。

▶典型案例指引

1. 刘向前诉安邦财产保险公司保险合同纠纷案（《最高人民法院公报》2013 年第 8 期）

案件适用要点：保险事故发生后，保险公司作为专业理赔机构，基于专业经验及对保险合同的理解，其明知或应知保险事故属于赔偿范围，而在无法律和合同依据的情况下，故意隐瞒被保险人可以获得保险赔偿的重要事实，对被保险人进行诱导，在此基础上双方达成销案协议的，应认定被保险人作出了不真实的意思表示，保险公司的行为违背诚信原则构成保险合同欺诈。被保险人请求撤销该销案协议的，人民法院应予支持。

2. 中国农业银行长沙市先锋支行与湖南金帆投资管理有限公司、长沙金霞开发建设有限公司借款担保合同纠纷案（《最高人民法院公报》2009 年第 1 期）

案件适用要点：导致合同当事人分别持有的合同文本内容有出入的原因复杂多样，不能据此简单地认定合同某一方当事人存在故意欺诈的情形。合同一方当事人如果据此主张对方当事人恶意欺诈，还应当提供其他证据予以证明。

第一百四十九条 第三人欺诈

第三人实施欺诈行为，使一方在违背真实意思的情况下实施的民事法律行为，对方知道或者应当知道该欺诈行为的，受欺诈方有权请求人民法院或者仲裁机构予以撤销。

▶理解与适用

本条中的第三人，一般是指民事法律行为的双方当事人之外、与一方存在某种关系的特定人。当事人之外的第三人对其中一方当事人实施欺诈的目的，有可能是仅仅为了帮助对方当事人达成交易，第三人实施欺诈也有可能最终为实现自己的目的。

但其根本目的在于使受欺诈人陷入错误认识，作出“若了解真实情况便不会作出的”意思表示。此时，受欺诈人享有对民事法律行为的撤销权，但该撤销权行使须满足一定条件。具体来说，第三人实施欺诈行为，只有在受欺诈人的相对方非属于善意时，受欺诈人才能行使撤销权。相对方的这种非善意表现为，对于第三人的欺诈行为，其知道或者应当知道。撤销权的行使仍须通过人民法院或者仲裁机构行使。

需注意的是，在第三人欺诈而相对人是善意的情况下，受欺诈人尽管不能通过行使撤销权的方式保护其自身权益，但如果其权益因此受损，并不妨碍其向实施欺诈的第三人主张赔偿。

第一百五十条 胁迫

一方或者第三人以胁迫手段，使对方在违背真实意思的情况下实施的民事法律行为，受胁迫方有权请求人民法院或者仲裁机构予以撤销。

▶理解与适用

所谓胁迫，是指行为人通过威胁、恐吓等不法手段对他人思想上施加强制，由此使他人产生恐惧心理并基于恐惧心理作出意思表示的行为。在民法理论中，胁迫与欺诈一样，都属于意思表示不自由的情形。当事人因受胁迫而作出意思表示，其意思表示并没有产生错误，受胁迫人在作出符合胁迫人要求的意思表示时，清楚地意识到自己意思表示的法律后果，只是这种意思表示的作出并非基于受胁迫人的自由意志。胁迫的构成要件一般应当包括：1. 胁迫人主观上有胁迫的故意，即故意实施胁迫行为使他人陷入恐惧以及基于此恐惧心理作出意思表示。2. 胁迫人客观上实施了胁迫的行为。即以将要实施某种加害行为威胁受胁迫人，以此使受胁迫人产生心理恐惧。这种加害既可以是对受胁迫人自身的人身、财产权益的加害，也可以是对受胁迫人的亲友甚至与之有关的其他人的人身、财产权益的加害，客观上使受胁迫人产生了恐惧心理。3. 胁迫须具有不法性，包括手段或者目的的不法性，反之则不成立胁迫。4. 受胁迫人基于胁迫产生的恐惧心理作出意思表示。换言之，意思表示的作出与胁迫存在因果关系。此处因果关系的判断，应以受胁迫人自身而非其他人为标准。由于胁迫侵害了被胁迫人的自由意志，法律对通过胁迫手段实施的民事法律行为加以规制。

从民法理论上讲，胁迫行为具有不法性，且构成对受胁迫人利益的侵害，应当认定因胁迫实施的民事法律行为无效。但考虑到民事活动的复杂性以及意思自治的民事基本原则，受胁迫人在其权益受损时，有权基于自身的利益衡量对民事法律行为的效力作出选择。因此，本条将因胁迫实施的民事法律行为效力规定为可撤销，同时赋予受胁迫人以撤销权。

需要注意的是，根据本条规定，无论是一方胁迫还是第三人胁迫，受胁迫人均享有对民事法律行为的撤销权。

第一百五十一条 乘人之危导致的显失公平

一方利用对方处于危困状态、缺乏判断能力等情形，致使民事法律行为成立时显失公平的，受损害方有权请求人民法院或者仲裁机构予以撤销。

▶理解与适用

本条的显失公平将原《民法通则》和《合同法》中的“显失公平”与“乘人之危”合并规定，并赋予了其新的内涵。

本条所规定的显失公平须包括两项要件：1. 主观上，民事法律行为的一方当事人利用了对方处于危困状态、缺乏判断能力等情形。这意味着，一方当事人主观上意识到对方当事人处于不利情境，且有利用这一不利情境之故意。所谓危困状态，一般指因陷入某种暂时性的急迫困境而对于金钱、物的需求极为迫切等。如一方利用对方家有重病患者、为治疗病患出卖房产之机，以远低于市场价格购买该房产。所谓缺乏判断能力，是指缺少基于理性考虑而实施民事法律行为或对民事法律行为的后果予以评估的能力，如金融机构的从业人员向文化水平较低的老年人兜售理财产品，由于缺少判断能力，这些老年人以高昂价格购买了实际收益率较低的理财产品。2. 客观上，民事行为成立时显失公平。此处的显失公平是指双方当事人在民事法律行为中的权利义务明显失衡、显著不相称。至于“失衡”、“不相称”的具体标准，则需要结合民事法律行为的具体情形，如市场风险、交易行情、通常做法等加以判断。同时，需要说明的是，对于显失公平的判断时点，应以民事法律行为成立时为限。由于民事法律行为从成立到实际履行往往有一个过程，这一过程中的许多因素都可能对双方当事人的权利义务产生影响，如果不限定判断的时点，对于显失公平的判定将会缺少客观标准，也无法将原已存在的“权利义务失衡”结果与民事法律行为成立后当事人以外因素对权利义务产生的影响相区分。

▶典型案例指引

1. 黄仲华诉刘三明债权人撤销权纠纷案（《最高人民法院公报》2013 年第 1 期）

案件适用要点：用人单位与劳动者就工伤事故达成赔偿协议，但约定的赔偿金额明显低于劳动者应当享受的工伤保险待遇的，应当认定为显失公平。劳动者请求撤销该赔偿协议的，人民法院应予支持。

2. 家园公司诉森得瑞公司合同纠纷案（《最高人民法院公报》2007 年第 2 期）

案件适用要点：合同的显失公平，是指合同一方当事人利用自身优势，或者利用对方没有经验等情形，在与对方签订合同中设定明显对自己一方有利的条款，致使双方基于合同的权利义务和客观利益严重失衡，明显违反公平原则。双方签订的合同中设定了某些看似对一方明显不利的条款，但设立该条款是双方当事人真实的意思表示，其实质恰恰在于衡平双方的权利义务。在此情形下，合同一方当事人以显失公平为由请求撤销该合同条款的，不应予以支持。

第一百五十二条 撤销权的消灭

有下列情形之一的，撤销权消灭：

（一）当事人自知道或者应当知道撤销事由之日起一年内、重大误解的当事人自知道或者应当知道撤销事由之日起九十日内没有行使撤销权；

（二）当事人受胁迫，自胁迫行为终止之日起一年内没有行使撤销权；

（三）当事人知道撤销事由后明确表示或者以自己的行为表明放弃撤销权。

当事人自民事法律行为发生之日起五年内没有行使撤销权的，撤销权消灭。

▶理解与适用

民事法律行为因不同事由被撤销的，其撤销权应当在一定期间内行使。这一点是由撤销权的性质所决定的。在民法理论上，撤销权属于形成权，行为人可以通过自己的行为直接行使权利，实现权利目的。但是，撤销权的行使将使得可撤销的民事法律行为效力终局性地归于无效，这将对相对人的利益产生重大影响，因此，享有撤销权的权利人必须在一定期间内决定是否行使这一权利，从而保护相对人的利益，维护交易安全。这一期间被称为除斥期间，除斥期间经过，撤销权终局性地归于消灭，可撤销的民事法律行为自此成为完全有效的民事法律行为。

由于导致民事法律行为可撤销的事由多样，因此不同情况下除斥期间的起算以及期间的长短也应有所不同。本条在《民法通则》和《合同法》规定的基础上，对撤销权的除斥期间作了以下规定：1. 撤销权原则上应在权利人知道或者应当知道撤销事由之日起 1 年内行使，但自民事法律行为发生之日起 5 年内没有行使的，撤销权消灭。将期间起算的标准规定为“权利人知道或者应当知道撤销事由之日”有利于撤销权人的利益保护，防止其因不知撤销事由存在而错失撤销权的行使。同时，辅之以“自民事法律行为发生之日起五年”的客观期间，有助于法律关系的稳定，稳定交易秩序，维护交易安全。2. 对于因重大误解享有撤销权的，权利人应在知道或者应当知道撤销事由之日起90日内行使，否则撤销权消灭。同欺诈、胁迫、显失公平等影响意思表示自由的情形相比，重大误解权利人的撤销事由系自己造就，不应赋予其与其他撤销事由同样的除斥期间。3. 对于因胁迫享有撤销权的，应自胁迫行为终止之日起1年内行使，否则撤销权消灭。同欺诈、重大误解等其他撤销事由相比，胁迫具有特殊性。受胁迫人在胁迫行为终止前，即使知道胁迫行为的存在，事实上仍然无法行使撤销权。考虑到这一特殊情况，本条将因胁迫享有撤销权的除斥期间起算规定为“自胁迫行为终止之日起”，期间仍为1年。4. 对于权利人知道撤销事由后明确表示或者以自己的行为表明放弃撤销权的，撤销权消灭，不受1年期间的限制。权利人无论是明确表示还是通过行为表示对撤销权的放弃，均属于对自己权利的处分，依据意思自治的原则，法律予以准许。

第一百五十三条 违反强制性规定；违背公序良俗

违反法律、行政法规的强制性规定的民事法律行为无效。但是，该强制性规定不导致该民事法律行为无效的除外。

违背公序良俗的民事法律行为无效。

▶理解与适用

民事法律行为虽然是彰显意思自治、保障权利实现的主要制度，但这种自由必须限定在不损害国家利益、社会公共利益的范围之内。民事主体的民事法律行为一旦超越法律和道德所容许的限度，构成对国家利益、社会公共利益的侵害，其效力就必须被否定。而法律、行政法规的强制性规定以及公共秩序和善良习俗，即是对民事主体意思自治施加的限制。

本法第143条规定了民事法律行为的有效要件，属于对民事法律行为有效的一般性要求，而本条则属于可以直接判定行为效力的裁判性规范。

本条第1款规定，违反法律、行政法规的强制性规定的民事法律行为无效，但是该强制性规定不导致该民事法律行为无效的除外。法律规范分为强制性规范与任意性规范。任意性规范的目的是引导、规范民事主体的行为，并不具备强制性效力，民事法律行为与任意性规范不一致的，并不影响其效力。任意性规范体现的是法律对主体实施民事法律行为的一种指引，当事人可以选择适用，也可以选择不适用。与任意性规范相对的是强制性规范，后者体现的是法律基于对国家利益、社会公共利益等的考量，对私人意思自治领域所施加的一种限制。民事主体在实施民事法律行为时，必须服从这种对行为自由的限制，否则会因对国家利益、社会公共利益等的侵害而被判定无效。但是，民事法律行为违反强制性规定无效有一种例外，即当该强制性规定本身并不导致民事法律行为无效时，民事法律行为并不无效。这里实际上涉及对具体强制性规定的性质判断问题。某些强制性规定尽管要求民事主体不得违反，但其并不导致民事法律行为无效。违反该法律规定的后果应由违法一方承担，对没有违法的当事人不应承受一方违法的后果。比如，一家经营水果的商店出售种子，农户购买了该种子，该商店违法经营种子，必须承担相应违法责任，但出于保护农户的目的，不宜认定该买卖行为无效。

本条第2款规定，违背公序良俗的民事法律行为无效。公序良俗是公共秩序和善良习俗的简称，属于不确定概念。民法学说一般采取类型化研究的方式，将裁判实务中依据公序良俗裁判的典型案件，区别为若干公序良俗违反的行为类型。法院或者仲裁机构在审理案件时，如果发现待决案件事实与其中某一个类型相符，即可判定行为无效。这些类型包括但不限于：(1) 危害国家政治、经济、财政、税收、金融、治安等秩序类型；（2）危害家庭关系行为类型；（3）违反性道德行为类型；（4）违反人权和人格尊重行为类型；（5）限制经济自由行为类型；（6）违反公正竞争行为类型；（7）违反消费者保护行为类型；（8）违反劳动者保护行为类型等。同强制性规定一样，公序良俗也体现了国家对民事领域意思自治的一种限制。因此，对公序良俗的违背也构成民事法律行为无效的理由。

▶典型案例指引

1. 四川金核矿业有限公司与新疆临钢资源投资股份有限公司特殊区域合作勘查合同纠纷案（《最高人民法院公报》2017年第4期）

案件适用要点：当事人关于在自然保护区、风景名胜区、重点生态功能区、生态环境敏感区和脆弱区等区域内勘查开采矿产资源的合同约定，不得违反法律、行政法规的强制性规定或者损害环境公共利益，否则应依法认定无效。环境资源法律法规中的禁止性规定，即便未明确违反相关规定将导致合同无效，但若认定合同有效并继续履行将损害环境公共利益的，应当认定合同无效。

2. 海南康力元药业有限公司、海南通用康力制药有限公司与海口奇力制药股份有限公司技术转让合同纠纷案（《最高人民法院公报》2013年第2期）

案件适用要点：在合同效力的认定中，应该以合同是否违反法律、行政法规的强制性规定为判断标准，而不宜以合同违反行政规章的规定为由认定合同无效。在技术合同纠纷案件中，如果技术合同涉及的生产产品或提供服务依法须经行政部门审批或者许可而未经审批或者许可的，不影响当事人订立的相关技术合同的效力。

第一百五十四条 恶意串通

行为人与相对人恶意串通，损害他人合法权益的民事法律行为无效。

▶理解与适用

所谓恶意串通，是指行为人与相对人互相勾结，为牟取私利而实施的损害他人合法权益的民事法律行为。恶意串通的民事法律行为在主观上要求双方有互相串通、为满足私利而损害他人合法权益的目的，客观上表现为实施了一定形式的行为来达到这一目的。

需注意的是，在虚伪表示的民事法律行为中，行为人与相对人所表示出的意思均非真意，而恶意串通的双方当事人所表达的都是内心真意，二者尽管在法律后果上相同，但不可混淆。尽管在某些情况下，双方通谋的虚伪表示也表现为主观上的恶意，且同时损害了他人的合法权益，但二者的侧重点不同，不能相互替代。

▶条文参见

《拍卖法》第65条；《企业国有资产法》第72条；《海事诉讼特别程序法》第41条

▶典型案例指引

1. 上海欧宝生物科技有限公司诉辽宁特莱维置业发展有限公司企业借贷纠纷案（最高人民法院指导案例68号）

案件适用要点：人民法院审理民事案件中发现存在虚假诉讼可能时，应当依职权调取相关证据，详细询问当事人，全面严格审查诉讼请求与相关证据之间是否存在矛盾，以及当事人诉讼中言行是否违背常理。经综合审查判断，当事人存在虚构事实、恶意串通、规避法律或国家政策以谋取非法利益，进行虚假民事诉讼情形的，应当依法予以制裁。

2. 广东龙正投资发展有限公司与广东景茂拍卖行有限公司委托拍卖执行复议案（最高人民法院指导案例35号）

案件适用要点：拍卖行与买受人有关联关系，拍卖行为存在以下情形，损害与标的物相关权利人合法权益的，人民法院可以视为拍卖行与买受人恶意串通，依法裁定该拍卖无效：

(1) 拍卖过程中没有其他无关联关系的竞买人参与竞买，或者虽有其他竞买人参与竞买，但未进行充分竞价的；(2) 拍卖标的物的评估价明显低于实际价格，仍以该评估价成交的。

3. 瑞士嘉吉国际公司诉福建金石制油有限公司等确认合同无效纠纷案（最高人民法院指导案例33号）

案件适用要点：债务人将主要财产以明显不合理低价转让给其关联公司，关联公司在明知债务人欠债的情况下，未实际支付对价的，可以认定债务人与其关联公司恶意串通、损害债权人利益，与此相关的财产转让合同应当认定为无效。

《合同法》① 第59条规定适用于第三人为财产所有权人的情形，在债权人对债务人享有普通债权的情况下，应当根据《合同法》第58条的规定，判令因无效合同取得的财产返还给原财产所有人，而不能根据第59条规定直接判令债务人的关联公司因“恶意串通，损害第三人利益”的合同而取得的债务人的财产返还给债权人。

第一百五十五条 无效或者被撤销民事法律行为自始无效

无效的或者被撤销的民事法律行为自始没有法律约束力。

▶理解与适用

无效和被撤销的民事法律行为是自始无效的，具有溯及力。即民事法律行为一旦无效或者被撤销后，双方的权利义务状态应当回复到这一行为实施之前的状态，已经履行的，应当恢复原状。

关于本条，还有两点需要进一步说明：1. 无效的民事法律行为除自始无效外，还应当是当然无效、绝对无效。所谓当然无效，是指只要民事法律行为具备无效条件，其便当然产生无效的

① 本案例发生于《民法典》公布之前，援引的法条为当时有效的条文，其中的裁判规则与《民法典》生效后的内容并不冲突，仍可作为参考。全书同。——编者注

法律后果，无须经过特定程序的确认才无效。所谓绝对无效，是指这种民事法律行为的无效是绝对而非相对的，对包括当事人在内的其他任何人而言均是无效的。2. 对于诸如劳动关系、合伙关系等特别领域中存在的某些持续性民事法律行为无效以及被撤销的效力问题，可以考虑在具体单行法中作出特别规定。

第一百五十六条 民事法律行为部分无效

民事法律行为部分无效，不影响其他部分效力的，其他部分仍然有效。

▶理解与适用

民事法律行为的无效事由既可以导致其全部无效，也可以导致部分无效。在部分无效时，如果不影响其他部分的效力，其他部分仍可有效。这意味着，只有在民事法律行为的内容效力可分且相互不影响的情况下，部分无效才不会导致其他部分同时无效。反之，当部分无效的民事法律行为会影响其他部分效力的，其他部分也应无效。

本条所规定的“民事法律行为部分无效不影响其他部分效力”的情形，主要包括以下几种：一是民事法律行为的标的数量超过国家法律许可的范围。比如，借贷合同中，双方当事人约定的利息高于国家限定的最高标准，则超过部分无效，不受法律保护，但在国家所限定的最高标准以内的利息仍然有效。又如，遗嘱继承中，被继承人将其全部遗产均遗赠他人，并未给胎儿保留必要的遗产份额，违反了继承法律相关规定。因此，在遗产的应继份范围内的那部分遗赠是无效的，但其他部分的遗赠仍然有效。二是民事法律行为的标的可分，其中一项或数项无效。比如，同一买卖合同的标的物有多个，其中一个或数个标的物因属于国家禁止流通物而无效，其他标的物的买卖仍为有效。三是民事法律行为的非根本性条款因违法或违背公序良俗而无效。比如，雇佣合同中有条款约定“工作期间发生的一切人身伤害，雇主概不负责”。这一条款因违反相关劳动法律以及公序良俗原则而无效，但雇佣合同的其他权利义务条款并不因此无效。

▶条文参见

《劳动法》第18条；《劳动合同法》第27条

第一百五十七条 民事法律行为无效、被撤销、不生效力的法律后果

民事法律行为无效、被撤销或者确定不发生效力后，行为人因该行为取得的财产，应当予以返还；不能返还或者没有必要返还的，应当折价补偿。有过错的一方应当赔偿对方由此所受到的损失；各方都有过错的，应当各自承担相应的责任。法律另有规定的，依照其规定。

第四节 民事法律行为的附条件和附期限

第一百五十八条 附条件的民事法律行为

民事法律行为可以附条件，但是根据其性质不得附条件的除外。附生效条件的民事法律行为，自条件成就时生效。附解除条件的民事法律行为，自条件成就时失效。

▶理解与适用

民事法律行为中所附的条件是指，当事人以未来客观上不确定发生的事实，作为民事法律行为效力的附款。所附条件具有以下特点：1. 条件系当事人共同约定，并作为民事法律行为的一部分内容。条件体现的是双方约定一致的意思，这是与法定条件最大的不同之处，后者是指由法律规定的、不由当事人意思决定并具有普遍约束力的条件。当事人不得以法定条件作为其所附条件。2. 条件是未来可能发生的事实。这意味着，已经过去的、现在的以及将来确定不会发生的事实不能作为民事

法律行为的所附条件。如果是将来必然发生的事实，应当作为附期限。应当注意，这种条件事实发生的不确定性应当是客观存在的，如果仅仅是当事人认为事实发生与否不确定，但实际上必然发生或者不发生的，也不能作为所附条件。3. 所附条件是当事人用以限定民事法律行为效力的附属意思表示。应当将所附条件与民事法律行为中的供货条件、付款条件等相互区分，后者是民事法律行为自身内容的一部分而非决定效力的附属意思表示。4. 所附条件中的事实应为合法事实，违法事实不能作为民事法律行为的附条件。如不能约定以故意伤害他人作为合同生效的条件。

以所附条件决定民事法律行为效力发生或消灭为标准，条件可以分为生效条件和解除条件。所谓生效条件，是指使民事法律行为效力发生或者不发生的条件。生效条件具备之前，民事法律行为虽已成立但未生效，其效力是否发生处于不确定状态。条件具备，民事法律行为生效；条件不具备，民事法律行为就不生效。比如，甲乙签订房屋买卖合同，同意甲将所居住的房产出卖给乙，但条件是甲出国定居，不在国内居住。但条件具备时，此房屋买卖合同才生效。所谓解除条件，又称消灭条件，是指对已经生效的民事法律行为，当条件具备时，该民事法律行为失效；如果该条件确定不具备，则该民事法律行为将继续有效。

在附条件的民事法律行为中，所附条件的出现与否将直接决定民事法律行为的效力状态。附生效条件的民事法律行为，自条件成就时生效。附解除条件的民事法律行为，自条件成就时失效。需要特别指出的是，附条件的民事法律行为虽然在所附条件出现时才生效或失效，但在条件尚未具备时，民事法律行为对于当事人仍然具有法律约束力，当事人不得随意变更或者撤销。因此，可以将附条件的民事法律行为的效力分为条件成就前效力和条件成就后效力。对于附生效条件的民事法律行为来说，条件成就前的效力表现为当事人不得随意变更、撤销民事法律行为以及对于民事法律行为生效的期待权；对于附解除条件的民事法律行为来说，条件成就前的效力表现为条件具备后民事法律行为效力归于消灭的期待权。

▶条文参见

《保险法》第13条；《票据法》第33条

第一百五十九条 条件成就或不成就的拟制

附条件的民事法律行为，当事人为自己的利益不正当地阻止条件成就的，视为条件已经成就；不正当地促成条件成就的，视为条件不成就。

▶理解与适用

在附条件的民事法律行为中，条件的成就或不成就直接关系到民事法律行为的效力状况。对附生效条件的民事法律行为来说，条件成就，民事法律行为就开始生效；条件不成就，民事法律行为就确定不发生效力。对附解除条件的民事法律行为来说，条件成就，民事法律行为就失效，反之民事法律行为继续有效。

根据本条规定，当事人为自己的利益不正当地阻止条件成就的，视为条件已经成就；不正当地促成条件成就的，视为条件不成就。对本条的把握应当注意以下几点：第一，当事人主观上有为自己利益人为改变条件状态的故意。换言之，当事人从自己利益角度考虑，主观上具有使条件成就或者不成就的故意。第二，当事人为此实施了人为改变条件成就状态的行为。民事法律行为中所附条件，其成就与否本不确定。当事人为自己利益实施了促成或阻止条件成就的行为。第三，该行为具有不正当性。这主要是指当事人的此种行为违反了诚信原则，不符合事先约定。

第一百六十条 附期限的民事法律行为

民事法律行为可以附期限，但是根据其性质不得附期限的除外。附生效期限的民事法律行为，自期限届至时生效。附终止期限的民事法律行为，自期限届满时失效。

▶理解与适用

附期限的民事法律行为的生效或失效本身并不具有或然性，是将来一定能够发生的事实。期限的到来是必然确定的，但到来的具体时日却未必十分确定。生效期限，是指决定民事法律行为效力发生的期限。期限届至，民事法律行为生效；期限届至前，民事法律行为虽已成立但并未生效。终止期限，是指决定民事法律行为效力消灭的期限。期限届至，民事法律行为失效；期限届至前，民事法律行为始终有效。

▶条文参见

《保险法》第 13 条

第七章　代　　理

第一节　一 般 规 定

第一百六十一条　代理的适用范围

民事主体可以通过代理人实施民事法律行为。

依照法律规定、当事人约定或者民事法律行为的性质，应当由本人亲自实施的民事法律行为，不得代理。

▶理解与适用

代理是指代理人代被代理人实施民事法律行为，其法律效果直接归属于被代理人的行为。

代理的适用范围原则上限于民事法律行为。但一般认为，一些与合同密切相关的准民事法律行为、事实行为和程序行为，如要约邀请、要约撤回、订约时样品的交付和受领、办理合同公证等，也允许代理。但不是所有民事法律行为都允许代理。根据本条第 2 款的规定，下列三类民事法律行为不得代理：1. 依照法律规定应当由本人亲自实施的民事法律行为。2. 依照当事人约定应当由本人亲自实施的民事法律行为。当事人双方基于某种原因，约定某一民事法律行为必须由本人亲自实施的，当事人自然应当遵守这一约定，不得通过代理人实施该民事法律行为。3. 依照民事法律行为的性质，应当由本人亲自实施的民事法律行为。这主要是指具有人身性质的身份行为，比如结婚、离婚、收养、遗嘱、遗赠等。

▶条文参见

《海关法》第 11 条；《保险法》第 117 条；《拍卖法》第 26、34 条；《执业医师法》第 23 条

第一百六十二条 代理的效力

代理人在代理权限内，以被代理人名义实施的民事法律行为，对被代理人发生效力。

第一百六十三条 代理的类型

代理包括委托代理和法定代理。

委托代理人按照被代理人的委托行使代理权。法定代理人依照法律的规定行使代理权。

▶理解与适用

委托代理是指按照代理人的委托来行使代理权的代理，有的学者又称为“意定代理”“授权代理”等。

法定代理是指依照法律的规定来行使代理权的代理。法定代理人的代理权来自于法律的直接规定，无需被代理人的授权，也只有在符合法律规定条件的情况下才能取消代理人的代理权。《民法通则》将代理分为委托代理、法定代理和指定代理。本法取消了指定代理这一类型，本条规定的法定代理，涵盖了《民法通则》规定的法定代理和指定代理。法定代理人的类型主要有：1. 监护人。2. 失踪人的财产代管人。3. 清算组。

第一百六十四条　不当代理的民事责任

代理人不履行或者不完全履行职责，造成被代理人损害的，应当承担民事责任。

代理人和相对人恶意串通，损害被代理人合法权益的，代理人和相对人应当承担连带责任。

第二节　委托代理

第一百六十五条　委托代理授权的形式要求

委托代理授权采用书面形式的，授权委托书应当载明代理人的姓名或者名称、代理事项、权限和期限，并由被代理人签名或者盖章。

第一百六十六条　共同代理

数人为同一代理事项的代理人的，应当共同行使代理权，但是当事人另有约定的除外。

▶理解与适用

共同代理是指数个代理人共同行使一项代理权的代理。共同代理有几个特征：1. 有数个代理人。2. 只有一个代理权。如果数个代理人有数个代理权，属于集合代理，而不是共同代理。比如，被代理人授权甲为其购买一台电视机、乙为其购买一台电冰箱，即为集合代理。被代理人授权甲、乙一起为其购买一台电视机和一台电冰箱，才属于共同代理。3. 共同行使代理权。数人应当共同实施代理行为，享有共同的权利义务。任何一个代理人单独行使代理权，均属于无权代理。如果数个代理人对同一个代理权可以单独行使，也属于单独代理，而不是共同代理。

▶条文参见

《信托法》第31条

第一百六十七条 违法代理的责任承担

代理人知道或者应当知道代理事项违法仍然实施代理行为，或者被代理人知道或者应当知道代理人的代理行为违法未作反对表示的，被代理人和代理人应当承担连带责任。

▶理解与适用

被代理人、代理人利用委托代理关系从事的违法行为可分为两类：一是代理事项本身违法，如委托代理人销售假冒伪劣产品；二是代理事项不违法，但代理人实施的代理行为违法，如委托代理人销售合法产品，代理人将该产品贴上假冒商标进行销售。代理违法造成第三人损害的，自应承担民事责任，但由被代理人承担还是代理人承担应当根据不同情形来确定。

第一百六十八条 禁止自己代理；禁止双方代理

代理人不得以被代理人的名义与自己实施民事法律行为，但是被代理人同意或者追认的除外。

代理人不得以被代理人的名义与自己同时代理的其他人实施民事法律行为，但是被代理的双方同意或者追认的除外。

第一百六十九条 转委托代理

代理人需要转委托第三人代理的，应当取得被代理人的同意或者追认。

转委托代理经被代理人同意或者追认的，被代理人可以就代理事务直接指示转委托的第三人，代理人仅就第三人的选任以及对第三人的指示承担责任。

转委托代理未经被代理人同意或者追认的，代理人应当对转委托的第三人的行为承担责任；但是，在紧急情况下代理人为了维护被代理人的利益需要转委托第三人代理的除外。

▶理解与适用

本条是关于转委托代理的规定。转委托代理，又称再代理、复代理，是指代理人为了实施其代理权限内的行为，而以自己的名义为被代理人选任代理人的代理。

转委托代理具有以下几个特征：1. 以本代理的存在为前提。2. 转委托的第三人是原代理人以自己的名义选任的代理人。此为转委托代理的重要特征。3. 转委托的第三人行使的代理权是原代理人的代理权，但原代理人的代理权并不因此丧失。转委托的第三人是由原代理人以自己名义选任的，其代理权直接来源于原代理人的代理权，而且权限范围不得大于原代理权的权限范围。4. 转委托的第三人是被代理人的代理人，而不是代理人的代理人。转委托的第三人以被代理人的名义实施民事法律行为，其法律效果直接归属于被代理人。如果转委托的第三人以代理人的名义实施民事法律行为，就不是转委托代理，而属于一般代理。

本条继承了《民法通则》和《合同法》的规定，明确只有在两种情况下才允许转委托代理：1. 被代理人允许。被代理人的允许，包括事先同意和事后追认。2. 出现紧急情况。根据本条第 3 款的规定，在紧急情况下代理人为了维护被代理人利益的需要，可以转委托第三人代理。

原代理人选任了转委托代理人后，转委托代理人所实施的民事法律行为的效力直接对被代理人发生，如果出现问题造成被代理人损害的，原则上原代理人不再承担任何责任。但根据本条第 2 款规定，在两种情况下原代理人仍然需要承担责任：

1. 原代理人在选任转委托代理人时存在过错，比如明知转委托代理人的品德或者能力难以胜任代理工作仍然选任；2. 转委托代理人的行为是根据原代理人的指示来实施的。

根据本条第 3 款的规定，在原代理人未经被代理人同意或者追认而选任转委托的第三人时，转委托的第三人实施的代理行为就构成无权代理，除非符合本法第 172 条规定的表见代理外，其行为对被代理人不发生效力，代理人应当对转委托的第三人的行为承担责任。

▶条文参见

《信托法》第 30 条

第一百七十条 职务代理

执行法人或者非法人组织工作任务的人员，就其职权范围内的事项，以法人或者非法人组织的名义实施的民事法律行为，对法人或者非法人组织发生效力。

法人或者非法人组织对执行其工作任务的人员职权范围的限制，不得对抗善意相对人。

▶理解与适用

本条是关于职务代理的规定。职务代理，顾名思义，是指根据代理人所担任的职务而产生的代理，即执行法人或者非法人组织工作任务的人员，就其职权范围内的事项，以法人或者非法人组织的名义实施的民事法律行为，无须法人或者非法人组织的特别授权，对法人或者非法人组织发生效力。

第一百七十一条 无权代理

行为人没有代理权、超越代理权或者代理权终止后，仍然实施代理行为，未经被代理人追认的，对被代理人不发生效力。

相对人可以催告被代理人自收到通知之日起三十日内予以追认。被代理人未作表示的，视为拒绝追认。行为人实施的行为被追认前，善意相对人有撤销的权利。撤销应当以通知的方式作出。

行为人实施的行为未被追认的，善意相对人有权请求行为人履行债务或者就其受到的损害请求行为人赔偿。但是，赔偿的范围不得超过被代理人追认时相对人所能获得的利益。

相对人知道或者应当知道行为人无权代理的，相对人和行为人按照各自的过错承担责任。

▶理解与适用

本条将无权代理分为三种类型：1. 没有代理权的无权代理。指行为人根本没有得到被代理人的授权，就以被代理人名义从事的代理。比如，行为人伪造他人的公章、合同书或者授权委托书等，假冒他人的名义实施民事法律行为，就是典型的无权代理。2. 超越代理权的无权代理。指行为人与被代理人之间有代理关系存在，行为人有一定的代理权，但其实施的代理行为超出了代理权的范围的代理。比如，甲委托乙购买300台电视机，但是乙擅自与他人签订了购买500台电视机的合同；或者甲委托乙购买电视机，但是乙购买了电冰箱，这些都是超越代理权的无权代理。3. 代理权终止后的无权代理。指行为人与被代理人之间原本有代理关系，由于法定情形的出现使得代理权终止，但是行为人仍然从事的代理。法定情形主要指本法第173条规定的情形，包括代理期限届满、代理事务完成或者被代理人取消委托等。

行为人没有代理权却以被代理人的名义实施民事法律行为，不合被代理人意愿，法律效果不能直接及于被代理人，本当无效。但是，考虑到行为人实施的民事法律行为并非都是对被代理人不利，有些对被代理人可能是有利的；而且，既然代理行为已经完成，行为人有为被代理人实施民事法律行为的意思表示，相对人有意与被代理人缔约，如果被代理人愿意事后承认，从鼓励交易、维护交易秩序稳定以及更好地保护各方当事人利益的角度出发，也没有必要一概否定其效力。因此，法律规定如果符合法定条件的，允许行为人实施的民事法律行为对被代理人发生效力。

无权代理发生后，根据本条规定，被代理人有追认和拒绝的权利。这里所指的追认，是指被代理人对无权代理行为事后予以承认的一种单方意思表示。被代理人的追认应当以明示的意思表示向相对人作出，如果仅向行为人作出意思表示，也必须使相对人知道后才能产生法律效果。追认必须在相对人催告期限尚未届满前以及善意相对人未行使撤销权前行使。

为保护拒绝便不生效力，这是为了更好地保护被代理人的合法权益。但同时相对人的合法权益，法律赋予了相对人催告权和善意相对人撤销权。所谓催告权，是指相对人催促被代理人在一定期限内明确答复是否承认无权代理行为。根据本条第 2 款的规定，催告权的行使一般具有以下要件：1. 要求被代理人在一定的期限内作出答复，本条第 2 款规定的期限为 30 日；2. 催告应当以通知的方式作出；3. 催告的意思必须是向被代理人作出。这里的撤销权，是指相对人在被代理人未追认无权代理行为之前，可撤回其对行为人所作的意思表示。相对人撤销权的行使必须满足以下条件：1. 必须在被代理人作出追认之前作出，如果被代理人已经对无权代理行为作出了追认，该民事法律行为就对被代理人产生了效力，相对人就不能再撤销其意思表示了；2. 相对人在行为人实施民事法律行为时必须是善意的，也就是说，相对人在作出意思表示时，并不知道对方是无权代理的。

第一百七十二条 表见代理

行为人没有代理权、超越代理权或者代理权终止后，仍然实施代理行为，相对人有理由相信行为人有代理权的，代理行为有效。

▶理解与适用

本条是关于表见代理的规定。表见代理是指行为人虽无代理权而实施代理行为，如果相对人有理由相信其有代理权，该代理行为有效。

构成表见代理需要满足以下条件：1. 行为人并没有获得被代理人的授权就以被代理人的名义与相对人实施民事法律行为。本条规定了没有代理权、超越代理权或者代理权终止三种情形。2. 相对人在主观上必须是善意、无过失的。所谓善意，是指相对人不知道或者不应当知道行为人实际上是无权代理；所谓无过失，是指相对人的这种不知道不是因为其疏忽大意造成的。

▶典型案例指引

王见刚与王永安、第三人岚县大源采矿厂侵犯出资人权益纠纷案（《最高人民法院公报》2013 年第 5 期）

案件适用要点：夫妻一方转让个人独资企业，即使未经另一方同意，相对人有理由相信行为人有代理权的，则构成表见代理，该代理行为有效。个人独资企业的投资人发生变更的，应向工商登记机关申请办理变更登记，但该变更登记不属于转让行为有效的前提条件，未办理变更登记，依照法律规定应当受到相应的行政处罚，但并不影响转让的效力。《个人独资企业法》第十五条的规定应视为管理性的强制性规范而非效力性的强制性规范。

第三节 代理终止

第一百七十三条 委托代理的终止

有下列情形之一的，委托代理终止：

（一）代理期限届满或者代理事务完成；

（二）被代理人取消委托或者代理人辞去委托；

（三）代理人丧失民事行为能力；

（四）代理人或者被代理人死亡；

（五）作为代理人或者被代理人的法人、非法人组织终止。

第一百七十四条 委托代理终止的例外

被代理人死亡后，有下列情形之一的，委托代理人实施的代理行为有效：

（一）代理人不知道且不应当知道被代理人死亡；

（二）被代理人的继承人予以承认；

（三）授权中明确代理权在代理事务完成时终止；

（四）被代理人死亡前已经实施，为了被代理人的继承人的利益继续代理。

作为被代理人的法人、非法人组织终止的，参照适用前款规定。

第一百七十五条 法定代理的终止

有下列情形之一的，法定代理终止：

（一）被代理人取得或者恢复完全民事行为能力；

（二）代理人丧失民事行为能力；

（三）代理人或者被代理人死亡；

（四）法律规定的其他情形。

第八章 民事责任

第一百七十六条 民事义务的履行和民事责任的承担

民事主体依照法律规定或者按照当事人约定，履行民事义务，承担民事责任。

▶理解与适用

民事责任的基本特征有两个方面：1. 民事责任是民事主体违反民事义务所应承担的责任，是以民事义务为基础的。法律规定或者当事人约定民事主体应当做什么和不应当做什么，即要求应当为一定的行为或者不为一定的行为，这就是民事主体的义务。法律也同时规定了违反民事义务的后果，即应当承担的责任，这就是民事责任。民事责任不同于民事义务，民事责任是违反民事义务的后果，而不是民事义务本身。

本条规定民事主体依照法律规定或者按照当事人约定履行民事义务，根据这一规定，民事义务包括法律直接规定的义务和在法律允许的范围内民事主体自行约定的义务。

2. 民事责任具有强制性。强制性是法律责任的重要特征。民事责任的强制性表现在对不履行民事义务的行为予以制裁，要求民事主体承担民事责任。

▶条文参见

《建筑法》第15条；《劳动合同法》第39条

第一百七十七条　按份责任

二人以上依法承担按份责任，能够确定责任大小的，各自承担相应的责任；难以确定责任大小的，平均承担责任。

▶理解与适用

按份责任，是指责任人为多人时，各责任人按照一定的份额向权利人承担民事责任，各责任人之间无连带关系。也就是说，责任人各自承担不同份额的责任，不具有连带性，权利人只能请求属于按份责任人的责任份额。按份责任产生的前提，是二个以上的民事主体不依照法律规定或者当事人约定履行民事义务，产生的民事责任。

▶条文参见

《最高人民法院关于审理道路交通事故损害赔偿案件适用法律若干问题的解释》第 13 条；《最高人民法院关于审理人身损害赔偿案件适用法律若干问题的解释》第 3 条

第一百七十八条 连带责任

二人以上依法承担连带责任的，权利人有权请求部分或者全部连带责任人承担责任。

连带责任人的责任份额根据各自责任大小确定；难以确定责任大小的，平均承担责任。实际承担责任超过自己责任份额的连带责任人，有权向其他连带责任人追偿。

连带责任，由法律规定或者当事人约定。

▶理解与适用

连带责任，是指依照法律规定或者当事人的约定，两个或者两个以上当事人对共同产生的不履行民事义务的民事责任承担全部责任，并因此引起内部债务关系的一种民事责任。连带责任是一项重要的责任承担方式。连带责任可能基于合同产生，也可能基于侵权行为导致。

连带责任对外是一个整体的责任。连带责任中的每个主体都需要对被损害者承担全部责任。被请求承担全部责任的连带责任主体，不得因自己的过错程度而只承担自己的责任。连带责任给了被损害者更多的选择权，被损害者可以请求一个或者数个连带责任人承担全部或者部分的赔偿责任。连带责任是法定责任，连带责任人之间不能约定改变责任的性质，对于内部责任份额的约定对外不发生效力。

在一个或者数个连带责任人清偿了全部责任后，实际承担责任的人有权向其他连带责任人追偿。行使追偿权的前提是连带责任人实际承担了超出自己责任的份额。

▶条文参见

《最高人民法院关于审理人身损害赔偿案件适用法律若干问题的解释》第3条

第一百七十九条 民事责任的承担方式

承担民事责任的方式主要有：

（一）停止侵害；

（二）排除妨碍；

（三）消除危险；

（四）返还财产；

（五）恢复原状；

（六）修理、重作、更换；

（七）继续履行；

（八）赔偿损失；

（九）支付违约金；

（十）消除影响、恢复名誉；

（十一）赔礼道歉。

法律规定惩罚性赔偿的，依照其规定。

本条规定的承担民事责任的方式，可以单独适用，也可以合并适用。

▶理解与适用

根据本条规定，承担民事责任的方式主要有：

1. 停止侵害。停止侵害主要是要求行为人不实施某种侵害。这种责任方式能够及时制止侵害，防止侵害后果的扩大。

2. 排除妨碍。排除妨碍是指行为人实施的行为使他人无法行使或者不能正常行使人身、财产权益，受害人可以要求行为人排除妨碍权益实施的障碍。

3. 消除危险。消除危险是指行为人的行为对他人人身、财产权益造成现实威胁，他人有权要求行为人采取有效措施消除这种现实威胁。

4. 返还财产。返还财产责任是因行为人无权占有他人财产而产生。没有法律或者合同根据占有他人财产，就构成无权占有，侵害了他人财产权益，行为人应当返还该财产。

5. 恢复原状。恢复原状是指行为人通过修理等手段使受到损坏的财产恢复到损坏发生前的状况的一种责任方式。采取恢复原状责任方式要符合以下条件：一是受到损坏的财产仍然存在且有恢复原状的可能性。受到损坏的财产不存在或者恢复原状不可能的，受害人可以请求选择其他责任方式如赔偿损失；二是恢复原状有必要，即受害人认为恢复原状是必要的且具有经济上的合理性。恢复原状若没有经济上的合理性，就不宜适用该责任方式。如果修理后不能或者不能完全达到受损前状况的，义务人还应当对该财产价值贬损的部分予以赔偿。

6. 修理、重作、更换。修理、重作、更换主要是违反合同应当承担的民事责任形式，是违反合同后所采取的补救措施。修理包括对产品、工作成果等标的物质量瑕疵的修补，也包括对服务质量瑕疵的改善，这是最为普遍的补救方式。在存在严重的质量瑕疵，以致不能通过修理达到约定的或者法定的质量情形下，受损害方可以选择更换或者重作的补救方式。修理、重作、更换不是恢复原状。如果违法行为将损坏的财产修理复原，则是承担恢复原状的责任。

7. 继续履行。继续履行就是按照合同的约定继续履行义务。当事人订立合同都是追求一定的目的，这一目的直接体现在对合同标的的履行，义务人只有按照合同约定的标的履行，才能实现权利人订立合同的目的。所以，继续履行合同是当事人一方违反合同后，应当负的一项重要的民事责任。对合同一方当事人不能自觉履行合同的，另一方当事人有权请求违约方继续履行合同或者请求人民法院、仲裁机构强制违约当事人继续履行合同。

8. 赔偿损失。赔偿损失是指行为人向受害人支付一定额数的金钱以弥补其损失的责任方式，是运用较为广泛的一种责任方式。赔偿的目的，最基本的是补偿损害，使受到损害的权利得到救济，使受害人能恢复到未受到损害前的状态。

9. 支付违约金。违约金是当事人在合同中约定的或者由法律直接规定的一方违反合同时应向对方支付一定数额的金钱，这是违反合同可以采用的承担民事责任的方式，只适用于合同当事人有违约金约定或者法律规定违反合同应支付违约金的情形。违约金的标的物通常是金钱，但是当事人也可以约定违约金标的物为金钱以外的其他财产。违约金根据产生的根据可以分为法定违约金、约定违约金。法定违约金是由法律直接规定违约的情形和应当支付违约金的数额。只要当事人一方发生法律规定的违约情况，就应当按照法律规定的数额向对方支付违约金。如果违约金是由当事人约定的，为约定违约金。约定违约金是一种合同关系，有的称为违约金合同。约定违约金又被看成为一种附条件合同，只有在违约行为发生的情况下，违约金合同生效；违约行为不发生，违约金合同不生效。当事人约定违约金的，一方违约时，应当按照该约定支付违约金。如果约定的违约金低于造成的损失的，当事人可以请求人民法院或者仲裁机构予以增加；约定的违约金过分高于造成的损失的，当事人可以请求人民法院或者仲裁机构予以适当减少。如果当事人专门就迟延履行约定违约金的，该种违约金仅是违约方对其迟延履行所承担的违约责任，因此，违约方支付违约金后还应当继续履行义务。

10. 消除影响、恢复名誉。消除影响、恢复名誉是指人民法院根据受害人的请求，责令行为人在一定范围内采取适当方式消除对受害人名誉的不利影响，以使其名誉得到恢复的一种责任方式。具体适用消除影响、恢复名誉，要根据侵害行为所造成的影响和受害人名誉受损的后果决定。处理的原则是，行为人应当根据造成不良影响的大小，采取程度不同的措施给受害人消除不良影响，例如在报刊上或者网络上发表文章损害他人名誉权的，就应当在该报刊或者网站上发表书面声明，对错误内容进行更正。消除影响、恢复名誉主要适用于侵害名誉权等情形，一般不适用侵犯隐私权的情形，因为消除影响、恢复名誉一般是公开进行的，如果适用于隐私权的保护，有可能进一步披露受害人的隐私，造成进一步的影响。

11. 赔礼道歉。赔礼道歉是指行为人通过口头、书面或者其他方式向受害人进行道歉，以取得谅解的一种责任方式。

本条第 2 款规定，法律规定惩罚性赔偿的，依照其赔偿。惩罚性赔偿是指当侵权人（义务人）以恶意、故意、欺诈等的方式实施加害行为而致权利人受到损害的，权利人可以获得实际损害赔偿之外的增加赔偿。其目的是通过对义务人施以惩罚，阻止其重复实施恶意行为，并警示他人不要采取类似行为。

本条规定了十一种承担民事责任的方式，各有特点，可以单独采用一种方式，也可以采用多种方式。具体适用民事责任的方式掌握的原则是，如果一种方式不足以救济权利人的，就应当同时适用其他方式。据此，本条第 3 款规定，本条规定的承担民事责任的方式，可以单独适用，也可以合并适用。

▶条文参见

《药品管理法》第 144 条；《商标法》第 63 条；《食品安全法》第 148 条；《电子商务法》第 42 条；《消费者权益保护法》第 50、52、55 条

第一百八十条 不可抗力

因不可抗力不能履行民事义务的，不承担民事责任。法律另有规定的，依照其规定。

不可抗力是不能预见、不能避免且不能克服的客观情况。

▶理解与适用

不可抗力是指不能预见、不能避免且不能克服的客观情况。

对不能预见的理解，应是根据现有的技术水平，一般对某事件发生没有预知能力。人们对某事件的发生的预知能力取决于当代的科学技术水平。不能避免并不能克服，应是指当事人已经尽到最大努力和采取一切可以采取的措施，仍不能避免某种事件的发生并不能克服事件所造成的后果。其表明某个事件的发生和事件所造成的后果具有必然性。

通常情况下，因不可抗力不能履行民事义务的，不承担民事责任。但法律规定因不可抗力不能履行民事义务，也要承担民事责任的则需要依法承担民事责任。例如《民用航空法》第160条规定，民用航空器造成他人损害的，民用航空器的经营人只有能够证明损害是武装冲突、骚乱造成的，或者是因受害人故意造成的，才能免除其责任。因不可抗力的自然灾害造成的，不能免除民用航空器经营人的责任。举例来说，民用飞机在空中遭雷击坠毁，造成地面人员伤亡。航空公司不能以不可抗力为由，对受害人予以抗辩。

▶条文参见

《电力法》第60条；《旅游法》第67条；《水污染防治法》第96条；《铁路法》第18条

第一百八十一条 正当防卫

因正当防卫造成损害的，不承担民事责任。

正当防卫超过必要的限度，造成不应有的损害的，正当防卫人应当承担适当的民事责任。

▶理解与适用

正当防卫，是指本人、他人的人身权利、财产权利遭受不法侵害时，行为人所采取的一种防卫措施。正当防卫作为行为人不承担责任和减轻责任的情形，其根据是行为的正当性、合法性，表明行为人主观上没有过错。正当防卫是法律赋予当事人自卫的权利，是属于受法律鼓励的行为，目的是保护当事人本人、他人不受侵犯。

正当防卫应当同时具备以下六个要件：1. 必须是为了使本人、他人的人身、财产权利免受不法侵害而实施的。《刑法》第 20 条规定，为了使国家、公共利益、本人或者他人的人身、财产和其他权利免受正在进行的不法侵害，而采取的制止不法侵害的行为，对不法侵害人造成损害的，属于正当防卫，不负刑事责任。本条虽然没有对正当防卫的内容作出规定，但应与我国刑法的规定一致。2. 必须有不法侵害行为发生。所谓不法侵害行为，是指对某种权利或者利益的侵害为法律所明文禁止，既包括犯罪行为，也包括其他违法的侵害行为。3. 必须是正在进行的不法侵害。正当防卫的目的是为了制止不法侵害，避免危害结果的发生，因此，不法侵害必须是正在进行的，而不是尚未开始，或者已经实施完毕，或者实施者确已自动停止。否则，就是防卫不适时，应当承担民事责任。4. 必须是本人、他人的人身权利、财产权利遭受不法侵害，在来不及请求有关国家机关救助的情况下实施的防卫行为。5. 必须是针对不法侵害者本人实行。即正当防卫行为不能对没有实施不法侵害行为的第三者（包括不法侵害者的家属）造成损害。6. 不能明显超过必要限度造成损害。正当防卫是有益于社会的合法行为，但应受一定限度的制约，即正当防卫应以足以制止不法侵害为限。只有同时满足以上六个要件，才能构成正当防卫，防卫人才能免予民事责任。

本条规定，正当防卫超过必要的限度，造成不应有的损害的，正当防卫人应当承担适当的民事责任。如何确定和理解正当防卫的必要限度，学术界有各种各样的学说。多数意见认为，从权衡各方利益的角度考虑，既要有利于维护防卫人的权益，也要考虑到对不法行为人的合法权益的保护，防卫行为应以足以制止不法侵害为必要限度。从防卫的时间上讲，对于侵害人已经被制服或者侵害人已经自动停止侵害行为的，防卫人不得再进行攻击行为；从防卫手段来讲，能够用较缓和的手段进行有效防卫的情况下，不允许用激烈手段进行防卫。对于没有明显危及人身、财产等重大利益的不法侵害行为，不允许采取造成重伤等手段对侵害人进行防卫。正当防卫超过必要限度，造成侵害人不应有的损害的，正当防卫人应当承担适当的民事责任。所谓适当的民事责任，是指不对侵害人的全部损失赔偿，而是根据正当防卫人过错的程度，由正当防卫人在损失范围内承担一部分责任。

▶条文参见

《刑法》第20条

第一百八十二条 紧急避险

因紧急避险造成损害的，由引起险情发生的人承担民事责任。

危险由自然原因引起的，紧急避险人不承担民事责任，可以给予适当补偿。

紧急避险采取措施不当或者超过必要的限度，造成不应有的损害的，紧急避险人应当承担适当的民事责任。

▶理解与适用

紧急避险，是指为了使本人或者他人的人身、财产权利免受正在发生的危险，不得已采取的紧急避险行为，造成损害的，不承担责任或者减轻责任的情形。危险有时来自于人的行为，有时来自于自然原因。不管危险来源于哪儿，紧急避险人避让风险、排除危险的行为都有其正当性、合法性。

紧急避险的构成要件：1. 必须是为了使本人、他人的人身、财产权利免受危险的损害。我国《刑法》第21条规定，为了使国家、公共利益、本人或者他人的人身、财产和其他权利免受正在发生的危险，不得已采取的紧急避险行为，造成损害的，不负刑事责任。本条虽然没有对紧急避险的内容作出明确规定，但是应与我国刑法的规定一致，紧急避险应当是使本人或者他人的人身、财产和其他权利免受正在发生的危险，不得已采取的避险行为。2. 必须是对正在发生的危险采取的紧急避险行为。倘若危险已经消除或者尚未发生，或者虽然已经发生但不会对合法权益造成损害，则不得采取紧急避险措施。某人基于对危险状况的误解、臆想而采取紧急避险措施，造成他人利益损害的，应向他人承担民事责任。3. 必须是在不得已情况下采取避险措施。所谓不得已，是指当事人面对突然而遇的危险，不得不采取紧急避险措施，以保全更大的利益，且这个利益是法律所保护的。4. 避险行为不能超过必要的限度。所谓不能超过必要的限度，是指在面临紧急危险时，避险人须采取适当的措施，以尽可能小的损害保全更大的利益，即紧急避险行为所引起的损害应轻于危险所可能带来的损害。只有同时满足以上四个要件，才能构成紧急避险。行为人（避险人）免予承担民事责任。

紧急避险人造成本人或者他人损害的，由引起险情发生的人承担责任。而当危险是由自然原因引起的，则区分两种情况：1. 紧急避险人是为了他人的利益而由受益人给予适当补偿。造成第三人利益损害的，免予对第三人承担责任。例如甲乙丙是系邻居，丙的房子因雷击失火，甲为了引消防车进入灭火，推倒了乙的院墙，使消防车进入后及时扑灭了丙家的大火。按照紧急避险的抗辩事由，甲对乙不承担责任。2. 紧急避险人是为了本人的利益造成第三人利益损害的，则其不承担责任，但应当对第三人的损害给予补偿。

因紧急避险采取措施不当或者超过必要的限度，造成不应有的损害的，紧急避险人应当承担适当的责任。紧急避险采取措施不当，是指在当时的情况下能够采取可能减少或者避免损害的措施而未采取，或者采取的措施并非排除险情所必须。紧急避险超过必要的限度，是指采取紧急避险措施没有减轻损害，或者紧急避险所造成的损害大于所保全的利益。

▶条文参见

《刑法》第21条

第一百八十三条 见义勇为的侵权责任和补偿责任

因保护他人民事权益使自己受到损害的，由侵权人承担民事责任，受益人可以给予适当补偿。没有侵权人、侵权人逃逸或者无力承担民事责任，受害人请求补偿的，受益人应当给予适当补偿。

▶理解与适用

本条的目的在于保护见义勇为者，鼓励见义勇为行为。

本条适用的情形是受害人为了保护他人的民事权益不受非法侵害遭受损害，通常情况下，应当由侵权人承担民事责任。但是，侵权人逃逸或者没有承担民事责任的能力，为了公平起见，由受益人给受害人适当的补偿。需注意的是，补偿不是赔偿，赔偿一般是填平原则，即损失多少赔偿多少，而补偿仅是其中的一部分。“给予适当的补偿”，是要根据受害人受损情况、受益人的受益情况等因素决定补偿的数额。

▶典型案例指引

1. 张庆福、张殿凯诉朱振彪生命权纠纷案（最高人民法院指导案例98号）

案件适用要点：行为人非因法定职责、法定义务或约定义务，为保护国家、社会公共利益或者他人的人身、财产安全，实施阻止不法侵害者逃逸的行为，人民法院可以认定为见义勇为。

2. 重庆市涪陵志大物业管理有限公司诉重庆市涪陵区人力资源和社会保障局劳动和社会保障行政确认案（最高人民法院指导案例94号）

案件适用要点：职工见义勇为，为制止违法犯罪行为而受到伤害的，属于《工伤保险条例》第15条第1款第2项规定的为维护公共利益受到伤害的情形，应当视同工伤。

第一百八十四条 紧急救助的责任豁免

因自愿实施紧急救助行为造成受助人损害的，救助人不承担民事责任。

▶理解与适用

自愿实施紧急救助行为是指一般所称的见义勇为或者乐于助人的行为，不包括专业救助行为。在紧急状况下，救助人自愿以救助为目的实施紧急救助行为，因该行为对受助人造成损害的，救助人对该损害不承担民事责任。

第一百八十五条 英雄烈士人格利益的保护

侵害英雄烈士等的姓名、肖像、名誉、荣誉，损害社会公共利益的，应当承担民事责任。

▶理解与适用

本条保护的对象“英雄烈士等”包括为了人民利益英勇斗争而牺牲，堪为楷模的人，还包括在保卫国家和国家建设中作出巨大贡献、建立卓越功勋，已经故去的人。

▶条文参见

《烈士褒扬条例》第8、23、26、29、34条；《军人抚恤优待条例》第8条；《英雄烈士保护法》第22条

▶典型案例指引

葛长生诉洪振快名誉权、荣誉权纠纷案（指导案例99号）

案件适用要点：对侵害英雄烈士名誉、荣誉等行为，英雄烈士的近亲属依法向人民法院提起诉讼的，人民法院应予受理。

英雄烈士事迹和精神是中华民族的共同历史记忆和社会主义核心价值观的重要体现，英雄烈士的名誉、荣誉等受法律保护。人民法院审理侵害英雄烈士名誉、荣誉等案件，不仅要依法保护相关个人权益，还应发挥司法彰显公共价值功能，维护

社会公共利益。

任何组织和个人以细节考据、观点争鸣等名义对英雄烈士的事迹和精神进行污蔑和贬损，属于歪曲、丑化、亵渎、否定英雄烈士事迹和精神的行为，应当依法承担法律责任。

第一百八十六条 违约责任与侵权责任的竞合

因当事人一方的违约行为，损害对方人身权益、财产权益的，受损害方有权选择请求其承担违约责任或者侵权责任。

▶理解与适用

本条是关于违约责任与侵权责任竞合的规定。违约责任与侵权责任的竞合，是指义务人的违约行为既符合违约要件，又符合侵权要件，导致违约责任与侵权责任一并产生。从另一方面来说，受损害方既可以就违约责任行使请求权，也可以就侵权责任行使请求权。这就又产生两种请求权竞合的情况。根据公平原则，本条规定，受损方可以在两种请求权中选择行使一种请求权。这意味着受害方只能行使一种请求权，如果受害方选择行使一种请求权并得到实现，那么另一种请求权即告消灭。但是，如果受损害方行使一种请求权未果，而另一种请求权并未因时效而消灭，则受损害方仍可行使另一种请求权。由于合同纠纷与侵权纠纷在管辖法院和适用法律方面存在区别，允许受损害方选择有利于自己的一种诉由提起诉讼，对受损害方比较方便，也有利于对受损害方的保护。对违约方来说，这两种责任无论对方要求其承担哪一种，都是合理的。

▶典型案例指引

东京海上日动火灾保险（中国）有限公司上海分公司与新杰物流集团股份有限公司保险人代位求偿权纠纷案（《最高人民法院公报》2019 年第 12 期）

案件适用要点：货物运输合同履行过程中托运人财产遭受损失，在承运人存在侵权与合同责任竞合的情形下，允许托运人或其保险人依据《合同法》第122条选择侵权诉讼或合同诉讼。但是，托运人要求承运人承担侵权责任的，承运人仍然可以依据货物运输合同的有关约定进行抗辩。法院应依据诚实信用原则，综合考虑合同条款效力、合同目的等因素确定赔偿范围。

第一百八十七条 民事责任优先

民事主体因同一行为应当承担民事责任、行政责任和刑事责任的，承担行政责任或者刑事责任不影响承担民事责任；民事主体的财产不足以支付的，优先用于承担民事责任。

▶条文参见

《证券法》第220条；《产品质量法》第64条；《食品安全法》第147条；《公司法》第214条；《刑法》第36条

第九章 诉 讼 时 效

第一百八十八条 普通诉讼时效

向人民法院请求保护民事权利的诉讼时效期间为三年。法律另有规定的，依照其规定。

诉讼时效期间自权利人知道或者应当知道权利受到损害以及义务人之日起计算。法律另有规定的，依照其规定。但是，自权利受到损害之日起超过二十年的，人民法院不予保护，有特殊情况的，人民法院可以根据权利人的申请决定延长。

▶理解与适用

诉讼时效是权利人在法定期间内不行使权利，该期间届满后，发生义务人可以拒绝履行其给付义务效果的法律制度。该制度有利于促使权利人及时行使权利，维护交易秩序和安全。

本法将《民法通则》规定的普通诉讼时效期间从2年延长为3年，自权利人知道或者应当知道权利受到损害以及义务人之日起计算。法律另有规定时，根据特别规定优于一般规定的原则，优先适用特别规定。

考虑到如果权利人知悉权利受到损害较晚，以致诉讼时效过分迟延地不能完成，会影响到制度的稳定性和宗旨。极端情况下，可能发生从权利被侵害的事实出现到权利人知道这一事实，超过普通诉讼时效期间的情况。因此，有必要配套规定客观主义起算点的最长权利保护期间加以限制。应当指出，这种最长权利保护期间并非一种独立的期间类型，是制度设计上的一种补足，在性质上是不变期间，本条将最长权利保护期规定为20年。如20年期间仍不够用的，人民法院可以根据权利人的申请决定延长。

▶条文参见

《民事诉讼法》第54条；《保险法》第26条；《拍卖法》第61条；《环境保护法》第66条

第一百八十九条 分期履行债务诉讼时效的起算

当事人约定同一债务分期履行的，诉讼时效期间自最后一期履行期限届满之日起计算。

▶理解与适用

分期履行债务是按照当事人事先约定，分批分次完成一个债务履行的情况。分期付款买卖合同是最典型的分期履行债务。分期履行债务具有整体性和唯一性，系本条规定的同一债务，诉讼时效期间自该一个债务履行期限届满之日起计算。

第一百九十条 对法定代理人请求权诉讼时效的起算

无民事行为能力人或者限制民事行为能力人对其法定代理人的请求权的诉讼时效期间，自该法定代理终止之日起计算。

▶理解与适用

本条规定实质上旨在保障无民事行为能力人或者限制民事行为能力人对其法定代理人行使请求权。

第一百九十一条 未成年人遭受性侵害的损害赔偿诉讼时效的起算

未成年人遭受性侵害的损害赔偿请求权的诉讼时效期间，自受害人年满十八周岁之日起计算。

▶理解与适用

需注意的是，如果年满18周岁之前，其法定代理人选择与侵害人私了的方式解决纠纷，受害人在年满18周岁之后，可以依据本条的规定请求损害赔偿。未成年人遭受性侵害的损害赔偿请求权的诉讼时效期间，自受害人年满18周岁之日起计算。其具体的诉讼时效期间，适用本法第188条3年的普通诉讼时效期间的规定，即从年满18周岁之日起计算3年；符合本法第194条、第195条诉讼时效中止、中断情形的，可以相应中止、中断。

▶条文参见

《未成年人保护法》第41条

第一百九十二条 诉讼时效届满的法律后果

诉讼时效期间届满的，义务人可以提出不履行义务的抗辩。

诉讼时效期间届满后，义务人同意履行的，不得以诉讼时效期间届满为由抗辩；义务人已经自愿履行的，不得请求返还。

▶理解与适用

根据本条规定，诉讼时效期间届满的，义务人可以提出不履行义务的抗辩。这就意味着，权利人享有起诉权，可以向法院主张其已过诉讼时效之权利，法院应当受理。如果义务人不提出时效完成的抗辩，法院将以公权力维护权利人的利益；如果义务人行使抗辩权，法院审查后会依法保护义务人的抗辩权，不得强制义务人履行义务。但是，义务人行使时效抗辩权不得违反诚实信用原则，否则即使诉讼时效完成，义务人也不能取得时效抗辩权。例如在诉讼时效期间届满前，义务人通过与权利人协商，营造其将履行义务的假象，及至时效完成后，立即援引时效抗辩拒绝履行义务。该种行为违反诚实信用，构成时效抗辩权的滥用，不受保护。

诉讼时效期间届满后，权利人虽不能请求法律的强制性保护，但法律并不否定其权利的存在。若义务人放弃时效利益自愿履行的，权利人可以受领并保持，受领不属于不当得利，义务人不得请求返还。诉讼时效期间届满后，义务人同意履行的，不得以诉讼时效期间届满为由抗辩。这是因为诉讼时效届满后，义务人可以处分自己的时效利益。此时义务人同意履行义务，属于对时效利益的放弃。义务人放弃时效利益的行为属于单方法律行为，并且是处分行为，自义务人放弃时效利益的意思表示到达权利人时即发生时效利益放弃的法律效果，不以权利人同意为条件。

第一百九十三条　诉讼时效援引的当事人主义

人民法院不得主动适用诉讼时效的规定。

▶理解与适用

本条将诉讼时效的客体明确为抗辩权，诉讼时效期间届满的直接效果是义务人取得抗辩权。抗辩权属于私权的一种，可以选择行使，也可以选择不行使。义务人对时效利益的处分不违反法律的规定，也没有侵犯国家、集体及他人的合法权益，人民法院不应当主动干预。

需要注意的是，关于诉讼时效的释明。《最高人民法院关于审理民事案件适用诉讼时效制度若干问题的规定》第3条规定，当事人未提出诉讼时效抗辩，人民法院不应对诉讼时效问题进行释明。

第一百九十四条 诉讼时效的中止

在诉讼时效期间的最后六个月内，因下列障碍，不能行使请求权的，诉讼时效中止：

（一）不可抗力；

（二）无民事行为能力人或者限制民事行为能力人没有法定代理人，或者法定代理人死亡、丧失民事行为能力、丧失代理权；

（三）继承开始后未确定继承人或者遗产管理人；

（四）权利人被义务人或者其他人控制；

（五）其他导致权利人不能行使请求权的障碍。

自中止时效的原因消除之日起满六个月，诉讼时效期间届满。

▶理解与适用

诉讼时效中止，是因法定事由的存在使诉讼时效停止进行，待法定事由消除后继续进行的制度。在诉讼时效进行中的某一时间内，出现了权利人主张权利的客观障碍，导致权利人无法在诉讼时效期间内行使权利，可能产生不公平的结果，因此法律规定了诉讼时效中止制度。

▶条文参见

《国防动员法》第67条；《海商法》第266条

第一百九十五条 诉讼时效的中断

有下列情形之一的，诉讼时效中断，从中断、有关程序终结时起，诉讼时效期间重新计算：

（一）权利人向义务人提出履行请求；

（二）义务人同意履行义务；

（三）权利人提起诉讼或者申请仲裁；

（四）与提起诉讼或者申请仲裁具有同等效力的其他情形。

▶理解与适用

诉讼时效期间中断，指诉讼时效期间进行过程中，出现了权利人积极行使权利的法定事由，从而使已经经过的诉讼时效期间归于消灭，重新计算期间的制度。

诉讼时效中断的特征表现为，一是发生于诉讼时效的进行中，诉讼时效尚未开始计算或者已经届满的情况下排除其适用。二是发生了一定的法定事由导致诉讼时效存在的基础被推翻。三是它使已经进行的诉讼时效重新起算，以前经过的期间归于消灭。

▶条文参见

《最高人民法院关于审理民事案件适用诉讼时效制度若干问题的规定》第10、13－16条

第一百九十六条 不适用诉讼时效的请求权

下列请求权不适用诉讼时效的规定：

（一）请求停止侵害、排除妨碍、消除危险；

（二）不动产物权和登记的动产物权的权利人请求返还财产；

（三）请求支付抚养费、赡养费或者扶养费；

（四）依法不适用诉讼时效的其他请求权。

▶典型案例指引

上海市虹口区久乐大厦小区业主大会诉上海环亚实业总公司业主共有权纠纷案（最高人民法院指导案例65号）

案件适用要点：专项维修资金是专门用于物业共用部位、共用设施设备保修期满后的维修和更新、改造的资金，属于全体业主共有。缴纳专项维修资金是业主为维护建筑物的长期安全使用而应承担的一项法定义务。业主拒绝缴纳专项维修资金，并以诉讼时效提出抗辩的，人民法院不予支持。

第一百九十七条 诉讼时效法定

诉讼时效的期间、计算方法以及中止、中断的事由由法律规定，当事人约定无效。

当事人对诉讼时效利益的预先放弃无效。

第一百九十八条 仲裁时效的准用

法律对仲裁时效有规定的，依照其规定；没有规定的，适用诉讼时效的规定。

第一百九十九条 除斥期间

法律规定或者当事人约定的撤销权、解除权等权利的存续期间，除法律另有规定外，自权利人知道或者应当知道权利产生之日起计算，不适用有关诉讼时效中止、中断和延长的规定。存续期间届满，撤销权、解除权等权利消灭。

▶典型案例指引

绵阳市红日实业有限公司、蒋洋诉绵阳高新区科创实业有限公司股东会决议效力及公司增资纠纷案（《最高人民法院公报》2011年第3期）

案件适用要点：在民商事法律关系中，公司作为行为主体实施法律行为的过程可以划分为两个层次，一是公司内部的意思形成阶段，通常表现为股东会或董事会决议；二是公司对外作出意思表示的阶段，通常表现为公司对外签订的合同。出于保护善意第三人和维护交易安全的考虑，在公司内部意思形成过程存在瑕疵的情况下，只要对外的表示行为不存在无效的情形，公司就应受其表示行为的制约。

根据《公司法》第35条的规定，公司新增资本时，股东有权优先按照实缴的出资比例认缴出资。从权利性质上来看，股东对于新增资本的优先认缴权应属形成权。现行法律并未明确规定该项权利的行使期限，但从维护交易安全和稳定经济秩序的角度出发，结合商事行为的规则和特点，人民法院在处理相关案件时应限定该项权利行使的合理期间，对于超出合理期间行使优先认缴权的主张不予支持。

第十章 期间计算

第二百条 期间的计算单位

民法所称的期间按照公历年、月、日、小时计算。

第二百零一条 期间的起算

按照年、月、日计算期间的，开始的当日不计入，自下一日开始计算。

按照小时计算期间的，自法律规定或者当事人约定的时间开始计算。

▶**条文参见**

《民事诉讼法》第82条

第二百零二条 期间到期日的确定

按照年、月计算期间的，到期月的对应日为期间的最后一日；没有对应日的，月末日为期间的最后一日。

第二百零三条 期间计算的特殊规定

期间的最后一日是法定休假日的，以法定休假日结束的次日为期间的最后一日。

期间的最后一日的截止时间为二十四时；有业务时间的，停止业务活动的时间为截止时间。

▶条文参见

《劳动法》第44、45条；《民事诉讼法》第82条；《全国年节及纪念日放假办法》；《国务院关于职工工作时间的规定》第7条

第二百零四条 期间计算方法的例外

期间的计算方法依照本法的规定，但是法律另有规定或者当事人另有约定的除外。

中华人民共和国民法典（节录）

（2020年5月28日第十三届全国人民代表大会第三次会议通过　2020年5月28日中华人民共和国主席令第45号公布　自2021年1月1日起施行）

……

第二编　物　　权

第一分编　通　　则

第一章　一般规定

第二百零五条　【物权编的调整范围】本编调整因物的归属和利用产生的民事关系。

第二百零六条　【国家基本经济制度和经济政策】国家坚持和完善公有制为主体、多种所有制经济共同发展，按劳分配为主体、多种分配方式并存，社会主义市场经济体制等社会主义基本经济制度。

国家巩固和发展公有制经济，鼓励、支持和引导非公有制经济的发展。

国家实行社会主义市场经济，保障一切市场主体的平等法律地位和发展权利。

第二百零七条　【平等保护原则】国家、集体、私人的物权和其他权利人的物权受法律平等保护，任何组织或者个人不得侵犯。

第二百零八条　【物权公示原则】不动产物权的设立、变更、转让和消灭，应当依照法律规定登记。动产物权的设立和转让，应当依照法律规定交付。

第二章　物权的设立、变更、转让和消灭

第一节　不动产登记

第二百零九条　【不动产物权的登记生效原则及其例外】不动产物权的设立、变更、转让和消灭，经依法登记，发生效力；未经登记，不发生效力，但是法律另有规定的除外。

依法属于国家所有的自然资源，所有权可以不登记。

第二百一十条　【不动产登记机构的确定】不动产登记，由不动产所在地的登记机构办理。

国家对不动产实行统一登记制度。统一登记的范围、登记机构和登记办法，由法律、行政法规规定。

第二百一十一条　【申请不动产登记应提供的必要材料】当事人申请登记，应当根据不同登记事项提供权属证明和不动产界址、面积等必要材料。

第二百一十二条　【不动产登记机构应当履行的职责】登记机构应当履行下列职责：

（一）查验申请人提供的权属证明和其他必要材料；

（二）就有关登记事项询问申请人；

（三）如实、及时登记有关事项；

（四）法律、行政法规规定的其他职责。

申请登记的不动产的有关情况需要进一步证明的，登记机构可以要求申请人补充材料，必要时可以实地查看。

第二百一十三条　【不动产登记机构的禁止行为】登记机构不得有下列行为：

（一）要求对不动产进行评估；

（二）以年检等名义进行重复登记；

（三）超出登记职责范围的其他行为。

第二百一十四条　【不动产物权变动的生效时间】不动产物权的设立、变更、转让和消灭，依照法律规定应当登记的，自记载于

不动产登记簿时发生效力。

第二百一十五条　【设立、变更、转让、消灭不动产物权的合同的效力】当事人之间订立有关设立、变更、转让和消灭不动产物权的合同，除法律另有规定或者当事人另有约定外，自合同成立时生效；未办理物权登记的，不影响合同效力。

第二百一十六条　【不动产登记簿的法律效力；不动产登记簿的管理】不动产登记簿是物权归属和内容的根据。

不动产登记簿由登记机构管理。

第二百一十七条　【不动产权属证书与不动产登记簿的关系及效力认定】不动产权属证书是权利人享有该不动产物权的证明。不动产权属证书记载的事项，应当与不动产登记簿一致；记载不一致的，除有证据证明不动产登记簿确有错误外，以不动产登记簿为准。

第二百一十八条　【权利人、利害关系人对不动产登记资料享有的权利】权利人、利害关系人可以申请查询、复制不动产登记资料，登记机构应当提供。

第二百一十九条　【利害关系人的非法利用不动产登记资料禁止义务】利害关系人不得公开、非法使用权利人的不动产登记资料。

第二百二十条　【更正登记和异议登记】权利人、利害关系人认为不动产登记簿记载的事项错误的，可以申请更正登记。不动产登记簿记载的权利人书面同意更正或者有证据证明登记确有错误的，登记机构应当予以更正。

不动产登记簿记载的权利人不同意更正的，利害关系人可以申请异议登记。登记机构予以异议登记，申请人自异议登记之日起十五日内不提起诉讼的，异议登记失效。异议登记不当，造成权利人损害的，权利人可以向申请人请求损害赔偿。

第二百二十一条　【预告登记】当事人签订买卖房屋的协议或者签订其他不动产物权的协议，为保障将来实现物权，按照约定可以向登记机构申请预告登记。预告登记后，未经预告登记的权利人同意，处分该不动产的，不发生物权效力。

预告登记后，债权消灭或者自能够进行不动产登记之日起九十日内未申请登记的，预告登记失效。

第二百二十二条　【不动产登记错误损害赔偿责任】当事人提供虚假材料申请登记，造成他人损害的，应当承担赔偿责任。

因登记错误，造成他人损害的，登记机构应当承担赔偿责任。登记机构赔偿后，可以向造成登记错误的人追偿。

第二百二十三条　【不动产登记收费标准的确定】不动产登记费按件收取，不得按照不动产的面积、体积或者价款的比例收取。

第二节　动 产 交 付

第二百二十四条　【动产物权变动生效时间】动产物权的设立和转让，自交付时发生效力，但是法律另有规定的除外。

第二百二十五条　【船舶、航空器和机动车物权变动采取登记对抗主义】船舶、航空器和机动车等的物权的设立、变更、转让和消灭，未经登记，不得对抗善意第三人。

第二百二十六条　【简易交付】动产物权设立和转让前，权利人已经占有该动产的，物权自民事法律行为生效时发生效力。

第二百二十七条　【指示交付】动产物权设立和转让前，第三人占有该动产的，负有交付义务的人可以通过转让请求第三人返还原物的权利代替交付。

第二百二十八条　【占有改定】动产物权转让时，当事人又约定由出让人继续占有该动产的，物权自该约定生效时发生效力。

第三节　其 他 规 定

第二百二十九条　【法律文书、征收决定导致物权变动效力发生时间】因人民法院、仲裁机构的法律文书或者人民政府的征收决定等，导致物权设立、变更、转让或者消灭的，自法律文书或者征收决定等生效时发生效力。

第二百三十条　【因继承取得物权的生效时间】因继承取得物权的，自继承开始时发生效力。

第二百三十一条　【因事实行为设立或者消灭物权的生效时间】因合法建造、拆除房屋等事实行为设立或者消灭物权的，自事实行为成就时发生效力。

第二百三十二条　【因法律行为之外的原因取得的不动产再次处分时的物权变动规则】处分依照本节规定享有的不动产物权，依照法律规定需要办理登记的，未经登记，不发生物权效力。

第三章　物权的保护

第二百三十三条　【物权遭受侵害的救济途径】物权受到侵害的，权利人可以通过和解、调解、仲裁、诉讼等途径解决。

第二百三十四条　【利害关系人的物权确认请求权】因物权的归属、内容发生争议的，利害关系人可以请求确认权利。

第二百三十五条　【权利人的返还原物请求权】无权占有不动产或者动产的，权利人可以请求返还原物。

第二百三十六条　【权利人的排除妨害、消除危险请求权】妨害物权或者可能妨害物权的，权利人可以请求排除妨害或者消除危险。

第二百三十七条　【物权损害的救济方式】造成不动产或者动产毁损的，权利人可以依法请求修理、重作、更换或者恢复原状。

第二百三十八条　【侵害物权的民事责任竞合】侵害物权，造成权利人损害的，权利人可以依法请求损害赔偿，也可以依法请求承担其他民事责任。

第二百三十九条　【物权保护方式的单用和并用】本章规定的物权保护方式，可以单独适用，也可以根据权利被侵害的情形合并适用。

第二分编　所　有　权

第四章　一 般 规 定

第二百四十条　【财产所有权的定义】所有权人对自己的不动产或者动产，依法享有占有、使用、收益和处分的权利。

第二百四十一条　【所有权人设立他物权的规定】所有权人有权在自己的不动产或者动产上设立用益物权和担保物权。用益物权人、担保物权人行使权利，不得损害所有权人的权益。

第二百四十二条　【国家的专有权】法律规定专属于国家所有的不动产和动产，任何组织或者个人不能取得所有权。

第二百四十三条　【不动产的征收及其补偿】为了公共利益的需要，依照法律规定的权限和程序可以征收集体所有的土地和组织、个人的房屋以及其他不动产。

征收集体所有的土地，应当依法及时足额支付土地补偿费、安置补助费以及农村村民住宅、其他地上附着物和青苗等的补偿费用，并安排被征地农民的社会保障费用，保障被征地农民的生活，维护被征地农民的合法权益。

征收组织、个人的房屋以及其他不动产，应当依法给予征收补偿，维护被征收人的合法权益；征收个人住宅的，还应当保障被征收人的居住条件。

任何组织或者个人不得贪污、挪用、私分、截留、拖欠征收补偿费等费用。

第二百四十四条　【国家保护耕地与禁止违法征收集体所有土地】国家对耕地实行特殊保护，严格限制农用地转为建设用地，控制建设用地总量。不得违反法律规定的权限和程序征收集体所有的土地。

第二百四十五条　【物的征用及其补偿】因抢险救灾、疫情防控等紧急需要，依照法律规定的权限和程序可以征用组织、个人的不动产或者动产。被征用的不动产或者动产使用后，应当返还被征用人。组织、个人的不动产或者动产被征用或者征用后毁损、灭失的，应当给予补偿。

第五章　国家所有权和集体所有权、私人所有权

第二百四十六条　【国家所有权】法律规定属于国家所有的财产，属于国家所有即全民所有。

国有财产由国务院代表国家行使所有权。法律另有规定的，依照其规定。

第二百四十七条　【国家对矿藏、水流和海域的所有权】矿藏、水流、海域属于国家所有。

第二百四十八条　【国家对无居民海岛的所有权及行使】无居民海岛属于国家所有，国务院代表国家行使无居民海岛所有权。

第二百四十九条　【国家所有土地的范围】城市的土地，属于国家所有。法律规定属于国家所有的农村和城市郊区的土地，属于国家所有。

第二百五十条　【国家所有的自然资源的范围】森林、山岭、草原、荒地、滩涂等自然资源，属于国家所有，但是法律规定属于集体所有的除外。

第二百五十一条　【国家所有的野生动植物资源的范围】法律规定属于国家所有的野生动植物资源，属于国家所有。

第二百五十二条　【无线电频谱属于国家所有】无线电频谱资源属于国家所有。

第二百五十三条　【国家所有的文物的范围】法律规定属于国家所有的文物，属于国家所有。

第二百五十四条　【国防资产、基础设施的国家所有权】国防资产属于国家所有。

铁路、公路、电力设施、电信设施和油气管道等基础设施，依照法律规定为国家所有的，属于国家所有。

第二百五十五条　【国家机关的物权内容】国家机关对其直接支配的不动产和动产，享有占有、使用以及依照法律和国务院的有关规定处分的权利。

第二百五十六条　【事业单位的物权内容】国家举办的事业单位对其直接支配的不动产和动产，享有占有、使用以及依照法律和国务院的有关规定收益、处分的权利。

第二百五十七条　【国有企业出资人】国家出资的企业，由国务院、地方人民政府依照法律、行政法规规定分别代表国家履行出资人职责，享有出资人权益。

第二百五十八条　【国有财产的保护】国家所有的财产受法律保护，禁止任何组织或者个人侵占、哄抢、私分、截留、破坏。

第二百五十九条　【国有财产管理及责任】履行国有财产管理、监督职责的机构及其工作人员，应当依法加强对国有财产的管理、监督，促进国有财产保值增值，防止国有财产损失；滥用职权，玩忽职守，造成国有财产损失的，应当依法承担法律责任。

违反国有财产管理规定，在企业改制、合并分立、关联交易等过程中，低价转让、合谋私分、擅自担保或者以其他方式造成国有财产损失的，应当依法承担法律责任。

第二百六十条　【集体所有的动产和不动产的范围】集体所有的不动产和动产包括：

（一）法律规定属于集体所有的土地和森林、山岭、草原、荒地、滩涂；

（二）集体所有的建筑物、生产设施、农田水利设施；

（三）集体所有的教育、科学、文化、卫生、体育等设施；

（四）集体所有的其他不动产和动产。

第二百六十一条　【农民集体所有财产归属及重大事项集体决定】农民集体所有的不动产和动产，属于本集体成员集体所有。

下列事项应当依照法定程序经本集体成员决定：

（一）土地承包方案以及将土地发包给本集体以外的组织或者个人承包；

（二）个别土地承包经营权人之间承包地的调整；

（三）土地补偿费等费用的使用、分配办法；

（四）集体出资的企业的所有权变动等事项；

（五）法律规定的其他事项。

第二百六十二条　【行使集体所有权的主体】对于集体所有的土地和森林、山岭、草原、荒地、滩涂等，依照下列规定行使所有权：

（一）属于村农民集体所有的，由村集体经济组织或者村民委员会依法代表集体行使所有权；

（二）分别属于村内两个以上农民集体所有的，由村内各该集体经济组织或者村民小组依法代表集体行使所有权；

（三）属于乡镇农民集体所有的，由乡镇集体经济组织代表集体行使所有权。

第二百六十三条　【城镇集体财产权利归属及权利内容】城镇集体所有的不动产和动产，依照法律、行政法规的规定由本集体享有占有、使用、收益和处分的权利。

第二百六十四条　【集体成员对集体财产状况的知情权和对相关资料的查阅、复制权】农村集体经济组织或者村民委员会、村民小组应当依照法律、行政法规以及章程、村规民约向本集体成员公布集体财产的状况。集体成员有权查阅、复制相关资料。

第二百六十五条　【集体财产权受法律保护】集体所有的财产受法律保护，禁止任何组织或者个人侵占、哄抢、私分、破坏。

农村集体经济组织、村民委员会或者其负责人作出的决定侵害集体成员合法权益的，受侵害的集体成员可以请求人民法院予以撤销。

第二百六十六条　【私人所有权的范围】私人对其合法的收入、房屋、生活用品、生产工具、原材料等不动产和动产享有所有权。

第二百六十七条　【私人合法财产受法律保护】私人的合法财产受法律保护，禁止任何组织或者个人侵占、哄抢、破坏。

第二百六十八条　【企业出资人的权利】国家、集体和私人依法可以出资设立有限责任公司、股份有限公司或者其他企业。国家、集体和私人所有的不动产或者动产投到企业的，由出资人按照约定或者出资比例享有资产收益、重大决策以及选择经营管理者等权利并履行义务。

第二百六十九条　【营利法人和其他法人所有权】营利法人对其不动产和动产依照法律、行政法规以及章程享有占有、使用、收益和处分的权利。

营利法人以外的法人，对其不动产和动产的权利，适用有关法律、行政法规以及章程的规定。

第二百七十条　【社会团体、捐助法人所有权】社会团体法人、捐助法人依法所有的不动产和动产，受法律保护。

第六章　业主的建筑物区分所有权

第二百七十一条　【业主的建筑物区分所有权】业主对建筑物内的住宅、经营性用房等专有部分享有所有权，对专有部分以外的共有部分享有共有和共同管理的权利。

第二百七十二条　【业主对专有部分的专有权】业主对其建筑物专有部分享有占有、使用、收益和处分的权利。业主行使权利不得危及建筑物的安全，不得损害其他业主的合法权益。

第二百七十三条　【业主对共有部分的共有权及义务】业主对建筑物专有部分以外的共有部分，享有权利，承担义务；不得以放弃权利为由不履行义务。

业主转让建筑物内的住宅、经营性用房，其对共有部分享有的共有和共同管理的权利一并转让。

第二百七十四条　【建筑区划内的道路、绿地等场所和设施属于业主共有财产】建筑区划内的道路，属于业主共有，但是属于城镇公共道路的除外。建筑区划内的绿地，属于业主共有，但是属于城镇公共绿地或者明示属于个人的除外。建筑区划内的其他公共场所、公用设施和物业服务用房，属于业主共有。

第二百七十五条　【建筑区划内车位、车库的归属规则】建筑区划内，规划用于停放汽车的车位、车库的归属，由当事人通过出售、附赠或者出租等方式约定。

占用业主共有的道路或者其他场地用于停放汽车的车位，属于业主共有。

第二百七十六条　【建筑区划内车位、车库优先满足业主需求】建筑区划内，规划用于停放汽车的车位、车库应当首先满足业主的需要。

第二百七十七条　【业主大会和业主委员会的设立】业主可以设立业主大会，选举业主委员会。业主大会、业主委员会成立的具体条件和程序，依照法律、法规的规定。

地方人民政府有关部门、居民委员会应当对设立业主大会和选举业主委员会给予指导和协助。

第二百七十八条　【由业主共同决定的事项以及表决规则】下列事项由业主共同决定：

（一）制定和修改业主大会议事规则；

（二）制定和修改管理规约；

（三）选举业主委员会或者更换业主委员会成员；

（四）选聘和解聘物业服务企业或者其他管理人；

（五）使用建筑物及其附属设施的维修资金；

（六）筹集建筑物及其附属设施的维修资金；

（七）改建、重建建筑物及其附属设施；

（八）改变共有部分的用途或者利用共有部分从事经营活动；

（九）有关共有和共同管理权利的其他重大事项。

业主共同决定事项，应当由专有部分面积占比三分之二以上的业主且人数占比三分之二以上的业主参与表决。决定前款第六项至第八项规定的事项，应当经参与表决专有部分面积四分之三以上的业主且参与表决人数四分之三以上的业主同意。决定前款其他事项，应当经参与表决专有部分面积过半数的业主且参与表决人数过半数的业主同意。

第二百七十九条　【业主将住宅转变为经营性用房应当遵循的规则】业主不得违反法律、法规以及管理规约，将住宅改变为经营性用房。业主将住宅改变为经营性用房的，除遵守法律、法规以及管理规约外，应当经有利害关系的业主一致同意。

第二百八十条　【业主大会或者业主委员会决定的效力与业主撤销权】业主大会或者业主委员会的决定，对业主具有法律约束力。

业主大会或者业主委员会作出的决定侵害业主合法权益的，受侵害的业主可以请求人民法院予以撤销。

第二百八十一条　【建筑物及其附属设施的维修基金的所有权和筹集、使用规则】建筑物及其附属设施的维修资金，属于业主共有。经业主共同决定，可以用于电梯、屋顶、外墙、无障碍设施等共有部分的维修、更新和改造。建筑物及其附属设施的维修资金的筹集、使用情况应当定期公布。

紧急情况下需要维修建筑物及其附属设施的，业主大会或者业主委员会可以依法申请使用建筑物及其附属设施的维修资金。

第二百八十二条　【业主共有部分产生收入的归属】建设单位、物业服务企业或者其他管理人等利用业主的共有部分产生的收入，在扣除合理成本之后，属于业主共有。

第二百八十三条　【建筑物及其附属设施的费用分摊和收益分配确定规则】建筑物及其附属设施的费用分摊、收益分配等事项，有约定的，按照约定；没有约定或者约定不明确的，按照业主专有部分面积所占比例确定。

第二百八十四条　【业主对建筑物及其附属设施的管理权及行使规则】业主可以自行管理建筑物及其附属设施，也可以委托物业服务企业或者其他管理人管理。

对建设单位聘请的物业服务企业或者其他管理人，业主有权依法更换。

第二百八十五条　【物业服务企业或其他接受业主委托的管理人的管理义务】物业服务企业或者其他管理人根据业主的委托，依照本法第三编有关物业服务合同的规定管理建筑区划内的建筑物及其附属设施，接受业主的监督，并及时答复业主对物业服务情况提出的询问。

物业服务企业或者其他管理人应当执行政府依法实施的应急处置措施和其他管理措施，积极配合开展相关工作。

第二百八十六条　【业主守法义务和业主大会与业主委员会职责】业主应当遵守法律、法规以及管理规约，相关行为应当符合节约资源、保护生态环境的要求。对于物业服务企业或者其他管理人执行政府依法实施的应急处置措施和其他管理措施，业主应当依法予以配合。

业主大会或者业主委员会，对任意弃置垃圾、排放污染物或者噪声、违反规定饲养动物、违章搭建、侵占通道、拒付物业费等损害他人合法权益的行为，有权依照法律、法规以及管理规约，请求行为人停止侵害、排除妨碍、消除危险、恢复原状、赔偿损失。

业主或者其他行为人拒不履行相关义务的，有关当事人可以向有关行政主管部门报告或者投诉，有关行政主管部门应当依法处理。

第二百八十七条　【业主请求权】业主对建设单位、物业服务企业或者其他管理人以及其他业主侵害自己合法权益的行为，有权请求其承担民事责任。

第七章　相 邻 关 系

第二百八十八条　【处理相邻关系的基本原则】不动产的相邻权利人应当按照有利生产、方便生活、团结互助、公平合理的原则，正确处理相邻关系。

第二百八十九条　【处理相邻关系的法源依据】法律、法规对处理相邻关系有规定的，依照其规定；法律、法规没有规定的，可以按照当地习惯。

第二百九十条　【相邻用水、排水、流水关系】不动产权利人应当为相邻权利人用水、排水提供必要的便利。

对自然流水的利用，应当在不动产的相邻权利人之间合理分配。对自然流水的排放，应当尊重自然流向。

第二百九十一条　【相邻关系人通行权规则】不动产权利人对相邻权利人因通行等必须利用其土地的，应当提供必要的便利。

第二百九十二条　【相邻关系人利用相邻土地的权利】不动产权利人因建造、修缮建筑物以及铺设电线、电缆、水管、暖气和燃气管线等必须利用相邻土地、建筑物的，该土地、建筑物的权利人应当提供必要的便利。

第二百九十三条　【相邻建筑物通风、采光、日照】建造建筑物，不得违反国家有关工程建设标准，不得妨碍相邻建筑物的通风、采光和日照。

第二百九十四条　【不动产权利人不得弃置废物和排放污染物】不动产权利人不得违反国家规定弃置固体废物，排放大气污染物、水污染物、土壤污染物、噪声、光辐射、电磁辐射等有害物质。

第二百九十五条　【禁止进行危及相邻不动产安全的活动】不动产权利人挖掘土地、建造建筑物、铺设管线以及安装设备等，不得危及相邻不动产的安全。

第二百九十六条　【相邻权的限度】不动产权利人因用水、排水、通行、铺设管线等利用相邻不动产的，应当尽量避免对相邻的不动产权利人造成损害。

第八章　共　　有

第二百九十七条　【共有的界定及其类型】不动产或者动产可以由两个以上组织、个人共有。共有包括按份共有和共同共有。

第二百九十八条　【按份共有人对共有物的权利】按份共有人对共有的不动产或者动产按照其份额享有所有权。

第二百九十九条　【共同共有权】共同共有人对共有的不动产或者动产共同享有所有权。

第三百条　【共有人对共有财产的管理权利与义务】共有人按照约定管理共有的不动产或者动产；没有约定或者约定不明确的，各共有人都有管理的权利和义务。

第三百零一条　【共有人对于共有财产重大事项的表决权规则】处分共有的不动产或者动产以及对共有的不动产或者动产作重大修缮、变更性质或者用途的，应当经占份额三分之二以上的按份共有人或者全体共同共有人同意，但是共有人之间另有约定的除外。

第三百零二条　【共有人对共有物的管理费用分担规则】共有人对共有物的管理费用以及其他负担，有约定的，按照其约定；没有约定或者约定不明确的，按份共有人按照其份额负担，共同共有人共同负担。

第三百零三条　【共有物的分割规则】共有人约定不得分割共有的不动产或者动产，以维持共有关系的，应当按照约定，但是共有人有重大理由需要分割的，可以请求分割；没有约定或者约定不明确的，按份共有人可以随时请求分割，共同共有人在共有的基础丧失或者有重大理由需要分割时可以请求分割。因分割造成其他共有人损害的，应当给予赔偿。

第三百零四条　【共有物分割的方式】共有人可以协商确定分

割方式。达不成协议，共有的不动产或者动产可以分割且不会因分割减损价值的，应当对实物予以分割；难以分割或者因分割会减损价值的，应当对折价或者拍卖、变卖取得的价款予以分割。

共有人分割所得的不动产或者动产有瑕疵的，其他共有人应当分担损失。

第三百零五条　【按份共有人的优先购买权】按份共有人可以转让其享有的共有的不动产或者动产份额。其他共有人在同等条件下享有优先购买的权利。

第三百零六条　【按份共有人行使优先购买权的规则】按份共有人转让其享有的共有的不动产或者动产份额的，应当将转让条件及时通知其他共有人。其他共有人应当在合理期限内行使优先购买权。

两个以上其他共有人主张行使优先购买权的，协商确定各自的购买比例；协商不成的，按照转让时各自的共有份额比例行使优先购买权。

第三百零七条　【因共有产生的债权债务承担规则】因共有的不动产或者动产产生的债权债务，在对外关系上，共有人享有连带债权、承担连带债务，但是法律另有规定或者第三人知道共有人不具有连带债权债务关系的除外；在共有人内部关系上，除共有人另有约定外，按份共有人按照份额享有债权、承担债务，共同共有人共同享有债权、承担债务。偿还债务超过自己应当承担份额的按份共有人，有权向其他共有人追偿。

第三百零八条　【没有约定、约定不明时共有物共有性质的认定】共有人对共有的不动产或者动产没有约定为按份共有或者共同共有，或者约定不明确的，除共有人具有家庭关系等外，视为按份共有。

第三百零九条　【按份共有人共有份额的认定规则】按份共有人对共有的不动产或者动产享有的份额，没有约定或者约定不明确的，按照出资额确定；不能确定出资额的，视为等额享有。

第三百一十条　【准共有】两个以上组织、个人共同享有用益物权、担保物权的，参照适用本章的有关规定。

第九章　所有权取得的特别规定

第三百一十一条　【善意取得的构成条件】无处分权人将不动产或者动产转让给受让人的，所有权人有权追回；除法律另有规定外，符合下列情形的，受让人取得该不动产或者动产的所有权：

（一）受让人受让该不动产或者动产时是善意；

（二）以合理的价格转让；

（三）转让的不动产或者动产依照法律规定应当登记的已经登记，不需要登记的已经交付给受让人。

受让人依据前款规定取得不动产或者动产的所有权的，原所有权人有权向无处分权人请求损害赔偿。

当事人善意取得其他物权的，参照适用前两款规定。

第三百一十二条　【遗失物的处理规则】所有权人或者其他权利人有权追回遗失物。该遗失物通过转让被他人占有的，权利人有权向无处分权人请求损害赔偿，或者自知道或者应当知道受让人之日起二年内向受让人请求返还原物；但是，受让人通过拍卖或者向具有经营资格的经营者购得该遗失物的，权利人请求返还原物时应当支付受让人所付的费用。权利人向受让人支付所付费用后，有权向无处分权人追偿。

第三百一十三条　【善意取得的动产上原有的权利负担消灭及其例外】善意受让人取得动产后，该动产上的原有权利消灭。但是，善意受让人在受让时知道或者应当知道该权利的除外。

第三百一十四条　【遗失物拾得人的返还义务】拾得遗失物，应当返还权利人。拾得人应当及时通知权利人领取，或者送交公安等有关部门。

第三百一十五条　【遗失物受领部门的义务】有关部门收到遗失物，知道权利人的，应当及时通知其领取；不知道的，应当及时发布招领公告。

第三百一十六条　【遗失物拾得人的妥善保管义务】拾得人在遗失物送交有关部门前，有关部门在遗失物被领取前，应当妥善保管遗失物。因故意或者重大过失致使遗失物毁损、灭失的，应当承担民事责任。

第三百一十七条 【权利人领取遗失物时的费用支付义务】权利人领取遗失物时，应当向拾得人或者有关部门支付保管遗失物等支出的必要费用。

权利人悬赏寻找遗失物的，领取遗失物时应当按照承诺履行义务。

拾得人侵占遗失物的，无权请求保管遗失物等支出的费用，也无权请求权利人按照承诺履行义务。

第三百一十八条 【无人认领的遗失物的处理规则】遗失物自发布招领公告之日起一年内无人认领的，归国家所有。

第三百一十九条 【拾得漂流物、埋藏物或者隐藏物】拾得漂流物、发现埋藏物或者隐藏物的，参照适用拾得遗失物的有关规定。法律另有规定的，依照其规定。

第三百二十条 【从物随主物转让规则】主物转让的，从物随主物转让，但是当事人另有约定的除外。

第三百二十一条 【孳息的归属】天然孳息，由所有权人取得；既有所有权人又有用益物权人的，由用益物权人取得。当事人另有约定的，按照其约定。

法定孳息，当事人有约定的，按照约定取得；没有约定或者约定不明确的，按照交易习惯取得。

第三百二十二条 【添附的归属】因加工、附合、混合而产生的物的归属，有约定的，按照约定；没有约定或者约定不明确的，依照法律规定；法律没有规定的，按照充分发挥物的效用以及保护无过错当事人的原则确定。因一方当事人的过错或者确定物的归属造成另一方当事人损害的，应当给予赔偿或者补偿。

第三分编 用益物权

第十章 一般规定

第三百二十三条 【用益物权的界定及其内容】用益物权人对

他人所有的不动产或者动产，依法享有占有、使用和收益的权利。

第三百二十四条　【国家所有和集体所有的自然资源的使用规则】国家所有或者国家所有由集体使用以及法律规定属于集体所有的自然资源，组织、个人依法可以占有、使用和收益。

第三百二十五条　【自然资源有偿使用规则】国家实行自然资源有偿使用制度，但是法律另有规定的除外。

第三百二十六条　【用益物权的行使规范】用益物权人行使权利，应当遵守法律有关保护和合理开发利用资源、保护生态环境的规定。所有权人不得干涉用益物权人行使权利。

第三百二十七条　【被征收、征用时用益物权人的补偿请求权】因不动产或者动产被征收、征用致使用益物权消灭或者影响用益物权行使的，用益物权人有权依据本法第二百四十三条、第二百四十五条的规定获得相应补偿。

第三百二十八条　【海域使用权】依法取得的海域使用权受法律保护。

第三百二十九条　【特许物权依法保护】依法取得的探矿权、采矿权、取水权和使用水域、滩涂从事养殖、捕捞的权利受法律保护。

第十一章　土地承包经营权

第三百三十条　【农村土地承包经营】农村集体经济组织实行家庭承包经营为基础、统分结合的双层经营体制。

农民集体所有和国家所有由农民集体使用的耕地、林地、草地以及其他用于农业的土地，依法实行土地承包经营制度。

第三百三十一条　【土地承包经营权内容】土地承包经营权人依法对其承包经营的耕地、林地、草地等享有占有、使用和收益的权利，有权从事种植业、林业、畜牧业等农业生产。

第三百三十二条　【不同土地类型的承包期】耕地的承包期为三十年。草地的承包期为三十年至五十年。林地的承包期为三十年至七十年。

前款规定的承包期限届满，由土地承包经营权人依照农村土地承包的法律规定继续承包。

第三百三十三条　【土地承包经营权的设立】土地承包经营权自土地承包经营权合同生效时设立。

登记机构应当向土地承包经营权人发放土地承包经营权证、林权证等证书，并登记造册，确认土地承包经营权。

第三百三十四条　【土地承包经营权的互换、转让】土地承包经营权人依照法律规定，有权将土地承包经营权互换、转让。未经依法批准，不得将承包地用于非农建设。

第三百三十五条　【土地承包经营权流转的登记对抗主义】土地承包经营权互换、转让的，当事人可以向登记机构申请登记；未经登记，不得对抗善意第三人。

第三百三十六条　【承包期内承包地调整的原则禁止与特别例外】承包期内发包人不得调整承包地。

因自然灾害严重毁损承包地等特殊情形，需要适当调整承包的耕地和草地的，应当依照农村土地承包的法律规定办理。

第三百三十七条　【承包期内发包人义务】承包期内发包人不得收回承包地。法律另有规定的，依照其规定。

第三百三十八条　【征收承包地的补偿规则】承包地被征收的，土地承包经营权人有权依据本法第二百四十三条的规定获得相应补偿。

第三百三十九条　【土地承包经营权的流转方式】土地承包经营权人可以自主决定依法采取出租、入股或者其他方式向他人流转土地经营权。

第三百四十条　【土地经营权人对土地的占有、使用、收益权】土地经营权人有权在合同约定的期限内占有农村土地，自主开展农业生产经营并取得收益。

第三百四十一条　【流转期限为五年以上的土地经营权的登记对抗主义】流转期限为五年以上的土地经营权，自流转合同生效时设立。当事人可以向登记机构申请土地经营权登记；未经登记，不得对抗善意第三人。

第三百四十二条　【通过招标、拍卖和公开协商等方式承包农村土地的流转方式】通过招标、拍卖、公开协商等方式承包农村土地，经依法登记取得权属证书的，可以依法采取出租、入股、抵押或者其他方式流转土地经营权。

第三百四十三条 【国有农用地承包经营的参照适用参照适用物权编的有关规定】国家所有的农用地实行承包经营的，参照适用本编的有关规定。

第十二章 建设用地使用权

第三百四十四条 【建设用地使用权的内容】建设用地使用权人依法对国家所有的土地享有占有、使用和收益的权利，有权利用该土地建造建筑物、构筑物及其附属设施。

第三百四十五条 【建设用地使用权的设立范围】建设用地使用权可以在土地的地表、地上或者地下分别设立。

第三百四十六条 【建设用地使用权的设立原则】设立建设用地使用权，应当符合节约资源、保护生态环境的要求，遵守法律、行政法规关于土地用途的规定，不得损害已经设立的用益物权。

第三百四十七条 【建设用地使用权的设立方式及划拨方式的限制使用】设立建设用地使用权，可以采取出让或者划拨等方式。

工业、商业、旅游、娱乐和商品住宅等经营性用地以及同一土地有两个以上意向用地者的，应当采取招标、拍卖等公开竞价的方式出让。

严格限制以划拨方式设立建设用地使用权。

第三百四十八条 【建设用地使用权出让合同】通过招标、拍卖、协议等出让方式设立建设用地使用权的，当事人应当采用书面形式订立建设用地使用权出让合同。

建设用地使用权出让合同一般包括下列条款：

（一）当事人的名称和住所；

（二）土地界址、面积等；

（三）建筑物、构筑物及其附属设施占用的空间；

（四）土地用途、规划条件；

（五）建设用地使用权期限；

（六）出让金等费用及其支付方式；

（七）解决争议的方法。

第三百四十九条　【建设用地使用权的设立要件】设立建设用地使用权的，应当向登记机构申请建设用地使用权登记。建设用地使用权自登记时设立。登记机构应当向建设用地使用权人发放权属证书。

第三百五十条　【建设用地使用权的土地用途限定规则】建设用地使用权人应当合理利用土地，不得改变土地用途；需要改变土地用途的，应当依法经有关行政主管部门批准。

第三百五十一条　【建设用地使用权人的出让金支付义务】建设用地使用权人应当依照法律规定以及合同约定支付出让金等费用。

第三百五十二条　【建设用地使用权人建造的建筑物、构筑物及其附属设施的归属】建设用地使用权人建造的建筑物、构筑物及其附属设施的所有权属于建设用地使用权人，但是有相反证据证明的除外。

第三百五十三条　【建设用地使用权的流转】建设用地使用权人有权将建设用地使用权转让、互换、出资、赠与或者抵押，但是法律另有规定的除外。

第三百五十四条　【建设用地使用权流转的形式要件与期限限制】建设用地使用权转让、互换、出资、赠与或者抵押的，当事人应当采用书面形式订立相应的合同。使用期限由当事人约定，但是不得超过建设用地使用权的剩余期限。

第三百五十五条　【建设用地使用权流转登记】建设用地使用权转让、互换、出资或者赠与的，应当向登记机构申请变更登记。

第三百五十六条　【建设用地使用权流转之房随地走】建设用地使用权转让、互换、出资或者赠与的，附着于该土地上的建筑物、构筑物及其附属设施一并处分。

第三百五十七条　【建设用地使用权流转之地随房走】建筑物、构筑物及其附属设施转让、互换、出资或者赠与的，该建筑物、构筑物及其附属设施占用范围内的建设用地使用权一并处分。

第三百五十八条　【建设用地使用权期间的提前终止】建设用地使用权期限届满前，因公共利益需要提前收回该土地的，应当依据本法第二百四十三条的规定对该土地上的房屋以及其他不动产给予补偿，并退还相应的出让金。

第三百五十九条 【住宅与非住宅建设用地使用权期限届满的处理规则】住宅建设用地使用权期限届满的，自动续期。续期费用的缴纳或者减免，依照法律、行政法规的规定办理。

非住宅建设用地使用权期限届满后的续期，依照法律规定办理。该土地上的房屋以及其他不动产的归属，有约定的，按照约定；没有约定或者约定不明确的，依照法律、行政法规的规定办理。

第三百六十条 【建设用地使用权消灭时的注销登记】建设用地使用权消灭的，出让人应当及时办理注销登记。登记机构应当收回权属证书。

第三百六十一条 【集体土地作为建设用地应当遵循法律规定】集体所有的土地作为建设用地的，应当依照土地管理的法律规定办理。

第十三章 宅基地使用权

第三百六十二条 【宅基地使用权内容】宅基地使用权人依法对集体所有的土地享有占有和使用的权利，有权依法利用该土地建造住宅及其附属设施。

第三百六十三条 【宅基地使用权的法律准用】宅基地使用权的取得、行使和转让，适用土地管理的法律和国家有关规定。

第三百六十四条 【宅基地消灭后的重新分配】宅基地因自然灾害等原因灭失的，宅基地使用权消灭。对失去宅基地的村民，应当依法重新分配宅基地。

第三百六十五条 【宅基地使用权转让或消灭时的变更登记与注销登记】已经登记的宅基地使用权转让或者消灭的，应当及时办理变更登记或者注销登记。

第十四章 居 住 权

第三百六十六条 【居住权人的用益物权】居住权人有权按照合同约定，对他人的住宅享有占有、使用的用益物权，以满足生活居住的需要。

第三百六十七条　【居住权合同】设立居住权，当事人应当采用书面形式订立居住权合同。

居住权合同一般包括下列条款：

（一）当事人的姓名或者名称和住所；

（二）住宅的位置；

（三）居住的条件和要求；

（四）居住权期限；

（五）解决争议的方法。

第三百六十八条　【居住权的登记要件主义】居住权无偿设立，但是当事人另有约定的除外。设立居住权的，应当向登记机构申请居住权登记。居住权自登记时设立。

第三百六十九条　【居住权流转的禁止性规定及例外】居住权不得转让、继承。设立居住权的住宅不得出租，但是当事人另有约定的除外。

第三百七十条　【居住权消灭的情形及注销登记】居住权期限届满或者居住权人死亡的，居住权消灭。居住权消灭的，应当及时办理注销登记。

第三百七十一条　【以遗嘱设立居住权的法律适用】以遗嘱方式设立居住权的，参照适用本章的有关规定。

第十五章　地　役　权

第三百七十二条　【地役权的概念】地役权人有权按照合同约定，利用他人的不动产，以提高自己的不动产的效益。

前款所称他人的不动产为供役地，自己的不动产为需役地。

第三百七十三条　【设立地役权的形式要件与地役权合同的内容】设立地役权，当事人应当采用书面形式订立地役权合同。

地役权合同一般包括下列条款：

（一）当事人的姓名或者名称和住所；

（二）供役地和需役地的位置；

（三）利用目的和方法；

（四）地役权期限；

（五）费用及其支付方式；

（六）解决争议的方法。

第三百七十四条　【地役权的生效时间与登记效力】地役权自地役权合同生效时设立。当事人要求登记的，可以向登记机构申请地役权登记；未经登记，不得对抗善意第三人。

第三百七十五条　【供役地权利人的义务】供役地权利人应当按照合同约定，允许地役权人利用其不动产，不得妨害地役权人行使权利。

第三百七十六条　【地役权人利用供役地应当遵循的规制】地役权人应当按照合同约定的利用目的和方法利用供役地，尽量减少对供役地权利人物权的限制。

第三百七十七条　【地役权期间的确定】地役权期限由当事人约定；但是，不得超过土地承包经营权、建设用地使用权等用益物权的剩余期限。

第三百七十八条　【在享有或者负担地役权的土地上设立用益物权的规则】土地所有权人享有地役权或者负担地役权的，设立土地承包经营权、宅基地使用权等用益物权时，该用益物权人继续享有或者负担已经设立的地役权。

第三百七十九条　【土地所有权人在已设立用益物权的土地上设立地役权的规则】土地上已经设立土地承包经营权、建设用地使用权、宅基地使用权等用益物权的，未经用益物权人同意，土地所有权人不得设立地役权。

第三百八十条　【地役权的转让规则】地役权不得单独转让。土地承包经营权、建设用地使用权等转让的，地役权一并转让，但是合同另有约定的除外。

第三百八十一条　【地役权不得单独抵押】地役权不得单独抵押。土地经营权、建设用地使用权等抵押的，在实现抵押权时，地役权一并转让。

第三百八十二条　【需役地部分转让效果】需役地以及需役地

上的土地承包经营权、建设用地使用权等部分转让时，转让部分涉及地役权的，受让人同时享有地役权。

第三百八十三条　【供役地部分转让效果】供役地以及供役地上的土地承包经营权、建设用地使用权等部分转让时，转让部分涉及地役权的，地役权对受让人具有法律约束力。

第三百八十四条　【供役地权利人解除权】地役权人有下列情形之一的，供役地权利人有权解除地役权合同，地役权消灭：

（一）违反法律规定或者合同约定，滥用地役权；

（二）有偿利用供役地，约定的付款期限届满后在合理期限内经两次催告未支付费用。

第三百八十五条　【地役权变动后的登记】已经登记的地役权变更、转让或者消灭的，应当及时办理变更登记或者注销登记。

第四分编　担 保 物 权

第十六章　一 般 规 定

第三百八十六条　【担保财产优先受偿】担保物权人在债务人不履行到期债务或者发生当事人约定的实现担保物权的情形，依法享有就担保财产优先受偿的权利，但是法律另有规定的除外。

第三百八十七条　【担保物权及反担保的设立】债权人在借贷、买卖等民事活动中，为保障实现其债权，需要担保的，可以依照本法和其他法律的规定设立担保物权。

第三人为债务人向债权人提供担保的，可以要求债务人提供反担保。反担保适用本法和其他法律的规定。

第三百八十八条　【担保合同的界定及其与主债权合同的关系】设立担保物权，应当依照本法和其他法律的规定订立担保合同。担保合同包括抵押合同、质押合同和其他具有担保功能的合同。担保合同是主债权债务合同的从合同。主债权债务合同无效的，担保合同无效，但是法律另有规定的除外。

担保合同被确认无效后，债务人、担保人、债权人有过错的，应当根据其过错各自承担相应的民事责任。

第三百八十九条　【担保范围】担保物权的担保范围包括主债权及其利息、违约金、损害赔偿金、保管担保财产和实现担保物权的费用。当事人另有约定的，按照其约定。

第三百九十条　【担保物权的物上代位性】担保期间，担保财产毁损、灭失或者被征收等，担保物权人可以就获得的保险金、赔偿金或者补偿金等优先受偿。被担保债权的履行期限未届满的，也可以提存该保险金、赔偿金或者补偿金等。

第三百九十一条　【债务转让对担保物权的效力】第三人提供担保，未经其书面同意，债权人允许债务人转移全部或者部分债务的，担保人不再承担相应的担保责任。

第三百九十二条　【混合担保规则】被担保的债权既有物的担保又有人的担保的，债务人不履行到期债务或者发生当事人约定的实现担保物权的情形，债权人应当按照约定实现债权；没有约定或者约定不明确，债务人自己提供物的担保的，债权人应当先就该物的担保实现债权；第三人提供物的担保的，债权人可以就物的担保实现债权，也可以请求保证人承担保证责任。提供担保的第三人承担担保责任后，有权向债务人追偿。

第三百九十三条　【担保物权消灭的情形】有下列情形之一的，担保物权消灭：

（一）主债权消灭；

（二）担保物权实现；

（三）债权人放弃担保物权；

（四）法律规定担保物权消灭的其他情形。

第十七章　抵　押　权

第一节　一般抵押权

第三百九十四条　【抵押权的界定】为担保债务的履行，债务人或者第三人不转移财产的占有，将该财产抵押给债权人的，债务人不履行到期债务或者发生当事人约定的实现抵押权的情形，债权人有权就该财产优先受偿。

前款规定的债务人或者第三人为抵押人，债权人为抵押权人，提供担保的财产为抵押财产。

第三百九十五条　【可抵押财产的范围】债务人或者第三人有权处分的下列财产可以抵押：

（一）建筑物和其他土地附着物；

（二）建设用地使用权；

（三）海域使用权；

（四）生产设备、原材料、半成品、产品；

（五）正在建造的建筑物、船舶、航空器；

（六）交通运输工具；

（七）法律、行政法规未禁止抵押的其他财产。

抵押人可以将前款所列财产一并抵押。

第三百九十六条　【动产浮动抵押规则】企业、个体工商户、农业生产经营者可以将现有的以及将有的生产设备、原材料、半成品、产品抵押，债务人不履行到期债务或者发生当事人约定的实现抵押权的情形，债权人有权就抵押财产确定时的动产优先受偿。

第三百九十七条　【建筑物和相应的建设用地使用权一并抵押规则】以建筑物抵押的，该建筑物占用范围内的建设用地使用权一并抵押。以建设用地使用权抵押的，该土地上的建筑物一并抵押。

抵押人未依据前款规定一并抵押的，未抵押的财产视为一并抵押。

第三百九十八条　【乡镇、村企业的建设用地使用权与房屋一并抵押规则】乡镇、村企业的建设用地使用权不得单独抵押。以乡镇、村企业的厂房等建筑物抵押的，其占用范围内的建设用地使用权一并抵押。

第三百九十九条　【禁止抵押的财产范围】下列财产不得抵押：

（一）土地所有权；

（二）宅基地、自留地、自留山等集体所有土地的使用权，但是法律规定可以抵押的除外；

（三）学校、幼儿园、医疗机构等为公益目的成立的非营利法人的教育设施、医疗卫生设施和其他公益设施；

（四）所有权、使用权不明或者有争议的财产；

（五）依法被查封、扣押、监管的财产；

（六）法律、行政法规规定不得抵押的其他财产。

第四百条　【抵押合同】设立抵押权，当事人应当采用书面形式订立抵押合同。

抵押合同一般包括下列条款：

（一）被担保债权的种类和数额；

（二）债务人履行债务的期限；

（三）抵押财产的名称、数量等情况；

（四）担保的范围。

第四百零一条　【流押条款的优先受偿效力】抵押权人在债务履行期限届满前，与抵押人约定债务人不履行到期债务时抵押财产归债权人所有的，只能依法就抵押财产优先受偿。

第四百零二条　【不动产抵押的登记生效主义】以本法第三百九十五条第一款第一项至第三项规定的财产或者第五项规定的正在建造的建筑物抵押的，应当办理抵押登记。抵押权自登记时设立。

第四百零三条　【动产抵押权设立的登记对抗主义】以动产抵押的，抵押权自抵押合同生效时设立；未经登记，不得对抗善意第三人。

第四百零四条　【动产抵押权对抗效力的限制】以动产抵押的，不得对抗正常经营活动中已经支付合理价款并取得抵押财产的买受人。

第四百零五条　【抵押权和租赁关系之间的效力等级】抵押权设立前，抵押财产已经出租并转移占有的，原租赁关系不受该抵押权的影响。

第四百零六条　【抵押期间抵押财产转让应当遵循的规则】抵押期间，抵押人可以转让抵押财产。当事人另有约定的，按照其约定。抵押财产转让的，抵押权不受影响。

抵押人转让抵押财产的，应当及时通知抵押权人。抵押权人能够证明抵押财产转让可能损害抵押权的，可以请求抵押人将转让所得的价款向抵押权人提前清偿债务或者提存。转让的价款超过债权数额的部分归抵押人所有，不足部分由债务人清偿。

第四百零七条　【抵押权的从属性】抵押权不得与债权分离而单独转让或者作为其他债权的担保。债权转让的，担保该债权的抵押权一并转让，但是法律另有规定或者当事人另有约定的除外。

第四百零八条　【抵押财产价值减少时抵押权人的补救措施】抵押人的行为足以使抵押财产价值减少的，抵押权人有权请求抵押人停止其行为；抵押财产价值减少的，抵押权人有权请求恢复抵押财产的价值，或者提供与减少的价值相应的担保。抵押人不恢复抵押财产的价值，也不提供担保的，抵押权人有权请求债务人提前清偿债务。

第四百零九条　【抵押权人放弃抵押权或抵押权顺位的法律后果】抵押权人可以放弃抵押权或者抵押权的顺位。抵押权人与抵押人可以协议变更抵押权顺位以及被担保的债权数额等内容。但是，抵押权的变更未经其他抵押权人书面同意的，不得对其他抵押权人产生不利影响。

债务人以自己的财产设定抵押，抵押权人放弃该抵押权、抵押权顺位或者变更抵押权的，其他担保人在抵押权人丧失优先受偿权益的范围内免除担保责任，但是其他担保人承诺仍然提供担保的除外。

第四百一十条　【抵押权实现的方式和程序】债务人不履行到期债务或者发生当事人约定的实现抵押权的情形，抵押权人可以与抵押人协议以抵押财产折价或者以拍卖、变卖该抵押财产所得的价款优先受偿。协议损害其他债权人利益的，其他债权人可以请求人民法院撤销该协议。

抵押权人与抵押人未就抵押权实现方式达成协议的，抵押权人可以请求人民法院拍卖、变卖抵押财产。

抵押财产折价或者变卖的，应当参照市场价格。

第四百一十一条　【动产浮动抵押的抵押财产价值的确定时间】

依据本法第三百九十六条规定设定抵押的，抵押财产自下列情形之一发生时确定：

（一）债务履行期限届满，债权未实现；

（二）抵押人被宣告破产或者解散；

（三）当事人约定的实现抵押权的情形；

（四）严重影响债权实现的其他情形。

第四百一十二条　【抵押财产孳息归属】 债务人不履行到期债务或者发生当事人约定的实现抵押权的情形，致使抵押财产被人民法院依法扣押的，自扣押之日起，抵押权人有权收取该抵押财产的天然孳息或者法定孳息，但是抵押权人未通知应当清偿法定孳息义务人的除外。

前款规定的孳息应当先充抵收取孳息的费用。

第四百一十三条　【抵押财产变现清偿债务】 抵押财产折价或者拍卖、变卖后，其价款超过债权数额的部分归抵押人所有，不足部分由债务人清偿。

第四百一十四条　【同一财产上多个抵押权的效力顺序】 同一财产向两个以上债权人抵押的，拍卖、变卖抵押财产所得的价款依照下列规定清偿：

（一）抵押权已经登记的，按照登记的时间先后确定清偿顺序；

（二）抵押权已经登记的先于未登记的受偿；

（三）抵押权未登记的，按照债权比例清偿。

其他可以登记的担保物权，清偿顺序参照适用前款规定。

第四百一十五条　【既有抵押权又有质权的财产的清偿顺序】 同一财产既设立抵押权又设立质权的，拍卖、变卖该财产所得的价款按照登记、交付的时间先后确定清偿顺序。

第四百一十六条　【动产抵押担保的优先效力规则】 动产抵押担保的主债权是抵押物的价款，标的物交付后十日内办理抵押登记的，该抵押权人优先于抵押物买受人的其他担保物权人受偿，但是留置权人除外。

第四百一十七条　【以建设用地使用权抵押后新增建筑物不属于抵押财产】 建设用地使用权抵押后，该土地上新增的建筑物不属于抵押财产。该建设用地使用权实现抵押权时，应当将该土地上新增的建筑物与建设用地使用权一并处分。但是，新增建筑物所得的价款，抵押权人无权优先受偿。

第四百一十八条　【以集体土地使用权抵押的实现抵押权后应当遵守的规则】以集体所有土地的使用权依法抵押的，实现抵押权后，未经法定程序，不得改变土地所有权的性质和土地用途。

第四百一十九条　【抵押权的行使期间】抵押权人应当在主债权诉讼时效期间行使抵押权；未行使的，人民法院不予保护。

第二节　最高额抵押权

第四百二十条　【最高额抵押规则】为担保债务的履行，债务人或者第三人对一定期间内将要连续发生的债权提供担保财产的，债务人不履行到期债务或者发生当事人约定的实现抵押权的情形，抵押权人有权在最高债权额限度内就该担保财产优先受偿。

最高额抵押权设立前已经存在的债权，经当事人同意，可以转入最高额抵押担保的债权范围。

第四百二十一条　【最高额抵押权担保的部分债权转让效力】最高额抵押担保的债权确定前，部分债权转让的，最高额抵押权不得转让，但是当事人另有约定的除外。

第四百二十二条　【最高额抵押债权确定前的内容变更】最高额抵押担保的债权确定前，抵押权人与抵押人可以通过协议变更债权确定的期间、债权范围以及最高债权额。但是，变更的内容不得对其他抵押权人产生不利影响。

第四百二十三条　【最高额抵押所担保债权的确定时间】有下列情形之一的，抵押权人的债权确定：

（一）约定的债权确定期间届满；

（二）没有约定债权确定期间或者约定不明确，抵押权人或者抵押人自最高额抵押权设立之日起满二年后请求确定债权；

（三）新的债权不可能发生；

（四）抵押权人知道或者应当知道抵押财产被查封、扣押；

（五）债务人、抵押人被宣告破产或者解散；

（六）法律规定债权确定的其他情形。

第四百二十四条　【最高额抵押的法律适用】最高额抵押权除适用本节规定外，适用本章第一节的有关规定。

第十八章　质　　权

第一节　动 产 质 权

第四百二十五条　【动产质权概念】为担保债务的履行，债务人或者第三人将其动产出质给债权人占有的，债务人不履行到期债务或者发生当事人约定的实现质权的情形，债权人有权就该动产优先受偿。

前款规定的债务人或者第三人为出质人，债权人为质权人，交付的动产为质押财产。

第四百二十六条　【禁止出质的动产范围】法律、行政法规禁止转让的动产不得出质。

第四百二十七条　【质押合同形式及内容】设立质权，当事人应当采用书面形式订立质押合同。

质押合同一般包括下列条款：

（一）被担保债权的种类和数额；

（二）债务人履行债务的期限；

（三）质押财产的名称、数量等情况；

（四）担保的范围；

（五）质押财产交付的时间、方式。

第四百二十八条　【流质条款的优先受偿效力】质权人在债务履行期限届满前，与出质人约定债务人不履行到期债务时质押财产归债权人所有的，只能依法就质押财产优先受偿。

第四百二十九条　【质权的设立】质权自出质人交付质押财产时设立。

第四百三十条　【质权设立期间的孳息收取】质权人有权收取质押财产的孳息，但是合同另有约定的除外。

前款规定的孳息应当先充抵收取孳息的费用。

第四百三十一条　【质权人对质押财产处分的限制及其法律责任】质权人在质权存续期间，未经出质人同意，擅自使用、处分质押财产，造成出质人损害的，应当承担赔偿责任。

第四百三十二条　【质物保管义务】质权人负有妥善保管质押财产的义务；因保管不善致使质押财产毁损、灭失的，应当承担赔偿责任。

质权人的行为可能使质押财产毁损、灭失的，出质人可以请求质权人将质押财产提存，或者请求提前清偿债务并返还质押财产。

第四百三十三条　【质押财产保全】因不可归责于质权人的事由可能使质押财产毁损或者价值明显减少，足以危害质权人权利的，质权人有权请求出质人提供相应的担保；出质人不提供的，质权人可以拍卖、变卖质押财产，并与出质人协议将拍卖、变卖所得的价款提前清偿债务或者提存。

第四百三十四条　【转质】质权人在质权存续期间，未经出质人同意转质，造成质押财产毁损、灭失的，应当承担赔偿责任。

第四百三十五条　【放弃质权】质权人可以放弃质权。债务人以自己的财产出质，质权人放弃该质权的，其他担保人在质权人丧失优先受偿权益的范围内免除担保责任，但是其他担保人承诺仍然提供担保的除外。

第四百三十六条　【质物返还与质权实现】债务人履行债务或者出质人提前清偿所担保的债权的，质权人应当返还质押财产。

债务人不履行到期债务或者发生当事人约定的实现质权的情形，质权人可以与出质人协议以质押财产折价，也可以就拍卖、变卖质押财产所得的价款优先受偿。

质押财产折价或者变卖的，应当参照市场价格。

第四百三十七条　【出质人请求质权人及时行使质权】出质人可以请求质权人在债务履行期限届满后及时行使质权；质权人不行使的，出质人可以请求人民法院拍卖、变卖质押财产。

出质人请求质权人及时行使质权，因质权人怠于行使权利造成出质人损害的，由质权人承担赔偿责任。

第四百三十八条　【质押财产变价款归属】质押财产折价或者拍卖、变卖后，其价款超过债权数额的部分归出质人所有，不足部分由债务人清偿。

第四百三十九条　【最高额质权】出质人与质权人可以协议设立最高额质权。

最高额质权除适用本节有关规定外，参照适用本编第十七章第二节的有关规定。

第二节　权 利 质 权

第四百四十条　【可出质的权利的范围】债务人或者第三人有权处分的下列权利可以出质：

（一）汇票、本票、支票；

（二）债券、存款单；

（三）仓单、提单；

（四）可以转让的基金份额、股权；

（五）可以转让的注册商标专用权、专利权、著作权等知识产权中的财产权；

（六）现有的以及将有的应收账款；

（七）法律、行政法规规定可以出质的其他财产权利。

第四百四十一条　【有价证券出质的形式要件以及质权生效时间】以汇票、本票、支票、债券、存款单、仓单、提单出质的，质权自权利凭证交付质权人时设立；没有权利凭证的，质权自办理出质登记时设立。法律另有规定的，依照其规定。

第四百四十二条　【提前行使权利质权】汇票、本票、支票、债券、存款单、仓单、提单的兑现日期或者提货日期先于主债权到期的，质权人可以兑现或者提货，并与出质人协议将兑现的价款或者提取的货物提前清偿债务或者提存。

第四百四十三条　【基金份额质权、股权质权】以基金份额、股权出质的，质权自办理出质登记时设立。

基金份额、股权出质后，不得转让，但是出质人与质权人协商同意的除外。出质人转让基金份额、股权所得的价款，应当向质权人提前清偿债务或者提存。

第四百四十四条　【知识产权质权】以注册商标专用权、专利权、著作权等知识产权中的财产权出质的，质权自办理出质登记时设立。

知识产权中的财产权出质后，出质人不得转让或者许可他人使用，但是出质人与质权人协商同意的除外。出质人转让或者许可他人使用出质的知识产权中的财产权所得的价款，应当向质权人提前清偿债务或者提存。

第四百四十五条　【应收账款质权】以应收账款出质的，质权自办理出质登记时设立。

应收账款出质后，不得转让，但是出质人与质权人协商同意的除外。出质人转让应收账款所得的价款，应当向质权人提前清偿债务或者提存。

第四百四十六条　【权利质权的法律适用】权利质权除适用本节规定外，适用本章第一节的有关规定。

第十九章　留　置　权

第四百四十七条　【留置权规则】债务人不履行到期债务，债权人可以留置已经合法占有的债务人的动产，并有权就该动产优先受偿。

前款规定的债权人为留置权人，占有的动产为留置财产。

第四百四十八条　【留置权积极要件】债权人留置的动产，应当与债权属于同一法律关系，但是企业之间留置的除外。

第四百四十九条　【留置权消极要件】法律规定或者当事人约定不得留置的动产，不得留置。

第四百五十条　【可分留置物】留置财产为可分物的，留置财产的价值应当相当于债务的金额。

第四百五十一条　【留置权人保管义务】留置权人负有妥善保管留置财产的义务；因保管不善致使留置财产毁损、灭失的，应当承担赔偿责任。

第四百五十二条　【留置财产的孳息收取】留置权人有权收取留置财产的孳息。

前款规定的孳息应当先充抵收取孳息的费用。

第四百五十三条　【留置权实现的一般规则】留置权人与债务人应当约定留置财产后的债务履行期限；没有约定或者约定不明确的，留置权人应当给债务人六十日以上履行债务的期限，但是鲜活易腐等不易保管的动产除外。债务人逾期未履行的，留置权人可以与债务人协议以留置财产折价，也可以就拍卖、变卖留置财产所得的价款优先受偿。

留置财产折价或者变卖的，应当参照市场价格。

第四百五十四条　【债务人请求留置权人行使留置权】债务人可以请求留置权人在债务履行期限届满后行使留置权；留置权人不行使的，债务人可以请求人民法院拍卖、变卖留置财产。

第四百五十五条　【留置权实现方式】留置财产折价或者拍卖、变卖后，其价款超过债权数额的部分归债务人所有，不足部分由债务人清偿。

第四百五十六条　【留置权优先于其他担保物权效力】同一动产上已经设立抵押权或者质权，该动产又被留置的，留置权人优先受偿。

第四百五十七条　【留置权消灭】留置权人对留置财产丧失占有或者留置权人接受债务人另行提供担保的，留置权消灭。

第五分编　占　　有

第二十章　占　　有

第四百五十八条　【有权占有法律规则】基于合同关系等产生的占有，有关不动产或者动产的使用、收益、违约责任等，按照合同约定；合同没有约定或者约定不明确的，依照有关法律规定。

第四百五十九条　【恶意占有人的损害赔偿责任】占有人因使

用占有的不动产或者动产，致使该不动产或者动产受到损害的，恶意占有人应当承担赔偿责任。

第四百六十条　【占有人返还占有物】不动产或者动产被占有人占有的，权利人可以请求返还原物及其孳息；但是，应当支付善意占有人因维护该不动产或者动产支出的必要费用。

第四百六十一条　【占有物毁损或者灭失时无权占有人的责任】占有的不动产或者动产毁损、灭失，该不动产或者动产的权利人请求赔偿的，占有人应当将因毁损、灭失取得的保险金、赔偿金或者补偿金等返还给权利人；权利人的损害未得到足够弥补的，恶意占有人还应当赔偿损失。

第四百六十二条　【占有保护的方法】占有的不动产或者动产被侵占的，占有人有权请求返还原物；对妨害占有的行为，占有人有权请求排除妨害或者消除危险；因侵占或者妨害造成损害的，占有人有权依法请求损害赔偿。

占有人返还原物的请求权，自侵占发生之日起一年内未行使的，该请求权消灭。

第三编　合　　同

第一分编　通　　则

第一章　一般规定

第四百六十三条　【合同编的调整范围】本编调整因合同产生的民事关系。

第四百六十四条　【合同法的调整对象；合同的定义】合同是民事主体之间设立、变更、终止民事法律关系的协议。

婚姻、收养、监护等有关身份关系的协议，适用有关该身份关系的法律规定；没有规定的，可以根据其性质参照适用本编规定。

第四百六十五条　【合同的约束力】依法成立的合同，受法律保护。

依法成立的合同，仅对当事人具有法律约束力，但是法律另有规定的除外。

第四百六十六条　【合同的解释规则】当事人对合同条款的理解有争议的，应当依据本法第一百四十二条第一款的规定，确定争议条款的含义。

合同文本采用两种以上文字订立并约定具有同等效力的，对各文本使用的词句推定具有相同含义。各文本使用的词句不一致的，应当根据合同的相关条款、性质、目的以及诚信原则等予以解释。

第四百六十七条　【无名合同的法律适用】本法或者其他法律没有明文规定的合同，适用本编通则的规定，并可以参照适用本编或者其他法律最相类似合同的规定。

在中华人民共和国境内履行的中外合资经营企业合同、中外合作经营企业合同、中外合作勘探开发自然资源合同，适用中华人民共和国法律。

第四百六十八条　【非合同之债的法律适用】非因合同产生的债权债务关系，适用有关该债权债务关系的法律规定；没有规定的，适用本编通则的有关规定，但是根据其性质不能适用的除外。

第二章　合同的订立

第四百六十九条　【合同订立形式及书面形式】当事人订立合同，可以采用书面形式、口头形式或者其他形式。

书面形式是合同书、信件、电报、电传、传真等可以有形地表现所载内容的形式。

以电子数据交换、电子邮件等方式能够有形地表现所载内容，并可以随时调取查用的数据电文，视为书面形式。

第四百七十条　【合同内容一般条款】合同的内容由当事人约定，一般包括下列条款：

（一）当事人的姓名或者名称和住所；

（二）标的；

（三）数量；

（四）质量；

（五）价款或者报酬；

（六）履行期限、地点和方式；

（七）违约责任；

（八）解决争议的方法。

当事人可以参照各类合同的示范文本订立合同。

第四百七十一条　【订立合同的方式】当事人订立合同，可以采取要约、承诺方式或者其他方式。

第四百七十二条　【要约的界定及其构成】要约是希望与他人订立合同的意思表示，该意思表示应当符合下列条件：

（一）内容具体确定；

（二）表明经受要约人承诺，要约人即受该意思表示约束。

第四百七十三条　【要约邀请及其主要类型】要约邀请是希望他人向自己发出要约的表示。拍卖公告、招标公告、招股说明书、债券募集办法、基金招募说明书、商业广告和宣传、寄送的价目表等为要约邀请。

商业广告和宣传的内容符合要约条件的，构成要约。

第四百七十四条　【要约的生效时间】要约生效的时间适用本法第一百三十七条的规定。

第四百七十五条　【要约撤回的规则】要约可以撤回。要约的撤回适用本法第一百四十一条的规定。

第四百七十六条　【要约的撤销】要约可以撤销，但是有下列情形之一的除外：

（一）要约人以确定承诺期限或者其他形式明示要约不可撤销；

（二）受要约人有理由认为要约是不可撤销的，并已经为履行合同做了合理准备工作。

第四百七十七条　【撤销要约的生效时间】撤销要约的意思表示以对话方式作出的，该意思表示的内容应当在受要约人作出承诺之前为受要约人所知道；撤销要约的意思表示以非对话方式作出的，应当在受要约人作出承诺之前到达受要约人。

第四百七十八条　【要约失效的情形】有下列情形之一的，要约失效：

（一）要约被拒绝；

（二）要约被依法撤销；

（三）承诺期限届满，受要约人未作出承诺；

（四）受要约人对要约的内容作出实质性变更。

第四百七十九条　【承诺的概念】承诺是受要约人同意要约的意思表示。

第四百八十条　【承诺的方式】承诺应当以通知的方式作出；但是，根据交易习惯或者要约表明可以通过行为作出承诺的除外。

第四百八十一条　【承诺的期限】承诺应当在要约确定的期限内到达要约人。

要约没有确定承诺期限的，承诺应当依照下列规定到达：

（一）要约以对话方式作出的，应当即时作出承诺；

（二）要约以非对话方式作出的，承诺应当在合理期限内到达。

第四百八十二条　【承诺期限的起算】要约以信件或者电报作出的，承诺期限自信件载明的日期或者电报交发之日开始计算。信件未载明日期的，自投寄该信件的邮戳日期开始计算。要约以电话、传真、电子邮件等快速通讯方式作出的，承诺期限自要约到达受要约人时开始计算。

第四百八十三条　【合同成立时间】承诺生效时合同成立，但是法律另有规定或者当事人另有约定的除外。

第四百八十四条　【承诺生效时间】以通知方式作出的承诺，生效的时间适用本法第一百三十七条的规定。

承诺不需要通知的，根据交易习惯或者要约的要求作出承诺的行为时生效。

第四百八十五条　【承诺的撤回】承诺可以撤回。承诺的撤回适用本法第一百四十一条的规定。

第四百八十六条　【逾期承诺及效果】受要约人超过承诺期限发出承诺，或者在承诺期限内发出承诺，按照通常情形不能及时到达要约人的，为新要约；但是，要约人及时通知受要约人该承诺有效的除外。

第四百八十七条　【迟到的承诺】受要约人在承诺期限内发出承诺，按照通常情形能够及时到达要约人，但是因其他原因致使承诺到达要约人时超过承诺期限的，除要约人及时通知受要约人因承诺超过期限不接受该承诺外，该承诺有效。

第四百八十八条　【承诺对要约内容的实质性变更】承诺的内容应当与要约的内容一致。受要约人对要约的内容作出实质性变更的，为新要约。有关合同标的、数量、质量、价款或者报酬、履行期限、履行地点和方式、违约责任和解决争议方法等的变更，是对要约内容的实质性变更。

第四百八十九条　【承诺对要约内容的非实质性变更】承诺对要约的内容作出非实质性变更的，除要约人及时表示反对或者要约表明承诺不得对要约的内容作出任何变更外，该承诺有效，合同的内容以承诺的内容为准。

第四百九十条　【采用合同书订立合同成立时间】当事人采用合同书形式订立合同的，自当事人均签名、盖章或者按指印时合同成立。在签名、盖章或者按指印之前，当事人一方已经履行主要义务，对方接受时，该合同成立。

法律、行政法规规定或者当事人约定合同应当采用书面形式订立，当事人未采用书面形式但是一方已经履行主要义务，对方接受时，该合同成立。

第四百九十一条　【确认书与合同成立时间；网络提交订单与合同成立时间】当事人采用信件、数据电文等形式订立合同要求签订确认书的，签订确认书时合同成立。

当事人一方通过互联网等信息网络发布的商品或者服务信息符合要约条件的，对方选择该商品或者服务并提交订单成功时合同成立，但是当事人另有约定的除外。

第四百九十二条　【合同成立的地点】承诺生效的地点为合同成立的地点。

采用数据电文形式订立合同的，收件人的主营业地为合同成立的地点；没有主营业地的，其住所地为合同成立的地点。当事人另有约定的，按照其约定。

第四百九十三条　【采用合同书形式订立合同的成立地点】当事人采用合同书形式订立合同的，最后签名、盖章或者按指印的地点为合同成立的地点，但是当事人另有约定的除外。

第四百九十四条　【国家计划合同；法定缔约义务】国家根据抢险救灾、疫情防控或者其他需要下达国家订货任务、指令性任务的，有关民事主体之间应当依照有关法律、行政法规规定的权利和义务订立合同。

依照法律、行政法规的规定负有发出要约义务的当事人，应当及时发出合理的要约。

依照法律、行政法规的规定负有作出承诺义务的当事人，不得拒绝对方合理的订立合同要求。

第四百九十五条　【预约合同适用规则】当事人约定在将来一定期限内订立合同的认购书、订购书、预订书等，构成预约合同。

当事人一方不履行预约合同约定的订立合同义务的，对方可以请求其承担预约合同的违约责任。

第四百九十六条　【格式条款的订立要求；说明义务】格式条款是当事人为了重复使用而预先拟定，并在订立合同时未与对方协商的条款。

采用格式条款订立合同的，提供格式条款的一方应当遵循公平原则确定当事人之间的权利和义务，并采取合理的方式提示对方注意免除或者减轻其责任等与对方有重大利害关系的条款，按照对方的要求，对该条款予以说明。提供格式条款的一方未履行提示或者说明义务，致使对方没有注意或者理解与其有重大利害关系的条款的，对方可以主张该条款不成为合同的内容。

第四百九十七条　【格式条款无效的情形】有下列情形之一的，该格式条款无效：

（一）具有本法第一编第六章第三节和本法第五百零六条规定的无效情形；

（二）提供格式条款一方不合理地免除或者减轻其责任、加重对方责任、限制对方主要权利；

（三）提供格式条款一方排除对方主要权利。

第四百九十八条　【格式条款的解释方法】对格式条款的理解发生争议的，应当按照通常理解予以解释。对格式条款有两种以上解释的，应当作出不利于提供格式条款一方的解释。格式条款和非格式条款不一致的，应当采用非格式条款。

第四百九十九条　【悬赏广告支付报酬规则】悬赏人以公开方式声明对完成特定行为的人支付报酬的，完成该行为的人可以请求其支付。

第五百条　【缔约过失责任】当事人在订立合同过程中有下列情形之一，造成对方损失的，应当承担赔偿责任：

（一）假借订立合同，恶意进行磋商；

（二）故意隐瞒与订立合同有关的重要事实或者提供虚假情况；

（三）有其他违背诚信原则的行为。

第五百零一条　【合同缔结人的保密义务】当事人在订立合同过程中知悉的商业秘密或者其他应当保密的信息，无论合同是否成立，不得泄露或者不正当地使用；泄露、不正当地使用该商业秘密或者信息，造成对方损失的，应当承担赔偿责任。

第三章　合同的效力

第五百零二条　【合同生效时间；未办理批准手续的处理规则】依法成立的合同，自成立时生效，但是法律另有规定或者当事人另有约定的除外。

依照法律、行政法规的规定，合同应当办理批准等手续的，依照其规定。未办理批准等手续影响合同生效的，不影响合同中履行报批等义务条款以及相关条款的效力。应当办理申请批准等手续的当事人未履行义务的，对方可以请求其承担违反该义务的责任。

依照法律、行政法规的规定，合同的变更、转让、解除等情形应当办理批准等手续的，适用前款规定。

第五百零三条　【无权代理人订立合同的法律后果】无权代理人以被代理人的名义订立合同，被代理人已经开始履行合同义务或者接受相对人履行的，视为对合同的追认。

第五百零四条　【法定代表人超越权限订立合同的效力】法人的法定代表人或者非法人组织的负责人超越权限订立的合同，除相对人知道或者应当知道其超越权限外，该代表行为有效，订立的合同对法人或者非法人组织发生效力。

第五百零五条　【超越经营范围订立的合同效力】当事人超越经营范围订立的合同的效力，应当依照本法第一编第六章第三节和本编的有关规定确定，不得仅以超越经营范围确认合同无效。

第五百零六条　【合同中免责条款无效情形】合同中的下列免责条款无效：

（一）造成对方人身损害的；

（二）因故意或者重大过失造成对方财产损失的。

第五百零七条　【争议解决条款的独立性】合同不生效、无效、被撤销或者终止的，不影响合同中有关解决争议方法的条款的效力。

第五百零八条　【对合同效力没有规定的处理规则】本编对合同的效力没有规定的，适用本法第一编第六章的有关规定。

第四章　合同的履行

第五百零九条　【合同履行的原则】当事人应当按照约定全面履行自己的义务。

当事人应当遵循诚信原则，根据合同的性质、目的和交易习惯履行通知、协助、保密等义务。

当事人在履行合同过程中，应当避免浪费资源、污染环境和破坏生态。

第五百一十条　【合同条款补充和确定方法】合同生效后，当事人就质量、价款或者报酬、履行地点等内容没有约定或者约定不明确的，可以协议补充；不能达成补充协议的，按照合同相关条款或者交易习惯确定。

第五百一十一条　【合同条款的继续确定】当事人就有关合同内容约定不明确，依据前条规定仍不能确定的，适用下列规定：

（一）质量要求不明确的，按照强制性国家标准履行；没有强制性国家标准的，按照推荐性国家标准履行；没有推荐性国家标准的，按照行业标准履行；没有国家标准、行业标准的，按照通常标准或者符合合同目的的特定标准履行。

（二）价款或者报酬不明确的，按照订立合同时履行地的市场价格履行；依法应当执行政府定价或者政府指导价的，依照规定履行。

（三）履行地点不明确，给付货币的，在接受货币一方所在地履行；交付不动产的，在不动产所在地履行；其他标的，在履行义务一方所在地履行。

（四）履行期限不明确的，债务人可以随时履行，债权人也可以随时请求履行，但是应当给对方必要的准备时间。

（五）履行方式不明确的，按照有利于实现合同目的的方式履行。

（六）履行费用的负担不明确的，由履行义务一方负担；因债权人原因增加的履行费用，由债权人负担。

第五百一十二条　【电子合同交付时间的认定规则】通过互联网等信息网络订立的电子合同的标的为交付商品并采用快递物流方式交付的，收货人的签收时间为交付时间。电子合同的标的为提供服务的，生成的电子凭证或者实物凭证中载明的时间为提供服务时间；前述凭证没有载明时间或者载明时间与实际提供服务时间不一致的，以实际提供服务的时间为准。

电子合同的标的物为采用在线传输方式交付的，合同标的物进入对方当事人指定的特定系统且能够检索识别的时间为交付时间。

电子合同当事人对交付商品或者提供服务的方式、时间另有约定的，按照其约定。

第五百一十三条　【执行政府定价或指导价的合同价格确定】执行政府定价或者政府指导价的，在合同约定的交付期限内政府价格调整时，按照交付时的价格计价。逾期交付标的物的，遇价格上涨时，按照原价格执行；价格下降时，按照新价格执行。逾期提取标的物或者逾期付款的，遇价格上涨时，按照新价格执行；价格下降时，按照原价格执行。

第五百一十四条　【金钱之债给付货币的确定规则】以支付金钱为内容的债，除法律另有规定或者当事人另有约定外，债权人可以请求债务人以实际履行地的法定货币履行。

第五百一十五条　【选择之债中债务人的选择权】标的有多项而债务人只需履行其中一项的，债务人享有选择权；但是，法律另有规定、当事人另有约定或者另有交易习惯的除外。

享有选择权的当事人在约定期限内或者履行期限届满未作选择，经催告后在合理期限内仍未选择的，选择权转移至对方。

第五百一十六条　【选择之债的履行规则】当事人行使选择权应当及时通知对方，通知到达对方时，标的确定。标的确定后不得变更，但是经对方同意的除外。

可选择的标的发生不能履行情形的，享有选择权的当事人不得选择不能履行的标的，但是该不能履行的情形是由对方造成的除外。

第五百一十七条　【可分之债份额的确定规则】债权人为二人以上，标的可分，按照份额各自享有债权的，为按份债权；债务人为二人以上，标的可分，按照份额各自负担债务的，为按份债务。

按份债权人或者按份债务人的份额难以确定的，视为份额相同。

第五百一十八条　【连带债权债务的一般规则】债权人为二人以上，部分或者全部债权人均可以请求债务人履行债务的，为连带债权；债务人为二人以上，债权人可以请求部分或者全部债务人履行全部债务的，为连带债务。

连带债权或者连带债务，由法律规定或者当事人约定。

第五百一十九条　【连带债务份额的确定规则】连带债务人之间的份额难以确定的，视为份额相同。

实际承担债务超过自己份额的连带债务人，有权就超出部分在其他连带债务人未履行的份额范围内向其追偿，并相应地享有债权人的权利，但是不得损害债权人的利益。其他连带债务人对债权人的抗辩，可以向该债务人主张。

被追偿的连带债务人不能履行其应分担份额的，其他连带债务人应当在相应范围内按比例分担。

第五百二十条　【连带债务人之一所生事项涉他效力】部分连

带债务人履行、抵销债务或者提存标的物的，其他债务人对债权人的债务在相应范围内消灭；该债务人可以依据前条规定向其他债务人追偿。

部分连带债务人的债务被债权人免除的，在该连带债务人应当承担的份额范围内，其他债务人对债权人的债务消灭。

部分连带债务人的债务与债权人的债权同归于一人的，在扣除该债务人应当承担的份额后，债权人对其他债务人的债权继续存在。

债权人对部分连带债务人的给付受领迟延的，对其他连带债务人发生效力。

第五百二十一条　【连带债权份额的确定规则】连带债权人之间的份额难以确定的，视为份额相同。

实际受领债权的连带债权人，应当按比例向其他连带债权人返还。

连带债权参照适用本章连带债务的有关规定。

第五百二十二条　【向第三人履行】当事人约定由债务人向第三人履行债务，债务人未向第三人履行债务或者履行债务不符合约定的，应当向债权人承担违约责任。

法律规定或者当事人约定第三人可以直接请求债务人向其履行债务，第三人未在合理期限内明确拒绝，债务人未向第三人履行债务或者履行债务不符合约定的，第三人可以请求债务人承担违约责任；债务人对债权人的抗辩，可以向第三人主张。

第五百二十三条　【第三人履行】当事人约定由第三人向债权人履行债务，第三人不履行债务或者履行债务不符合约定的，债务人应当向债权人承担违约责任。

第五百二十四条　【第三人代为履行】债务人不履行债务，第三人对履行该债务具有合法利益的，第三人有权向债权人代为履行；但是，根据债务性质、按照当事人约定或者依照法律规定只能由债务人履行的除外。

债权人接受第三人履行后，其对债务人的债权转让给第三人，但是债务人和第三人另有约定的除外。

第五百二十五条　【同时履行抗辩权】当事人互负债务，没有先后履行顺序的，应当同时履行。一方在对方履行之前有权拒绝其履行请求。一方在对方履行债务不符合约定时，有权拒绝其相应的履行请求。

第五百二十六条　【先履行抗辩权】当事人互负债务，有先后履行顺序，应当先履行债务一方未履行的，后履行一方有权拒绝其履行请求。先履行一方履行债务不符合约定的，后履行一方有权拒绝其相应的履行请求。

第五百二十七条　【不安抗辩权】应当先履行债务的当事人，有确切证据证明对方有下列情形之一的，可以中止履行：

（一）经营状况严重恶化；

（二）转移财产、抽逃资金，以逃避债务；

（三）丧失商业信誉；

（四）有丧失或者可能丧失履行债务能力的其他情形。

当事人没有确切证据中止履行的，应当承担违约责任。

第五百二十八条　【不安抗辩权的行使】当事人依据前条规定中止履行的，应当及时通知对方。对方提供适当担保的，应当恢复履行。中止履行后，对方在合理期限内未恢复履行能力且未提供适当担保的，视为以自己的行为表明不履行主要债务，中止履行的一方可以解除合同并可以请求对方承担违约责任。

第五百二十九条　【因债权人原因债务人中止履行或提存】债权人分立、合并或者变更住所没有通知债务人，致使履行债务发生困难的，债务人可以中止履行或者将标的物提存。

第五百三十条　【债务人提前履行债务】债权人可以拒绝债务人提前履行债务，但是提前履行不损害债权人利益的除外。

债务人提前履行债务给债权人增加的费用，由债务人负担。

第五百三十一条　【债务人部分履行债务】债权人可以拒绝债务人部分履行债务，但是部分履行不损害债权人利益的除外。

债务人部分履行债务给债权人增加的费用，由债务人负担。

第五百三十二条　【当事人名称变更、经办人变动不影响合同效力】合同生效后，当事人不得因姓名、名称的变更或者法定代表人、负责人、承办人的变动而不履行合同义务。

第五百三十三条　【情势变更】合同成立后，合同的基础条件发生了当事人在订立合同时无法预见的、不属于商业风险的重大变化，继续履行合同对于当事人一方明显不公平的，受不利影响的当事人可以与对方重新协商；在合理期限内协商不成的，当事人可以请求人民法院或者仲裁机构变更或者解除合同。

人民法院或者仲裁机构应当结合案件的实际情况，根据公平原则变更或者解除合同。

第五百三十四条　【利用合同危害公共利益的处理规则】对当事人利用合同实施危害国家利益、社会公共利益行为的，市场监督管理和其他有关行政主管部门依照法律、行政法规的规定负责监督处理。

第五章　合同的保全

第五百三十五条　【债权人代位权】因债务人怠于行使其债权或者与该债权有关的从权利，影响债权人的到期债权实现的，债权人可以向人民法院请求以自己的名义代位行使债务人对相对人的权利，但是该权利专属于债务人自身的除外。

代位权的行使范围以债权人的到期债权为限。债权人行使代位权的必要费用，由债务人负担。

相对人对债务人的抗辩，可以向债权人主张。

第五百三十六条　【债权到期前债权人代位权的行使】债权人的债权到期前，债务人的债权或者与该债权有关的从权利存在诉讼时效期间即将届满或者未及时申报破产债权等情形，影响债权人的债权实现的，债权人可以代位向债务人的相对人请求其向债务人履行、向破产管理人申报或者作出其他必要的行为。

第五百三十七条　【代位权行使后的法律效果】人民法院认定代位权成立的，由债务人的相对人向债权人履行义务，债权人接受履行后，债权人与债务人、债务人与相对人之间相应的权利义务终止。债务人对相对人的债权或者与该债权有关的从权利被采取保全、执行措施，或者债务人破产的，依照相关法律的规定处理。

第五百三十八条　【无偿处分财产情形下的债权人撤销权】 债务人以放弃其债权、放弃债权担保、无偿转让财产等方式无偿处分财产权益，或者恶意延长其到期债权的履行期限，影响债权人的债权实现的，债权人可以请求人民法院撤销债务人的行为。

第五百三十九条　【不合理转移财产情形下的债权人撤销权】 债务人以明显不合理的低价转让财产、以明显不合理的高价受让他人财产或者为他人的债务提供担保，影响债权人的债权实现，债务人的相对人知道或者应当知道该情形的，债权人可以请求人民法院撤销债务人的行为。

第五百四十条　【撤销权的行使范围】 撤销权的行使范围以债权人的债权为限。债权人行使撤销权的必要费用，由债务人负担。

第五百四十一条　【撤销权的行使期限】 撤销权自债权人知道或者应当知道撤销事由之日起一年内行使。自债务人的行为发生之日起五年内没有行使撤销权的，该撤销权消灭。

第五百四十二条　【撤销权行使后的法律效果】 债务人影响债权人的债权实现的行为被撤销的，自始没有法律约束力。

第六章　合同的变更和转让

第五百四十三条　【变更合同的条件】 当事人协商一致，可以变更合同。

第五百四十四条　【对合同变更禁止推定原则的反向规定】 当事人对合同变更的内容约定不明确的，推定为未变更。

第五百四十五条　【债权人转让合同权利的限制】 债权人可以将债权的全部或者部分转让给第三人，但是有下列情形之一的除外：

（一）根据债权性质不得转让；

（二）按照当事人约定不得转让；

（三）依照法律规定不得转让。

当事人约定非金钱债权不得转让的，不得对抗善意第三人。当事人约定金钱债权不得转让的，不得对抗第三人。

第五百四十六条　【债权人转让债权的通知义务】 债权人转让

债权，未通知债务人的，该转让对债务人不发生效力。

债权转让的通知不得撤销，但是经受让人同意的除外。

第五百四十七条　【债权转让从权利一并转让】债权人转让债权的，受让人取得与债权有关的从权利，但是该从权利专属于债权人自身的除外。

受让人取得从权利不因该从权利未办理转移登记手续或者未转移占有而受到影响。

第五百四十八条　【债务抗辩的转移】债务人接到债权转让通知后，债务人对让与人的抗辩，可以向受让人主张。

第五百四十九条　【债权转让中债务人的抵销权】有下列情形之一的，债务人可以向受让人主张抵销：

（一）债务人接到债权转让通知时，债务人对让与人享有债权，且债务人的债权先于转让的债权到期或者同时到期；

（二）债务人的债权与转让的债权是基于同一合同产生。

第五百五十条　【债权转让费用的承担】因债权转让增加的履行费用，由让与人负担。

第五百五十一条　【免除的债务承担】债务人将债务的全部或者部分转移给第三人的，应当经债权人同意。

债务人或者第三人可以催告债权人在合理期限内予以同意，债权人未作表示的，视为不同意。

第五百五十二条　【并存的债务承担】第三人与债务人约定加入债务并通知债权人，或者第三人向债权人表示愿意加入债务，债权人未在合理期限内明确拒绝的，债权人可以请求第三人在其愿意承担的债务范围内和债务人承担连带债务。

第五百五十三条　【债务人转移债务时新债务人同时获得抗辩权】债务人转移债务的，新债务人可以主张原债务人对债权人的抗辩；原债务人对债权人享有债权的，新债务人不得向债权人主张抵销。

第五百五十四条　【从债务随主债务转移】债务人转移债务的，新债务人应当承担与主债务有关的从债务，但是该从债务专属于原债务人自身的除外。

第五百五十五条　【合同权利义务的概括转移】当事人一方经对方同意，可以将自己在合同中的权利和义务一并转让给第三人。

第五百五十六条　【概括转移应当适用的有关条款】合同的权利和义务一并转让的，适用债权转让、债务转移的有关规定。

第七章　合同的权利义务终止

第五百五十七条　【债权债务终止的法定情形】有下列情形之一的，债权债务终止：

（一）债务已经履行；

（二）债务相互抵销；

（三）债务人依法将标的物提存；

（四）债权人免除债务；

（五）债权债务同归于一人；

（六）法律规定或者当事人约定终止的其他情形。

合同解除的，该合同的权利义务关系终止。

第五百五十八条　【后合同义务】债权债务终止后，当事人应当遵循诚信等原则，根据交易习惯履行通知、协助、保密、旧物回收等义务。

第五百五十九条　【从权利消灭】债权债务终止时，债权的从权利同时消灭，但是法律另有规定或者当事人另有约定的除外。

第五百六十条　【对同一债权人负数项债务的履行规则】债务人对同一债权人负担的数项债务种类相同，债务人的给付不足以清偿全部债务的，除当事人另有约定外，由债务人在清偿时指定其履行的债务。

债务人未作指定的，应当优先履行已经到期的债务；数项债务均到期的，优先履行对债权人缺乏担保或者担保最少的债务；均无担保或者担保相等的，优先履行债务人负担较重的债务；负担相同的，按照债务到期的先后顺序履行；到期时间相同的，按照债务比例履行。

第五百六十一条　【债务履行顺序】债务人在履行主债务外还

应当支付利息和实现债权的有关费用，其给付不足以清偿全部债务的，除当事人另有约定外，应当按照下列顺序履行：

（一）实现债权的有关费用；

（二）利息；

（三）主债务。

第五百六十二条　【合同的约定解除】当事人协商一致，可以解除合同。

当事人可以约定一方解除合同的事由。解除合同的事由发生时，解除权人可以解除合同。

第五百六十三条　【合同的法定解除】有下列情形之一的，当事人可以解除合同：

（一）因不可抗力致使不能实现合同目的；

（二）在履行期限届满前，当事人一方明确表示或者以自己的行为表明不履行主要债务；

（三）当事人一方迟延履行主要债务，经催告后在合理期限内仍未履行；

（四）当事人一方迟延履行债务或者有其他违约行为致使不能实现合同目的；

（五）法律规定的其他情形。

以持续履行的债务为内容的不定期合同，当事人可以随时解除合同，但是应当在合理期限之前通知对方。

第五百六十四条　【解除权行使期限】法律规定或者当事人约定解除权行使期限，期限届满当事人不行使的，该权利消灭。

法律没有规定或者当事人没有约定解除权行使期限，自解除权人知道或者应当知道解除事由之日起一年内不行使，或者经对方催告后在合理期限内不行使的，该权利消灭。

第五百六十五条　【合同解除权的行使规则】当事人一方依法主张解除合同的，应当通知对方。合同自通知到达对方时解除；通知载明债务人在一定期限内不履行债务则合同自动解除，债务人在该期限内未履行债务的，合同自通知载明的期限届满时解除。对方对解除合同有异议的，任何一方当事人均可以请求人民法院或者仲裁机构确认解除行为的效力。

当事人一方未通知对方，直接以提起诉讼或者申请仲裁的方式依法主张解除合同，人民法院或者仲裁机构确认该主张的，合同自起诉状副本或者仲裁申请书副本送达对方时解除。

第五百六十六条　【合同解除的法律后果】合同解除后，尚未履行的，终止履行；已经履行的，根据履行情况和合同性质，当事人可以请求恢复原状或者采取其他补救措施，并有权请求赔偿损失。

合同因违约解除的，解除权人可以请求违约方承担违约责任，但是当事人另有约定的除外。

主合同解除后，担保人对债务人应当承担的民事责任仍应当承担担保责任，但是担保合同另有约定的除外。

第五百六十七条　【结算条款、清理条款效力的独立性】合同的权利义务关系终止，不影响合同中结算和清理条款的效力。

第五百六十八条　【法定的债务抵销及其行使规则】当事人互负债务，该债务的标的物种类、品质相同的，任何一方可以将自己的债务与对方的到期债务抵销；但是，根据债务性质、按照当事人约定或者依照法律规定不得抵销的除外。

当事人主张抵销的，应当通知对方。通知自到达对方时生效。抵销不得附条件或者附期限。

第五百六十九条　【约定的债务抵销】当事人互负债务，标的物种类、品质不相同的，经协商一致，也可以抵销。

第五百七十条　【标的物提存的法定情形】有下列情形之一，难以履行债务的，债务人可以将标的物提存：

（一）债权人无正当理由拒绝受领；

（二）债权人下落不明；

（三）债权人死亡未确定继承人、遗产管理人，或者丧失民事行为能力未确定监护人；

（四）法律规定的其他情形。

标的物不适于提存或者提存费用过高的，债务人依法可以拍卖或者变卖标的物，提存所得的价款。

第五百七十一条　【提存成立的时间及效果】债务人将标的物

或者将标的物依法拍卖、变卖所得价款交付提存部门时，提存成立。

提存成立的，视为债务人在其提存范围内已经交付标的物。

第五百七十二条　【标的物提存后债务人的通知义务】标的物提存后，债务人应当及时通知债权人或者债权人的继承人、遗产管理人、监护人、财产代管人。

第五百七十三条　【标的物提存后的风险负担、孳息归属、费用负担】标的物提存后，毁损、灭失的风险由债权人承担。提存期间，标的物的孳息归债权人所有。提存费用由债权人负担。

第五百七十四条　【提存物的领取】债权人可以随时领取提存物。但是，债权人对债务人负有到期债务的，在债权人未履行债务或者提供担保之前，提存部门根据债务人的要求应当拒绝其领取提存物。

债权人领取提存物的权利，自提存之日起五年内不行使而消灭，提存物扣除提存费用后归国家所有。但是，债权人未履行对债务人的到期债务，或者债权人向提存部门书面表示放弃领取提存物权利的，债务人负担提存费用后有权取回提存物。

第五百七十五条　【债的免除】债权人免除债务人部分或者全部债务的，债权债务部分或者全部终止，但是债务人在合理期限内拒绝的除外。

第五百七十六条　【债权债务混同的处理】债权和债务同归于一人的，债权债务终止，但是损害第三人利益的除外。

第八章　违约责任

第五百七十七条　【违约责任的种类】当事人一方不履行合同义务或者履行合同义务不符合约定的，应当承担继续履行、采取补救措施或者赔偿损失等违约责任。

第五百七十八条　【预期违约责任】当事人一方明确表示或者以自己的行为表明不履行合同义务的，对方可以在履行期限届满前请求其承担违约责任。

第五百七十九条　【违约责任的承担】当事人一方未支付价款、

报酬、租金、利息，或者不履行其他金钱债务的，对方可以请求其支付。

第五百八十条　【非金钱债务继续履行及除外条款】当事人一方不履行非金钱债务或者履行非金钱债务不符合约定的，对方可以请求履行，但是有下列情形之一的除外：

（一）法律上或者事实上不能履行；

（二）债务的标的不适于强制履行或者履行费用过高；

（三）债权人在合理期限内未请求履行。

有前款规定的除外情形之一，致使不能实现合同目的的，人民法院或者仲裁机构可以根据当事人的请求终止合同权利义务关系，但是不影响违约责任的承担。

第五百八十一条　【违约责任的承担：第三人替代履行】当事人一方不履行债务或者履行债务不符合约定，根据债务的性质不得强制履行的，对方可以请求其负担由第三人替代履行的费用。

第五百八十二条　【违约责任的承担：质量不符合约定的违约责任】履行不符合约定的，应当按照当事人的约定承担违约责任。对违约责任没有约定或者约定不明确，依据本法第五百一十条的规定仍不能确定的，受损害方根据标的的性质以及损失的大小，可以合理选择请求对方承担修理、重作、更换、退货、减少价款或者报酬等违约责任。

第五百八十三条　【违约责任的承担：损失赔偿与其他责任的并存】当事人一方不履行合同义务或者履行合同义务不符合约定的，在履行义务或者采取补救措施后，对方还有其他损失的，应当赔偿损失。

第五百八十四条　【违约责任的承担：损失赔偿额的认定】当事人一方不履行合同义务或者履行合同义务不符合约定，造成对方损失的，损失赔偿额应当相当于因违约所造成的损失，包括合同履行后可以获得的利益；但是，不得超过违约一方订立合同时预见到或者应当预见到的因违约可能造成的损失。

第五百八十五条　【违约金的约定及其调整】当事人可以约定一方违约时应当根据违约情况向对方支付一定数额的违约金，也可以约定因违约产生的损失赔偿额的计算方法。

约定的违约金低于造成的损失的，人民法院或者仲裁机构可以根据当事人的请求予以增加；约定的违约金过分高于造成的损失的，人民法院或者仲裁机构可以根据当事人的请求予以适当减少。

当事人就迟延履行约定违约金的，违约方支付违约金后，还应当履行债务。

第五百八十六条　【定金合同；定金数额的确定】当事人可以约定一方向对方给付定金作为债权的担保。定金合同自实际交付定金时成立。

定金的数额由当事人约定；但是，不得超过主合同标的额的百分之二十，超过部分不产生定金的效力。实际交付的定金数额多于或者少于约定数额的，视为变更约定的定金数额。

第五百八十七条　【定金罚则】债务人履行债务的，定金应当抵作价款或者收回。给付定金的一方不履行债务或者履行债务不符合约定，致使不能实现合同目的的，无权请求返还定金；收受定金的一方不履行债务或者履行债务不符合约定，致使不能实现合同目的的，应当双倍返还定金。

第五百八十八条　【违约金与定金竞合选择权】当事人既约定违约金，又约定定金的，一方违约时，对方可以选择适用违约金或者定金条款。

定金不足以弥补一方违约造成的损失的，对方可以请求赔偿超过定金数额的损失。

第五百八十九条　【债权人受领迟延】债务人按照约定履行债务，债权人无正当理由拒绝受领的，债务人可以请求债权人赔偿增加的费用。

在债权人受领迟延期间，债务人无须支付利息。

第五百九十条　【因不可抗力不能履行合同】当事人一方因不可抗力不能履行合同的，根据不可抗力的影响，部分或者全部免除责任，但是法律另有规定的除外。因不可抗力不能履行合同的，应当及时通知对方，以减轻可能给对方造成的损失，并应当在合理期限内提供证明。

当事人迟延履行后发生不可抗力的，不免除其违约责任。

第五百九十一条　【非违约方防止损失扩大义务】当事人一方违约后，对方应当采取适当措施防止损失的扩大；没有采取适当措施致使损失扩大的，不得就扩大的损失请求赔偿。

当事人因防止损失扩大而支出的合理费用，由违约方负担。

第五百九十二条　【双方违约和违约过失相抵规则】当事人都违反合同的，应当各自承担相应的责任。

当事人一方违约造成对方损失，对方对损失的发生有过错的，可以减少相应的损失赔偿额。

第五百九十三条　【因第三人原因造成违约情况下的责任承担】当事人一方因第三人的原因造成违约的，应当依法向对方承担违约责任。当事人一方和第三人之间的纠纷，依照法律规定或者按照约定处理。

第五百九十四条　【合同争议提起诉讼或申请仲裁的期限】因国际货物买卖合同和技术进出口合同争议提起诉讼或者申请仲裁的时效期间为四年。

第二分编　典 型 合 同

第九章　买 卖 合 同

第五百九十五条　【买卖合同的定义】买卖合同是出卖人转移标的物的所有权于买受人，买受人支付价款的合同。

第五百九十六条　【买卖合同的内容】买卖合同的内容一般包括标的物的名称、数量、质量、价款、履行期限、履行地点和方式、包装方式、检验标准和方法、结算方式、合同使用的文字及其效力等条款。

第五百九十七条　【无权处分的违约责任；特别法上禁止或限制转让标的物的优先适用】因出卖人未取得处分权致使标的物所有权不能转移的，买受人可以解除合同并请求出卖人承担违约责任。

法律、行政法规禁止或者限制转让的标的物，依照其规定。

第五百九十八条　【标的物所有权转移：交付】出卖人应当履行向买受人交付标的物或者交付提取标的物的单证，并转移标的物所有权的义务。

第五百九十九条　【出卖人义务：交付单证、交付资料】出卖人应当按照约定或者交易习惯向买受人交付提取标的物单证以外的有关单证和资料。

第六百条　【买卖合同知识产权保留条款】出卖具有知识产权的标的物的，除法律另有规定或者当事人另有约定外，该标的物的知识产权不属于买受人。

第六百零一条　【出卖人义务：交付期间】出卖人应当按照约定的时间交付标的物。约定交付期限的，出卖人可以在该交付期限内的任何时间交付。

第六百零二条　【标的物的交付期限的确定】当事人没有约定标的物的交付期限或者约定不明确的，适用本法第五百一十条、第五百一十一条第四项的规定。

第六百零三条　【买卖合同标的物的交付地点】出卖人应当按照约定的地点交付标的物。

当事人没有约定交付地点或者约定不明确，依据本法第五百一十条的规定仍不能确定的，适用下列规定：

（一）标的物需要运输的，出卖人应当将标的物交付给第一承运人以运交给买受人；

（二）标的物不需要运输，出卖人和买受人订立合同时知道标的物在某一地点的，出卖人应当在该地点交付标的物；不知道标的物在某一地点的，应当在出卖人订立合同时的营业地交付标的物。

第六百零四条　【标的物的风险承担】标的物毁损、灭失的风险，在标的物交付之前由出卖人承担，交付之后由买受人承担，但是法律另有规定或者当事人另有约定的除外。

第六百零五条　【因买受人交付期限违约标的物意外灭失风险负担】因买受人的原因致使标的物未按照约定的期限交付的，买受人应当自违反约定时起承担标的物毁损、灭失的风险。

第六百零六条　【在途标的物买卖合同的风险转移】出卖人出卖交由承运人运输的在途标的物，除当事人另有约定外，毁损、灭失的风险自合同成立时起由买受人承担。

第六百零七条　【当事人是否约定交付地点的风险转移规则】出卖人按照约定将标的物运送至买受人指定地点并交付给承运人后，标的物毁损、灭失的风险由买受人承担。

当事人没有约定交付地点或者约定不明确，依据本法第六百零三条第二款第一项的规定标的物需要运输的，出卖人将标的物交付给第一承运人后，标的物毁损、灭失的风险由买受人承担。

第六百零八条　【买受人不履行接受标的物义务的风险负担】出卖人按照约定或者依据本法第六百零三条第二款第二项的规定将标的物置于交付地点，买受人违反约定没有收取的，标的物毁损、灭失的风险自违反约定时起由买受人承担。

第六百零九条　【未交付单证、资料的风险转移】出卖人按照约定未交付有关标的物的单证和资料的，不影响标的物毁损、灭失风险的转移。

第六百一十条　【根本违约】因标的物不符合质量要求，致使不能实现合同目的的，买受人可以拒绝接受标的物或者解除合同。买受人拒绝接受标的物或者解除合同的，标的物毁损、灭失的风险由出卖人承担。

第六百一十一条　【买受人承担标的物损毁、灭失的风险不影响出卖人承担违约责任】标的物毁损、灭失的风险由买受人承担的，不影响因出卖人履行义务不符合约定，买受人请求其承担违约责任的权利。

第六百一十二条　【出卖人的权利瑕疵担保义务】出卖人就交付的标的物，负有保证第三人对该标的物不享有任何权利的义务，但是法律另有规定的除外。

第六百一十三条　【权利瑕疵担保责任之例外】买受人订立合同时知道或者应当知道第三人对买卖的标的物享有权利的，出卖人不承担前条规定的义务。

第六百一十四条　【买受人有确切证据证明标的物存在权利瑕

疵的处理】买受人有确切证据证明第三人对标的物享有权利的，可以中止支付相应的价款，但是出卖人提供适当担保的除外。

第六百一十五条　【出卖人的质量瑕疵担保义务】出卖人应当按照约定的质量要求交付标的物。出卖人提供有关标的物质量说明的，交付的标的物应当符合该说明的质量要求。

第六百一十六条　【标的物质量要求没有约定或约定不明时的认定规则】当事人对标的物的质量要求没有约定或者约定不明确，依据本法第五百一十条的规定仍不能确定的，适用本法第五百一十一条第一项的规定。

第六百一十七条　【出卖人违反质量瑕疵担保义务的违约责任】出卖人交付的标的物不符合质量要求的，买受人可以依据本法第五百八十二条至第五百八十四条的规定请求承担违约责任。

第六百一十八条　【故意或重大过失不告知瑕疵的责任承担】当事人约定减轻或者免除出卖人对标的物瑕疵承担的责任，因出卖人故意或者重大过失不告知买受人标的物瑕疵的，出卖人无权主张减轻或者免除责任。

第六百一十九条　【标的物的包装方式】出卖人应当按照约定的包装方式交付标的物。对包装方式没有约定或者约定不明确，依据本法第五百一十条的规定仍不能确定的，应当按照通用的方式包装；没有通用方式的，应当采取足以保护标的物且有利于节约资源、保护生态环境的包装方式。

第六百二十条　【买受人的及时检验义务】买受人收到标的物时应当在约定的检验期限内检验。没有约定检验期限的，应当及时检验。

第六百二十一条　【当事人约定检验期限】当事人约定检验期限的，买受人应当在检验期限内将标的物的数量或者质量不符合约定的情形通知出卖人。买受人怠于通知的，视为标的物的数量或者质量符合约定。

当事人没有约定检验期限的，买受人应当在发现或者应当发现标的物的数量或者质量不符合约定的合理期限内通知出卖人。买受人在合理期限内未通知或者自收到标的物之日起二年内未通知出卖人的，视为标的物的数量或者质量符合约定；但是，对标的物有质量保证期的，适用质量保证期，不适用该二年的规定。

出卖人知道或者应当知道提供的标的物不符合约定的，买受人不受前两款规定的通知时间的限制。

第六百二十二条　【检验期限或质量保证期过短的处理】当事人约定的检验期限过短，根据标的物的性质和交易习惯，买受人在检验期限内难以完成全面检验的，该期限仅视为买受人对标的物的外观瑕疵提出异议的期限。

约定的检验期限或者质量保证期短于法律、行政法规规定期限的，应当以法律、行政法规规定的期限为准。

第六百二十三条　【标的物数量和外观瑕疵检验】当事人对检验期限未作约定，买受人签收的送货单、确认单等载明标的物数量、型号、规格的，推定买受人已经对数量和外观瑕疵进行检验，但是有相关证据足以推翻的除外。

第六百二十四条　【向第三人履行情形的检验标准】出卖人依照买受人的指示向第三人交付标的物，出卖人和买受人约定的检验标准与买受人和第三人约定的检验标准不一致的，以出卖人和买受人约定的检验标准为准。

第六百二十五条　【法定或约定情形下出卖人的回收义务】依照法律、行政法规的规定或者按照当事人的约定，标的物在有效使用年限届满后应予回收的，出卖人负有自行或者委托第三人对标的物予以回收的义务。

第六百二十六条　【买受人应支付价款的数额认定】买受人应当按照约定的数额和支付方式支付价款。对价款的数额和支付方式没有约定或者约定不明确的，适用本法第五百一十条、第五百一十一条第二项和第五项的规定。

第六百二十七条　【买受人支付价款地点】买受人应当按照约定的地点支付价款。对支付地点没有约定或者约定不明确，依据本法第五百一十条的规定仍不能确定的，买受人应当在出卖人的营业地支付；但是，约定支付价款以交付标的物或者交付提取标的物单证为条件的，在交付标的物或者交付提取标的物单证的所在地支付。

第六百二十八条　【买受人支付价款的时间】买受人应当按照约定的时间支付价款。对支付时间没有约定或者约定不明确，依据本法第五百一十条的规定仍不能确定的，买受人应当在收到标的物或者提取标的物单证的同时支付。

第六百二十九条　【出卖人多交标的物的处理】出卖人多交标的物的，买受人可以接收或者拒绝接收多交的部分。买受人接收多交部分的，按照约定的价格支付价款；买受人拒绝接收多交部分的，应当及时通知出卖人。

第六百三十条　【买卖合同标的物孳息的归属】标的物在交付之前产生的孳息，归出卖人所有；交付之后产生的孳息，归买受人所有。但是，当事人另有约定的除外。

第六百三十一条　【标的物的主物、从物不符约定解除合同的效力】因标的物的主物不符合约定而解除合同的，解除合同的效力及于从物。因标的物的从物不符合约定被解除的，解除的效力不及于主物。

第六百三十二条　【数物买卖合同的解除】标的物为数物，其中一物不符合约定的，买受人可以就该物解除。但是，该物与他物分离使标的物的价值显受损害的，买受人可以就数物解除合同。

第六百三十三条　【分批交付标的物的情况下解除合同的情形】出卖人分批交付标的物的，出卖人对其中一批标的物不交付或者交付不符合约定，致使该批标的物不能实现合同目的的，买受人可以就该批标的物解除。

出卖人不交付其中一批标的物或者交付不符合约定，致使之后其他各批标的物的交付不能实现合同目的的，买受人可以就该批以及之后其他各批标的物解除。

买受人如果就其中一批标的物解除，该批标的物与其他各批标的物相互依存的，可以就已经交付和未交付的各批标的物解除。

第六百三十四条　【分期付款买卖合同出卖人的法定解除权】分期付款的买受人未支付到期价款的数额达到全部价款的五分之一，经催告后在合理期限内仍未支付到期价款的，出卖人可以请求买受人支付全部价款或者解除合同。

出卖人解除合同的，可以向买受人请求支付该标的物的使用费。

第六百三十五条　【凭样品买卖合同】凭样品买卖的当事人应当封存样品，并可以对样品质量予以说明。出卖人交付的标的物应当与样品及其说明的质量相同。

第六百三十六条　【凭样品买卖合同样品存在隐蔽瑕疵的处理】凭样品买卖的买受人不知道样品有隐蔽瑕疵的，即使交付的标的物与样品相同，出卖人交付的标的物的质量仍然应当符合同种物的通常标准。

第六百三十七条　【试用买卖合同】试用买卖的当事人可以约定标的物的试用期限。对试用期限没有约定或者约定不明确，依据本法第五百一十条的规定仍不能确定的，由出卖人确定。

第六百三十八条　【试用买卖合同买受人对标的物购买选择权】试用买卖的买受人在试用期内可以购买标的物，也可以拒绝购买。试用期限届满，买受人对是否购买标的物未作表示的，视为购买。

试用买卖的买受人在试用期内已经支付部分价款或者对标的物实施出卖、出租、设立担保物权等行为的，视为同意购买。

第六百三十九条　【试用买卖中标的物使用费的承担】试用买卖的当事人对标的物使用费没有约定或者约定不明确的，出卖人无权请求买受人支付。

第六百四十条　【试用买卖中的风险承担】标的物在试用期内毁损、灭失的风险由出卖人承担。

第六百四十一条　【标的物所有权保留条款】当事人可以在买卖合同中约定买受人未履行支付价款或者其他义务的，标的物的所有权属于出卖人。

出卖人对标的物保留的所有权，未经登记，不得对抗善意第三人。

第六百四十二条　【所有权保留中出卖人的取回权】当事人约定出卖人保留合同标的物的所有权，在标的物所有权转移前，买受人有下列情形之一，造成出卖人损害的，除当事人另有约定外，出卖人有权取回标的物：

（一）未按照约定支付价款，经催告后在合理期限内仍未支付；

（二）未按照约定完成特定条件；

（三）将标的物出卖、出质或者作出其他不当处分。

出卖人可以与买受人协商取回标的物；协商不成的，可以参照适用担保物权的实现程序。

第六百四十三条　【已取回标的物的回赎与再出卖】出卖人依据前条第一款的规定取回标的物后，买受人在双方约定或者出卖人指定的合理回赎期限内，消除出卖人取回标的物的事由的，可以请求回赎标的物。

买受人在回赎期限内没有回赎标的物，出卖人可以以合理价格将标的物出卖给第三人，出卖所得价款扣除买受人未支付的价款以及必要费用后仍有剩余的，应当返还买受人；不足部分由买受人清偿。

第六百四十四条　【招标投标买卖合同】招标投标买卖的当事人的权利和义务以及招标投标程序等，依照有关法律、行政法规的规定。

第六百四十五条　【拍卖合同】拍卖的当事人的权利和义务以及拍卖程序等，依照有关法律、行政法规的规定。

第六百四十六条　【买卖合同准用于有偿合同】法律对其他有偿合同有规定的，依照其规定；没有规定的，参照适用买卖合同的有关规定。

第六百四十七条　【互易合同参照买卖合同的规定】当事人约定易货交易，转移标的物的所有权的，参照适用买卖合同的有关规定。

第十章　供用电、水、气、热力合同

第六百四十八条　【供用电合同的概念】供用电合同是供电人向用电人供电，用电人支付电费的合同。

向社会公众供电的供电人，不得拒绝用电人合理的订立合同要求。

第六百四十九条　【供用电合同的内容】供用电合同的内容一般包括供电的方式、质量、时间，用电容量、地址、性质，计量方式，电价、电费的结算方式，供用电设施的维护责任等条款。

第六百五十条　【供用电合同的履行地点】供用电合同的履行地点，按照当事人约定；当事人没有约定或者约定不明确的，供电设施的产权分界处为履行地点。

第六百五十一条　【供电人的安全供电义务】供电人应当按照国家规定的供电质量标准和约定安全供电。供电人未按照国家规定的供电质量标准和约定安全供电，造成用电人损失的，应当承担赔偿责任。

第六百五十二条　【供电人中断供电时的通知义务和赔偿责任】供电人因供电设施计划检修、临时检修、依法限电或者用电人违法用电等原因，需要中断供电时，应当按照国家有关规定事先通知用电人；未事先通知用电人中断供电，造成用电人损失的，应当承担赔偿责任。

第六百五十三条　【供电人抢修义务】因自然灾害等原因断电，供电人应当按照国家有关规定及时抢修；未及时抢修，造成用电人损失的，应当承担赔偿责任。

第六百五十四条　【用电人交付电费的义务】用电人应当按照国家有关规定和当事人的约定及时支付电费。用电人逾期不支付电费的，应当按照约定支付违约金。经催告用电人在合理期限内仍不支付电费和违约金的，供电人可以按照国家规定的程序中止供电。

供电人依据前款规定中止供电的，应当事先通知用电人。

第六百五十五条　【用电人安全用电义务】用电人应当按照国家有关规定和当事人的约定安全、节约和计划用电。用电人未按照国家有关规定和当事人的约定用电，造成供电人损失的，应当承担赔偿责任。

第六百五十六条　【供用水、供用气、供用热力合同参照适用供用电合同】供用水、供用气、供用热力合同，参照适用供用电合同的有关规定。

第十一章　赠与合同

第六百五十七条　【赠与合同的概念】赠与合同是赠与人将自

己的财产无偿给予受赠人，受赠人表示接受赠与的合同。

第六百五十八条　【赠与的任意撤销及限制】赠与人在赠与财产的权利转移之前可以撤销赠与。

经过公证的赠与合同或者依法不得撤销的具有救灾、扶贫、助残等公益、道德义务性质的赠与合同，不适用前款规定。

第六百五十九条　【赠与特殊财产需要办理登记等手续】赠与的财产依法需要办理登记或者其他手续的，应当办理有关手续。

第六百六十条　【受赠人的交付请求权及赠与人责任】经过公证的赠与合同或者依法不得撤销的具有救灾、扶贫、助残等公益、道德义务性质的赠与合同，赠与人不交付赠与财产的，受赠人可以请求交付。

依据前款规定应当交付的赠与财产因赠与人故意或者重大过失致使毁损、灭失的，赠与人应当承担赔偿责任。

第六百六十一条　【附义务的赠与合同】赠与可以附义务。

赠与附义务的，受赠人应当按照约定履行义务。

第六百六十二条　【赠与财产存在瑕疵的责任】赠与的财产有瑕疵的，赠与人不承担责任。附义务的赠与，赠与的财产有瑕疵的，赠与人在附义务的限度内承担与出卖人相同的责任。

赠与人故意不告知瑕疵或者保证无瑕疵，造成受赠人损失的，应当承担赔偿责任。

第六百六十三条　【赠与人的法定撤销情形及撤销权行使期间】受赠人有下列情形之一的，赠与人可以撤销赠与：

（一）严重侵害赠与人或者赠与人近亲属的合法权益；

（二）对赠与人有扶养义务而不履行；

（三）不履行赠与合同约定的义务。

赠与人的撤销权，自知道或者应当知道撤销事由之日起一年内行使。

第六百六十四条　【赠与人的继承人或法定代理人的撤销权】因受赠人的违法行为致使赠与人死亡或者丧失民事行为能力的，赠与人的继承人或者法定代理人可以撤销赠与。

赠与人的继承人或者法定代理人的撤销权，自知道或者应当知道撤销事由之日起六个月内行使。

第六百六十五条　【撤销赠与的效力】撤销权人撤销赠与的，可以向受赠人请求返还赠与的财产。

第六百六十六条　【赠与义务的免除】赠与人的经济状况显著恶化，严重影响其生产经营或者家庭生活的，可以不再履行赠与义务。

第十二章　借款合同

第六百六十七条　【借款合同的定义】借款合同是借款人向贷款人借款，到期返还借款并支付利息的合同。

第六百六十八条　【借款合同的形式和内容】借款合同应当采用书面形式，但是自然人之间借款另有约定的除外。

借款合同的内容一般包括借款种类、币种、用途、数额、利率、期限和还款方式等条款。

第六百六十九条　【借款合同借款人的告知义务】订立借款合同，借款人应当按照贷款人的要求提供与借款有关的业务活动和财务状况的真实情况。

第六百七十条　【借款利息不得预先扣除】借款的利息不得预先在本金中扣除。利息预先在本金中扣除的，应当按照实际借款数额返还借款并计算利息。

第六百七十一条　【支付及收取借款迟延责任】贷款人未按照约定的日期、数额提供借款，造成借款人损失的，应当赔偿损失。

借款人未按照约定的日期、数额收取借款的，应当按照约定的日期、数额支付利息。

第六百七十二条　【贷款人对借款使用情况检查、监督的权利】贷款人按照约定可以检查、监督借款的使用情况。借款人应当按照约定向贷款人定期提供有关财务会计报表或者其他资料。

第六百七十三条　【借款人未按照约定的借款用途使用借款的后果】借款人未按照约定的借款用途使用借款的，贷款人可以停止发放借款、提前收回借款或者解除合同。

第六百七十四条　【借款利息支付期限的确定】借款人应当按

照约定的期限支付利息。对支付利息的期限没有约定或者约定不明确，依据本法第五百一十条的规定仍不能确定，借款期间不满一年的，应当在返还借款时一并支付；借款期间一年以上的，应当在每届满一年时支付，剩余期间不满一年的，应当在返还借款时一并支付。

第六百七十五条　【借款期限的认定】借款人应当按照约定的期限返还借款。对借款期限没有约定或者约定不明确，依据本法第五百一十条的规定仍不能确定的，借款人可以随时返还；贷款人可以催告借款人在合理期限内返还。

第六百七十六条　【借款合同违约责任承担】借款人未按照约定的期限返还借款的，应当按照约定或者国家有关规定支付逾期利息。

第六百七十七条　【提前偿还借款】借款人提前返还借款的，除当事人另有约定外，应当按照实际借款的期间计算利息。

第六百七十八条　【贷款展期】借款人可以在还款期限届满前向贷款人申请展期；贷款人同意的，可以展期。

第六百七十九条　【自然人之间借款合同的成立】自然人之间的借款合同，自贷款人提供借款时成立。

第六百八十条　【自然人之间借款合同利息的规制】禁止高利放贷，借款的利率不得违反国家有关规定。

借款合同对支付利息没有约定的，视为没有利息。

借款合同对支付利息约定不明确，当事人不能达成补充协议的，按照当地或者当事人的交易方式、交易习惯、市场利率等因素确定利息；自然人之间借款的，视为没有利息。

第十三章　保证合同

第一节　一般规定

第六百八十一条　【保证合同的定义】保证合同是为保障债权的实现，保证人和债权人约定，当债务人不履行到期债务或者发生当事人约定的情形时，保证人履行债务或者承担责任的合同。

第六百八十二条　【保证合同性质和主合同与从合同效力关系】 保证合同是主债权债务合同的从合同。主债权债务合同无效的，保证合同无效，但是法律另有规定的除外。

保证合同被确认无效后，债务人、保证人、债权人有过错的，应当根据其过错各自承担相应的民事责任。

第六百八十三条　【不得为保证人的主体】 机关法人不得为保证人，但是经国务院批准为使用外国政府或者国际经济组织贷款进行转贷的除外。

以公益为目的的非营利法人、非法人组织不得为保证人。

第六百八十四条　【保证合同的内容】 保证合同的内容一般包括被保证的主债权的种类、数额，债务人履行债务的期限，保证的方式、范围和期间等条款。

第六百八十五条　【保证合同的订立】 保证合同可以是单独订立的书面合同，也可以是主债权债务合同中的保证条款。

第三人单方以书面形式向债权人作出保证，债权人接收且未提出异议的，保证合同成立。

第六百八十六条　【保证方式】 保证的方式包括一般保证和连带责任保证。

当事人在保证合同中对保证方式没有约定或者约定不明确的，按照一般保证承担保证责任。

第六百八十七条　【一般保证的责任承担】 当事人在保证合同中约定，债务人不能履行债务时，由保证人承担保证责任的，为一般保证。

一般保证的保证人在主合同纠纷未经审判或者仲裁，并就债务人财产依法强制执行仍不能履行债务前，有权拒绝向债权人承担保证责任，但是有下列情形之一的除外：

（一）债务人下落不明，且无财产可供执行；

（二）人民法院已经受理债务人破产案件；

（三）债权人有证据证明债务人的财产不足以履行全部债务或者丧失履行债务能力；

（四）保证人书面表示放弃本款规定的权利。

第六百八十八条　【连带责任保证的责任承担】当事人在保证合同中约定保证人和债务人对债务承担连带责任的，为连带责任保证。

连带责任保证的债务人不履行到期债务或者发生当事人约定的情形时，债权人可以请求债务人履行债务，也可以请求保证人在其保证范围内承担保证责任。

第六百八十九条　【反担保的设立】保证人可以要求债务人提供反担保。

第六百九十条　【最高额保证合同】保证人与债权人可以协商订立最高额保证的合同，约定在最高债权额限度内就一定期间连续发生的债权提供保证。

最高额保证除适用本章规定外，参照适用本法第二编最高额抵押权的有关规定。

第二节　保 证 责 任

第六百九十一条　【保证担保的范围】保证的范围包括主债权及其利息、违约金、损害赔偿金和实现债权的费用。当事人另有约定的，按照其约定。

第六百九十二条　【保证期间】保证期间是确定保证人承担保证责任的期间，不发生中止、中断和延长。

债权人与保证人可以约定保证期间，但是约定的保证期间早于主债务履行期限或者与主债务履行期限同时届满的，视为没有约定；没有约定或者约定不明确的，保证期间为主债务履行期限届满之日起六个月。

债权人与债务人对主债务履行期限没有约定或者约定不明确的，保证期间自债权人请求债务人履行债务的宽限期届满之日起计算。

第六百九十三条　【保证人免于承担保证责任的情形】一般保证的债权人未在保证期间对债务人提起诉讼或者申请仲裁的，保证人不再承担保证责任。

连带责任保证的债权人未在保证期间请求保证人承担保证责任

的，保证人不再承担保证责任。

第六百九十四条　【保证债务的诉讼时效】一般保证的债权人在保证期间届满前对债务人提起诉讼或者申请仲裁的，从保证人拒绝承担保证责任的权利消灭之日起，开始计算保证债务的诉讼时效。

连带责任保证的债权人在保证期间届满前请求保证人承担保证责任的，从债权人请求保证人承担保证责任之日起，开始计算保证债务的诉讼时效。

第六百九十五条　【债权人与债务人协议变更主合同时保证的效力】债权人和债务人未经保证人书面同意，协商变更主债权债务合同内容，减轻债务的，保证人仍对变更后的债务承担保证责任；加重债务的，保证人对加重的部分不承担保证责任。

债权人和债务人变更主债权债务合同的履行期限，未经保证人书面同意的，保证期间不受影响。

第六百九十六条　【债权转让时保证人的保证责任】债权人转让全部或者部分债权，未通知保证人的，该转让对保证人不发生效力。

保证人与债权人约定禁止债权转让，债权人未经保证人书面同意转让债权的，保证人对受让人不再承担保证责任。

第六百九十七条　【债务承担对保证责任的影响】债权人未经保证人书面同意，允许债务人转移全部或者部分债务，保证人对未经其同意转移的债务不再承担保证责任，但是债权人和保证人另有约定的除外。

第三人加入债务的，保证人的保证责任不受影响。

第六百九十八条　【债权人放弃或怠于行使权利时的免责】一般保证的保证人在主债务履行期限届满后，向债权人提供债务人可供执行财产的真实情况，债权人放弃或者怠于行使权利致使该财产不能被执行的，保证人在其提供可供执行财产的价值范围内不再承担保证责任。

第六百九十九条　【多人保证责任的承担】同一债务有两个以上保证人的，保证人应当按照保证合同约定的保证份额，承担保证责任；没有约定保证份额的，债权人可以请求任何一个保证人在其保证范围内承担保证责任。

第七百条　【保证人的追偿权】保证人承担保证责任后，除当事人另有约定外，有权在其承担保证责任的范围内向债务人追偿，享有债权人对债务人的权利，但是不得损害债权人的利益。

第七百零一条　【保证人的抗辩权】保证人可以主张债务人对债权人的抗辩。债务人放弃抗辩的，保证人仍有权向债权人主张抗辩。

第七百零二条　【抵销权和撤销权范围内的免责】债务人对债权人享有抵销权或者撤销权的，保证人可以在相应范围内拒绝承担保证责任。

第十四章　租赁合同

第七百零三条　【租赁合同的定义】租赁合同是出租人将租赁物交付承租人使用、收益，承租人支付租金的合同。

第七百零四条　【租赁合同的内容】租赁合同的内容一般包括租赁物的名称、数量、用途、租赁期限、租金及其支付期限和方式、租赁物维修等条款。

第七百零五条　【租赁期限的规定】租赁期限不得超过二十年。超过二十年的，超过部分无效。

租赁期限届满，当事人可以续订租赁合同；但是，约定的租赁期限自续订之日起不得超过二十年。

第七百零六条　【租赁合同未登记备案不影响合同效力】当事人未依照法律、行政法规规定办理租赁合同登记备案手续的，不影响合同的效力。

第七百零七条　【租赁合同的书面形式要求】租赁期限六个月以上的，应当采用书面形式。当事人未采用书面形式，无法确定租赁期限的，视为不定期租赁。

第七百零八条　【出租人义务】出租人应当按照约定将租赁物交付承租人，并在租赁期限内保持租赁物符合约定的用途。

第七百零九条　【承租人义务】承租人应当按照约定的方法使

用租赁物。对租赁物的使用方法没有约定或者约定不明确，依据本法第五百一十条的规定仍不能确定的，应当根据租赁物的性质使用。

第七百一十条　【承租人合理使用租赁物正常损耗不负赔偿责任】承租人按照约定的方法或者根据租赁物的性质使用租赁物，致使租赁物受到损耗的，不承担赔偿责任。

第七百一十一条　【承租人使租赁物致损的法律后果】承租人未按照约定的方法或者未根据租赁物的性质使用租赁物，致使租赁物受到损失的，出租人可以解除合同并请求赔偿损失。

第七百一十二条　【出租人的维修义务】出租人应当履行租赁物的维修义务，但是当事人另有约定的除外。

第七百一十三条　【租赁物的维修和维修费负担】承租人在租赁物需要维修时可以请求出租人在合理期限内维修。出租人未履行维修义务的，承租人可以自行维修，维修费用由出租人负担。因维修租赁物影响承租人使用的，应当相应减少租金或者延长租期。

因承租人的过错致使租赁物需要维修的，出租人不承担前款规定的维修义务。

第七百一十四条　【承租人租赁物妥善保管义务】承租人应当妥善保管租赁物，因保管不善造成租赁物毁损、灭失的，应当承担赔偿责任。

第七百一十五条　【承租人对租赁物进行改善或增设他物】承租人经出租人同意，可以对租赁物进行改善或者增设他物。

承租人未经出租人同意，对租赁物进行改善或者增设他物的，出租人可以请求承租人恢复原状或者赔偿损失。

第七百一十六条　【转租】承租人经出租人同意，可以将租赁物转租给第三人。承租人转租的，承租人与出租人之间的租赁合同继续有效；第三人造成租赁物损失的，承租人应当赔偿损失。

承租人未经出租人同意转租的，出租人可以解除合同。

第七百一十七条　【转租期限】承租人经出租人同意将租赁物转租给第三人，转租期限超过承租人剩余租赁期限的，超过部分的约定对出租人不具有法律约束力，但是出租人与承租人另有约定的除外。

第七百一十八条　【出租人未提出异议的推定规则】出租人知道或者应当知道承租人转租，但是在六个月内未提出异议的，视为出租人同意转租。

第七百一十九条　【次承租人代为支付租金和违约金情形】承租人拖欠租金的，次承租人可以代承租人支付其欠付的租金和违约金，但是转租合同对出租人不具有法律约束力的除外。

次承租人代为支付的租金和违约金，可以充抵次承租人应当向承租人支付的租金；超出其应付的租金数额的，可以向承租人追偿。

第七百二十条　【承租人的租赁物收益权】在租赁期限内因占有、使用租赁物获得的收益，归承租人所有，但是当事人另有约定的除外。

第七百二十一条　【租金支付期限的确定规则】承租人应当按照约定的期限支付租金。对支付租金的期限没有约定或者约定不明确，依据本法第五百一十条的规定仍不能确定，租赁期限不满一年的，应当在租赁期限届满时支付；租赁期限一年以上的，应当在每届满一年时支付，剩余期限不满一年的，应当在租赁期限届满时支付。

第七百二十二条　【承租人的租金支付义务】承租人无正当理由未支付或者迟延支付租金的，出租人可以请求承租人在合理期限内支付；承租人逾期不支付的，出租人可以解除合同。

第七百二十三条　【出租人的权利瑕疵担保责任】因第三人主张权利，致使承租人不能对租赁物使用、收益的，承租人可以请求减少租金或者不支付租金。

第三人主张权利的，承租人应当及时通知出租人。

第七百二十四条　【承租人解除合同的法定情形】有下列情形之一，非因承租人原因致使租赁物无法使用的，承租人可以解除合同：

（一）租赁物被司法机关或者行政机关依法查封、扣押；

（二）租赁物权属有争议；

（三）租赁物具有违反法律、行政法规关于使用条件的强制性规定情形。

第七百二十五条　【买卖不破租赁】租赁物在承租人按照租赁合同占有期限内发生所有权变动的，不影响租赁合同的效力。

第七百二十六条　【房屋承租人的优先购买权】出租人出卖租赁房屋的，应当在出卖之前的合理期限内通知承租人，承租人享有以同等条件优先购买的权利；但是，房屋按份共有人行使优先购买权或者出租人将房屋出卖给近亲属的除外。

出租人履行通知义务后，承租人在十五日内未明确表示购买的，视为承租人放弃优先购买权。

第七百二十七条　【承租人对拍卖房屋的优先购买权】出租人委托拍卖人拍卖租赁房屋的，应当在拍卖五日前通知承租人。承租人未参加拍卖的，视为放弃优先购买权。

第七百二十八条　【侵害承租人优先购买权的赔偿责任】出租人未通知承租人或者有其他妨害承租人行使优先购买权情形的，承租人可以请求出租人承担赔偿责任。但是，出租人与第三人订立的房屋买卖合同的效力不受影响。

第七百二十九条　【租赁物的灭失】因不可归责于承租人的事由，致使租赁物部分或者全部毁损、灭失的，承租人可以请求减少租金或者不支付租金；因租赁物部分或者全部毁损、灭失，致使不能实现合同目的的，承租人可以解除合同。

第七百三十条　【租期不明的处理】当事人对租赁期限没有约定或者约定不明确，依据本法第五百一十条的规定仍不能确定的，视为不定期租赁；当事人可以随时解除合同，但是应当在合理期限之前通知对方。

第七百三十一条　【租赁物的瑕疵担保】租赁物危及承租人的安全或者健康的，即使承租人订立合同时明知该租赁物质量不合格，承租人仍然可以随时解除合同。

第七百三十二条　【共同居住人的继续承租权】承租人在房屋租赁期限内死亡的，与其生前共同居住的人或者共同经营人可以按照原租赁合同租赁该房屋。

第七百三十三条　【租赁物的返还】租赁期限届满，承租人应当返还租赁物。返还的租赁物应当符合按照约定或者根据租赁物的性质使用后的状态。

第七百三十四条　【续租】租赁期限届满，承租人继续使用租赁物，出租人没有提出异议的，原租赁合同继续有效，但是租赁期限为不定期。

租赁期限届满，房屋承租人享有以同等条件优先承租的权利。

第十五章　融资租赁合同

第七百三十五条　【融资租赁合同的定义】融资租赁合同是出租人根据承租人对出卖人、租赁物的选择，向出卖人购买租赁物，提供给承租人使用，承租人支付租金的合同。

第七百三十六条　【融资租赁合同的内容】融资租赁合同的内容一般包括租赁物的名称、数量、规格、技术性能、检验方法，租赁期限，租金构成及其支付期限和方式、币种，租赁期限届满租赁物的归属等条款。

融资租赁合同应当采用书面形式。

第七百三十七条　【融资租赁合同无效的情形】当事人以虚构租赁物方式订立的融资租赁合同无效。

第七百三十八条　【特定租赁物经营未经行政许可对合同效力影响】依照法律、行政法规的规定，对于租赁物的经营使用应当取得行政许可的，出租人未取得行政许可不影响融资租赁合同的效力。

第七百三十九条　【融资租赁标的物的交付】出租人根据承租人对出卖人、租赁物的选择订立的买卖合同，出卖人应当按照约定向承租人交付标的物，承租人享有与受领标的物有关的买受人的权利。

第七百四十条　【承租人拒绝受领租赁物的情形】出卖人违反向承租人交付标的物的义务，有下列情形之一的，承租人可以拒绝受领出卖人向其交付的标的物：

（一）标的物严重不符合约定；

（二）未按照约定交付标的物，经承租人或者出租人催告后在合理期限内仍未交付。

承租人拒绝受领标的物的，应当及时通知出租人。

第七百四十一条　【承租人的索赔权】出租人、出卖人、承租人可以约定，出卖人不履行买卖合同义务的，由承租人行使索赔的权利。承租人行使索赔权利的，出租人应当协助。

第七百四十二条　【承租人行使索赔权的租金支付】承租人对出卖人行使索赔权利，不影响其履行支付租金的义务。但是，承租人依赖出租人的技能确定租赁物或者出租人干预选择租赁物的，承租人可以请求减免相应租金。

第七百四十三条　【承租人索赔不能的违约责任承担】出租人有下列情形之一，致使承租人对出卖人行使索赔权利失败的，承租人有权请求出租人承担相应的责任：

（一）明知租赁物有质量瑕疵而不告知承租人；

（二）承租人行使索赔权利时，未及时提供必要协助。

出租人怠于行使只能由其对出卖人行使的索赔权利，造成承租人损失的，承租人有权请求出租人承担赔偿责任。

第七百四十四条　【出租人不得擅自变更买卖合同内容】出租人根据承租人对出卖人、租赁物的选择订立的买卖合同，未经承租人同意，出租人不得变更与承租人有关的合同内容。

第七百四十五条　【租赁物的登记对抗效力】出租人对租赁物享有的所有权，未经登记，不得对抗善意第三人。

第七百四十六条　【租金的确定规则】融资租赁合同的租金，除当事人另有约定外，应当根据购买租赁物的大部分或者全部成本以及出租人的合理利润确定。

第七百四十七条　【租赁物瑕疵担保责任】租赁物不符合约定或者不符合使用目的的，出租人不承担责任。但是，承租人依赖出租人的技能确定租赁物或者出租人干预选择租赁物的除外。

第七百四十八条　【出租人保证承租人占有和使用租赁物】出租人应当保证承租人对租赁物的占有和使用。

出租人有下列情形之一的，承租人有权请求其赔偿损失：

（一）无正当理由收回租赁物；

（二）无正当理由妨碍、干扰承租人对租赁物的占有和使用；

（三）因出租人的原因致使第三人对租赁物主张权利；

（四）不当影响承租人对租赁物占有和使用的其他情形。

第七百四十九条　【租赁物造成损害的责任】承租人占有租赁物期间，租赁物造成第三人人身损害或者财产损失的，出租人不承担责任。

第七百五十条　【租赁物的保管、使用、维修】承租人应当妥善保管、使用租赁物。

承租人应当履行占有租赁物期间的维修义务。

第七百五十一条　【承租人占有租赁物毁损、灭失的租金承担】承租人占有租赁物期间，租赁物毁损、灭失的，出租人有权请求承租人继续支付租金，但是法律另有规定或者当事人另有约定的除外。

第七百五十二条　【承租人支付租金的义务】承租人应当按照约定支付租金。承租人经催告后在合理期限内仍不支付租金的，出租人可以请求支付全部租金；也可以解除合同，收回租赁物。

第七百五十三条　【承租人擅自处分租赁物时出租人的解除权】承租人未经出租人同意，将租赁物转让、抵押、质押、投资入股或者以其他方式处分的，出租人可以解除融资租赁合同。

第七百五十四条　【融资租赁合同的解除情形】有下列情形之一的，出租人或者承租人可以解除融资租赁合同：

（一）出租人与出卖人订立的买卖合同解除、被确认无效或者被撤销，且未能重新订立买卖合同；

（二）租赁物因不可归责于当事人的原因毁损、灭失，且不能修复或者确定替代物；

（三）因出卖人的原因致使融资租赁合同的目的不能实现。

第七百五十五条　【承租人承担出租人损失赔偿责任情形】融资租赁合同因买卖合同解除、被确认无效或者被撤销而解除，出卖人、租赁物系由承租人选择的，出租人有权请求承租人赔偿相应损失；但是，因出租人原因致使买卖合同解除、被确认无效或者被撤销的除外。

出租人的损失已经在买卖合同解除、被确认无效或者被撤销时获得赔偿的，承租人不再承担相应的赔偿责任。

第七百五十六条　【合同解除时对租赁物的折旧补偿】融资租赁合同因租赁物交付承租人后意外毁损、灭失等不可归责于当事人的原因解除的，出租人可以请求承租人按照租赁物折旧情况给予补偿。

第七百五十七条　【租赁期满租赁物的归属】出租人和承租人可以约定租赁期限届满租赁物的归属；对租赁物的归属没有约定或者约定不明确，依据本法第五百一十条的规定仍不能确定的，租赁物的所有权归出租人。

第七百五十八条　【租赁期间届满租赁物归属及处理办法】当事人约定租赁期限届满租赁物归承租人所有，承租人已经支付大部分租金，但是无力支付剩余租金，出租人因此解除合同收回租赁物，收回的租赁物的价值超过承租人欠付的租金以及其他费用的，承租人可以请求相应返还。

当事人约定租赁期限届满租赁物归出租人所有，因租赁物毁损、灭失或者附合、混合于他物致使承租人不能返还的，出租人有权请求承租人给予合理补偿。

第七百五十九条　【租赁物所有权归承租人所有的推定】当事人约定租赁期限届满，承租人仅需向出租人支付象征性价款的，视为约定的租金义务履行完毕后租赁物的所有权归承租人。

第七百六十条　【融资租赁合同无效时租赁物的归属】融资租赁合同无效，当事人就该情形下租赁物的归属有约定的，按照其约定；没有约定或者约定不明确的，租赁物应当返还出租人。但是，因承租人原因致使合同无效，出租人不请求返还或者返还后会显著降低租赁物效用的，租赁物的所有权归承租人，由承租人给予出租人合理补偿。

第十六章　保理合同

第七百六十一条　【保理合同的定义】保理合同是应收账款债权人将现有的或者将有的应收账款转让给保理人，保理人提供资金融通、应收账款管理或者催收、应收账款债务人付款担保等服务的合同。

第七百六十二条　【保理合同的内容与形式】保理合同的内容

一般包括业务类型、服务范围、服务期限、基础交易合同情况、应收账款信息、保理融资款或者服务报酬及其支付方式等条款。

保理合同应当采用书面形式。

第七百六十三条　【虚构应收账款】应收账款债权人与债务人虚构应收账款作为转让标的，与保理人订立保理合同的，应收账款债务人不得以应收账款不存在为由对抗保理人，但是保理人明知虚构的除外。

第七百六十四条　【保理人发出转让通知的表明身份义务】保理人向应收账款债务人发出应收账款转让通知的，应当表明保理人身份并附有必要凭证。

第七百六十五条　【基础合同的变更、终止不对保理人发生效力】应收账款债务人接到应收账款转让通知后，应收账款债权人与债务人无正当理由协商变更或者终止基础交易合同，对保理人产生不利影响的，对保理人不发生效力。

第七百六十六条　【当事人约定追索权】当事人约定有追索权保理的，保理人可以向应收账款债权人主张返还保理融资款本息或者回购应收账款债权，也可以向应收账款债务人主张应收账款债权。保理人向应收账款债务人主张应收账款债权，在扣除保理融资款本息和相关费用后有剩余的，剩余部分应当返还给应收账款债权人。

第七百六十七条　【当事人约定无追索权】当事人约定无追索权保理的，保理人应当向应收账款债务人主张应收账款债权，保理人取得超过保理融资款本息和相关费用的部分，无需向应收账款债权人返还。

第七百六十八条　【多个保理权的优先顺位】应收账款债权人就同一应收账款订立多个保理合同，致使多个保理人主张权利的，已经登记的先于未登记的取得应收账款；均已经登记的，按照登记时间的先后顺序取得应收账款；均未登记的，由最先到达应收账款债务人的转让通知中载明的保理人取得应收账款；既未登记也未通知的，按照保理融资款或者服务报酬的比例取得应收账款。

第七百六十九条　【参照适用债权转让的规定】本章没有规定的，适用本编第六章债权转让的有关规定。

第十七章　承揽合同

第七百七十条　【承揽合同的定义】承揽合同是承揽人按照定作人的要求完成工作，交付工作成果，定作人支付报酬的合同。

承揽包括加工、定作、修理、复制、测试、检验等工作。

第七百七十一条　【承揽合同的主要条款】承揽合同的内容一般包括承揽的标的、数量、质量、报酬，承揽方式，材料的提供，履行期限，验收标准和方法等条款。

第七百七十二条　【承揽工作的完成】承揽人应当以自己的设备、技术和劳力，完成主要工作，但是当事人另有约定的除外。

承揽人将其承揽的主要工作交由第三人完成的，应当就该第三人完成的工作成果向定作人负责；未经定作人同意的，定作人也可以解除合同。

第七百七十三条　【承揽人对辅助性工作的责任】承揽人可以将其承揽的辅助工作交由第三人完成。承揽人将其承揽的辅助工作交由第三人完成的，应当就该第三人完成的工作成果向定作人负责。

第七百七十四条　【承揽人提供材料的义务】承揽人提供材料的，应当按照约定选用材料，并接受定作人检验。

第七百七十五条　【定作人提供材料及双方义务】定作人提供材料的，应当按照约定提供材料。承揽人对定作人提供的材料应当及时检验，发现不符合约定时，应当及时通知定作人更换、补齐或者采取其他补救措施。

承揽人不得擅自更换定作人提供的材料，不得更换不需要修理的零部件。

第七百七十六条　【承揽人的通知义务】承揽人发现定作人提供的图纸或者技术要求不合理的，应当及时通知定作人。因定作人怠于答复等原因造成承揽人损失的，应当赔偿损失。

第七百七十七条　【中途变更工作要求的责任】定作人中途变更承揽工作的要求，造成承揽人损失的，应当赔偿损失。

第七百七十八条　【定作人的协作义务】承揽工作需要定作人

协助的，定作人有协助的义务。定作人不履行协助义务致使承揽工作不能完成的，承揽人可以催告定作人在合理期限内履行义务，并可以顺延履行期限；定作人逾期不履行的，承揽人可以解除合同。

第七百七十九条　【承揽人接受监督检查的义务】承揽人在工作期间，应当接受定作人必要的监督检验。定作人不得因监督检验妨碍承揽人的正常工作。

第七百八十条　【验收质量保证】承揽人完成工作的，应当向定作人交付工作成果，并提交必要的技术资料和有关质量证明。定作人应当验收该工作成果。

第七百八十一条　【质量不合约定的责任】承揽人交付的工作成果不符合质量要求的，定作人可以合理选择请求承揽人承担修理、重作、减少报酬、赔偿损失等违约责任。

第七百八十二条　【支付报酬期限】定作人应当按照约定的期限支付报酬。对支付报酬的期限没有约定或者约定不明确，依据本法第五百一十条的规定仍不能确定的，定作人应当在承揽人交付工作成果时支付；工作成果部分交付的，定作人应当相应支付。

第七百八十三条　【承揽人的留置权】定作人未向承揽人支付报酬或者材料费等价款的，承揽人对完成的工作成果享有留置权或者有权拒绝交付，但是当事人另有约定的除外。

第七百八十四条　【材料的保管】承揽人应当妥善保管定作人提供的材料以及完成的工作成果，因保管不善造成毁损、灭失的，应当承担赔偿责任。

第七百八十五条　【承揽人的保密义务】承揽人应当按照定作人的要求保守秘密，未经定作人许可，不得留存复制品或者技术资料。

第七百八十六条　【共同承揽】共同承揽人对定作人承担连带责任，但是当事人另有约定的除外。

第七百八十七条　【定作人的解除权】定作人在承揽人完成工作前可以随时解除合同，造成承揽人损失的，应当赔偿损失。

第十八章　建设工程合同

第七百八十八条　【建设工程合同的定义】建设工程合同是承

包人进行工程建设，发包人支付价款的合同。

建设工程合同包括工程勘察、设计、施工合同。

第七百八十九条　【建设工程合同形式】建设工程合同应当采用书面形式。

第七百九十条　【招标投标】建设工程的招标投标活动，应当依照有关法律的规定公开、公平、公正进行。

第七百九十一条　【总包与分包】发包人可以与总承包人订立建设工程合同，也可以分别与勘察人、设计人、施工人订立勘察、设计、施工承包合同。发包人不得将应当由一个承包人完成的建设工程支解成若干部分发包给数个承包人。

总承包人或者勘察、设计、施工承包人经发包人同意，可以将自己承包的部分工作交由第三人完成。第三人就其完成的工作成果与总承包人或者勘察、设计、施工承包人向发包人承担连带责任。承包人不得将其承包的全部建设工程转包给第三人或者将其承包的全部建设工程支解以后以分包的名义分别转包给第三人。

禁止承包人将工程分包给不具备相应资质条件的单位。禁止分包单位将其承包的工程再分包。建设工程主体结构的施工必须由承包人自行完成。

第七百九十二条　【重大建设工程合同的订立】国家重大建设工程合同，应当按照国家规定的程序和国家批准的投资计划、可行性研究报告等文件订立。

第七百九十三条　【建设工程施工合同无效的处理】建设工程施工合同无效，但是建设工程经验收合格的，可以参照合同关于工程价款的约定折价补偿承包人。

建设工程施工合同无效，且建设工程经验收不合格的，按照以下情形处理：

（一）修复后的建设工程经验收合格的，发包人可以请求承包人承担修复费用；

（二）修复后的建设工程经验收不合格的，承包人无权请求参照合同关于工程价款的约定折价补偿。

发包人对因建设工程不合格造成的损失有过错的，应当承担相应的责任。

第七百九十四条　【勘察、设计合同主要内容】勘察、设计合同的内容一般包括提交有关基础资料和概预算等文件的期限、质量要求、费用以及其他协作条件等条款。

第七百九十五条　【施工合同主要条款】施工合同的内容一般包括工程范围、建设工期、中间交工工程的开工和竣工时间、工程质量、工程造价、技术资料交付时间、材料和设备供应责任、拨款和结算、竣工验收、质量保修范围和质量保证期、相互协作等条款。

第七百九十六条　【建设工程监理】建设工程实行监理的，发包人应当与监理人采用书面形式订立委托监理合同。发包人与监理人的权利和义务以及法律责任，应当依照本编委托合同以及其他有关法律、行政法规的规定。

第七百九十七条　【发包人检查权】发包人在不妨碍承包人正常作业的情况下，可以随时对作业进度、质量进行检查。

第七百九十八条　【隐蔽工程的验收】隐蔽工程在隐蔽以前，承包人应当通知发包人检查。发包人没有及时检查的，承包人可以顺延工程日期，并有权请求赔偿停工、窝工等损失。

第七百九十九条　【竣工验收】建设工程竣工后，发包人应当根据施工图纸及说明书、国家颁发的施工验收规范和质量检验标准及时进行验收。验收合格的，发包人应当按照约定支付价款，并接收该建设工程。

建设工程竣工经验收合格后，方可交付使用；未经验收或者验收不合格的，不得交付使用。

第八百条　【勘察、设计人质量责任】勘察、设计的质量不符合要求或者未按照期限提交勘察、设计文件拖延工期，造成发包人损失的，勘察人、设计人应当继续完善勘察、设计，减收或者免收勘察、设计费并赔偿损失。

第八百零一条　【施工人的质量责任】因施工人的原因致使建设工程质量不符合约定的，发包人有权请求施工人在合理期限内无偿修理或者返工、改建。经过修理或者返工、改建后，造成逾期交付的，施工人应当承担违约责任。

第八百零二条　【质量保证责任】因承包人的原因致使建设工程在合理使用期限内造成人身损害和财产损失的，承包人应当承担赔偿责任。

第八百零三条　【发包人违约责任】发包人未按照约定的时间和要求提供原材料、设备、场地、资金、技术资料的，承包人可以顺延工程日期，并有权请求赔偿停工、窝工等损失。

第八百零四条　【发包人原因致工程停建、缓建的责任】因发包人的原因致使工程中途停建、缓建的，发包人应当采取措施弥补或者减少损失，赔偿承包人因此造成的停工、窝工、倒运、机械设备调迁、材料和构件积压等损失和实际费用。

第八百零五条　【发包人原因致勘察、设计返工、停工或修改设计的责任】因发包人变更计划，提供的资料不准确，或者未按照期限提供必需的勘察、设计工作条件而造成勘察、设计的返工、停工或者修改设计，发包人应当按照勘察人、设计人实际消耗的工作量增付费用。

第八百零六条　【建设工程合同的解除】承包人将建设工程转包、违法分包的，发包人可以解除合同。

发包人提供的主要建筑材料、建筑构配件和设备不符合强制性标准或者不履行协助义务，致使承包人无法施工，经催告后在合理期限内仍未履行相应义务的，承包人可以解除合同。

合同解除后，已经完成的建设工程质量合格的，发包人应当按照约定支付相应的工程价款；已经完成的建设工程质量不合格的，参照本法第七百九十三条的规定处理。

第八百零七条　【工程价款的支付】发包人未按照约定支付价款的，承包人可以催告发包人在合理期限内支付价款。发包人逾期不支付的，除根据建设工程的性质不宜折价、拍卖外，承包人可以与发包人协议将该工程折价，也可以请求人民法院将该工程依法拍卖。建设工程的价款就该工程折价或者拍卖的价款优先受偿。

第八百零八条　【参照适用承揽合同的规定】本章没有规定的，适用承揽合同的有关规定。

第十九章　运 输 合 同

第一节　一 般 规 定

第八百零九条　【运输合同的定义】运输合同是承运人将旅客或者货物从起运地点运输到约定地点，旅客、托运人或者收货人支付票款或者运输费用的合同。

第八百一十条　【公共运输承运人的强制缔约义务】从事公共运输的承运人不得拒绝旅客、托运人通常、合理的运输要求。

第八百一十一条　【按约定期间运输义务】承运人应当在约定期限或者合理期限内将旅客、货物安全运输到约定地点。

第八百一十二条　【按约定路线运输义务】承运人应当按照约定的或者通常的运输路线将旅客、货物运输到约定地点。

第八百一十三条　【支付票款或运输费用】旅客、托运人或者收货人应当支付票款或者运输费用。承运人未按照约定路线或者通常路线运输增加票款或者运输费用的，旅客、托运人或者收货人可以拒绝支付增加部分的票款或者运输费用。

第二节　客 运 合 同

第八百一十四条　【客运合同的成立】客运合同自承运人向旅客出具客票时成立，但是当事人另有约定或者另有交易习惯的除外。

第八百一十五条　【持有效客票乘运义务】旅客应当按照有效客票记载的时间、班次和座位号乘坐。旅客无票乘坐、超程乘坐、越级乘坐或者持不符合减价条件的优惠客票乘坐的，应当补交票款，承运人可以按照规定加收票款；旅客不支付票款的，承运人可以拒绝运输。

实名制客运合同的旅客丢失客票的，可以请求承运人挂失补办，承运人不得再次收取票款和其他不合理费用。

第八百一十六条　【退票与变更】旅客因自己的原因不能按照客票记载的时间乘坐的，应当在约定的期限内办理退票或者变更手续；逾期办理的，承运人可以不退票款，并不再承担运输义务。

第八百一十七条　【按约定限量携带行李义务】旅客随身携带行李应当符合约定的限量和品类要求；超过限量或者违反品类要求携带行李的，应当办理托运手续。

第八百一十八条　【违禁品或危险物品的携带禁止】旅客不得随身携带或者在行李中夹带易燃、易爆、有毒、有腐蚀性、有放射性以及可能危及运输工具上人身和财产安全的危险物品或者违禁物品。

旅客违反前款规定的，承运人可以将危险物品或者违禁物品卸下、销毁或者送交有关部门。旅客坚持携带或者夹带危险物品或者违禁物品的，承运人应当拒绝运输。

第八百一十九条　【承运人告知重要事项义务】承运人应当严格履行安全运输义务，及时告知旅客安全运输应当注意的事项。旅客对承运人为安全运输所作的合理安排应当积极协助和配合。

第八百二十条　【承运人迟延运输】承运人应当按照有效客票记载的时间、班次和座位号运输旅客。承运人迟延运输或者有其他不能正常运输情形的，应当及时告知和提醒旅客，采取必要的安置措施，并根据旅客的要求安排改乘其他班次或者退票；由此造成旅客损失的，承运人应当承担赔偿责任，但是不可归责于承运人的除外。

第八百二十一条　【承运人擅自降低服务标准】承运人擅自降低服务标准的，应当根据旅客的请求退票或者减收票款；提高服务标准的，不得加收票款。

第八百二十二条　【对旅客的救助义务】承运人在运输过程中，应当尽力救助患有急病、分娩、遇险的旅客。

第八百二十三条　【旅客伤亡的损害赔偿责任】承运人应当对运输过程中旅客的伤亡承担赔偿责任；但是，伤亡是旅客自身健康原因造成的或者承运人证明伤亡是旅客故意、重大过失造成的除外。

前款规定适用于按照规定免票、持优待票或者经承运人许可搭乘的无票旅客。

第八百二十四条　【对行李的赔偿责任】在运输过程中旅客随

身携带物品毁损、灭失，承运人有过错的，应当承担赔偿责任。

旅客托运的行李毁损、灭失的，适用货物运输的有关规定。

第三节　货 运 合 同

第八百二十五条　【托运人告知义务】托运人办理货物运输，应当向承运人准确表明收货人的姓名、名称或者凭指示的收货人，货物的名称、性质、重量、数量，收货地点等有关货物运输的必要情况。

因托运人申报不实或者遗漏重要情况，造成承运人损失的，托运人应当承担赔偿责任。

第八百二十六条　【托运人提交文件义务】货物运输需要办理审批、检验等手续的，托运人应当将办理完有关手续的文件提交承运人。

第八百二十七条　【托运人的包装义务】托运人应当按照约定的方式包装货物。对包装方式没有约定或者约定不明确的，适用本法第六百一十九条的规定。

托运人违反前款规定的，承运人可以拒绝运输。

第八百二十八条　【托运人运送危险货物时的义务】托运人托运易燃、易爆、有毒、有腐蚀性、有放射性等危险物品的，应当按照国家有关危险物品运输的规定对危险物品妥善包装，做出危险物品标志和标签，并将有关危险物品的名称、性质和防范措施的书面材料提交承运人。

托运人违反前款规定的，承运人可以拒绝运输，也可以采取相应措施以避免损失的发生，因此产生的费用由托运人负担。

第八百二十九条　【托运人请求变更的权利】在承运人将货物交付收货人之前，托运人可以要求承运人中止运输、返还货物、变更到达地或者将货物交给其他收货人，但是应当赔偿承运人因此受到的损失。

第八百三十条　【承运人的通知义务及收货人及时提货义务】货物运输到达后，承运人知道收货人的，应当及时通知收货人，收货人应当及时提货。收货人逾期提货的，应当向承运人支付保管费等费用。

第八百三十一条　【收货人对货物的检验】收货人提货时应当按照约定的期限检验货物。对检验货物的期限没有约定或者约定不明确，依据本法第五百一十条的规定仍不能确定的，应当在合理期限内检验货物。收货人在约定的期限或者合理期限内对货物的数量、毁损等未提出异议的，视为承运人已经按照运输单证的记载交付的初步证据。

第八百三十二条　【承运人的赔偿责任及免责事由】承运人对运输过程中货物的毁损、灭失承担赔偿责任。但是，承运人证明货物的毁损、灭失是因不可抗力、货物本身的自然性质或者合理损耗以及托运人、收货人的过错造成的，不承担赔偿责任。

第八百三十三条　【确定货损额的方法】货物的毁损、灭失的赔偿额，当事人有约定的，按照其约定；没有约定或者约定不明确，依据本法第五百一十条的规定仍不能确定的，按照交付或者应当交付时货物到达地的市场价格计算。法律、行政法规对赔偿额的计算方法和赔偿限额另有规定的，依照其规定。

第八百三十四条　【相继运输的责任承担】两个以上承运人以同一运输方式联运的，与托运人订立合同的承运人应当对全程运输承担责任；损失发生在某一运输区段的，与托运人订立合同的承运人和该区段的承运人承担连带责任。

第八百三十五条　【货物的灭失与运费的处理】货物在运输过程中因不可抗力灭失，未收取运费的，承运人不得请求支付运费；已经收取运费的，托运人可以请求返还。法律另有规定的，依照其规定。

第八百三十六条　【运送物的留置】托运人或者收货人不支付运费、保管费或者其他费用的，承运人对相应的运输货物享有留置权，但是当事人另有约定的除外。

第八百三十七条　【货物的提存】收货人不明或者收货人无正当理由拒绝受领货物的，承运人依法可以提存货物。

第四节　多式联运合同

第八百三十八条　【多式联运经营人的权利义务】多式联运经营人负责履行或者组织履行多式联运合同，对全程运输享有承运人的权利，承担承运人的义务。

第八百三十九条　【多式联运的责任制度】多式联运经营人可以与参加多式联运的各区段承运人就多式联运合同的各区段运输约定相互之间的责任；但是，该约定不影响多式联运经营人对全程运输承担的义务。

第八百四十条　【联运单据的转让】多式联运经营人收到托运人交付的货物时，应当签发多式联运单据。按照托运人的要求，多式联运单据可以是可转让单据，也可以是不可转让单据。

第八百四十一条　【托运人的赔偿责任】因托运人托运货物时的过错造成多式联运经营人损失的，即使托运人已经转让多式联运单据，托运人仍然应当承担赔偿责任。

第八百四十二条　【赔偿责任适用法律的规定】货物的毁损、灭失发生于多式联运的某一运输区段的，多式联运经营人的赔偿责任和责任限额，适用调整该区段运输方式的有关法律规定；货物毁损、灭失发生的运输区段不能确定的，依照本章规定承担赔偿责任。

第二十章　技 术 合 同

第一节　一 般 规 定

第八百四十三条　【技术合同的定义】技术合同是当事人就技术开发、转让、许可、咨询或者服务订立的确立相互之间权利和义务的合同。

第八百四十四条　【订立技术合同的原则】订立技术合同，应当有利于知识产权的保护和科学技术的进步，促进科学技术成果的研发、转化、应用和推广。

第八百四十五条　【技术合同的主要条款】技术合同的内容一般包括项目的名称，标的的内容、范围和要求，履行的计划、地点和方式，技术信息和资料的保密，技术成果的归属和收益的分配办法，验收标准和方法，名词和术语的解释等条款。

与履行合同有关的技术背景资料、可行性论证和技术评价报告、项目任务书和计划书、技术标准、技术规范、原始设计和工艺文件，以及其他技术文档，按照当事人的约定可以作为合同的组成部分。

技术合同涉及专利的，应当注明发明创造的名称、专利申请人和专利权人、申请日期、申请号、专利号以及专利权的有效期限。

第八百四十六条　【技术合同价款、报酬或使用费】技术合同价款、报酬或者使用费的支付方式由当事人约定，可以采取一次总算、一次总付或者一次总算、分期支付，也可以采取提成支付或者提成支付附加预付入门费的方式。

约定提成支付的，可以按照产品价格、实施专利和使用技术秘密后新增的产值、利润或者产品销售额的一定比例提成，也可以按照约定的其他方式计算。提成支付的比例可以采取固定比例、逐年递增比例或者逐年递减比例。

约定提成支付的，当事人可以约定查阅有关会计账目的办法。

第八百四十七条　【职务技术成果的经济权属】职务技术成果的使用权、转让权属于法人或者非法人组织的，法人或者非法人组织可以就该项职务技术成果订立技术合同。法人或者非法人组织订立技术合同转让职务技术成果时，职务技术成果的完成人享有以同等条件优先受让的权利。

职务技术成果是执行法人或者非法人组织的工作任务，或者主要是利用法人或者非法人组织的物质技术条件所完成的技术成果。

第八百四十八条　【非职务技术成果的经济权属】非职务技术成果的使用权、转让权属于完成技术成果的个人，完成技术成果的个人可以就该项非职务技术成果订立技术合同。

第八百四十九条　【技术成果的精神权属】完成技术成果的个人享有在有关技术成果文件上写明自己是技术成果完成者的权利和取得荣誉证书、奖励的权利。

第八百五十条　【技术合同的无效】非法垄断技术或者侵害他人技术成果的技术合同无效。

第二节　技术开发合同

第八百五十一条　【技术开发合同的定义及形式】技术开发合

同是当事人之间就新技术、新产品、新工艺、新品种或者新材料及其系统的研究开发所订立的合同。

技术开发合同包括委托开发合同和合作开发合同。

技术开发合同应当采用书面形式。

当事人之间就具有实用价值的科技成果实施转化订立的合同，参照适用技术开发合同的有关规定。

第八百五十二条　【委托人的义务】委托开发合同的委托人应当按照约定支付研究开发经费和报酬，提供技术资料，提出研究开发要求，完成协作事项，接受研究开发成果。

第八百五十三条　【受托人的义务】委托开发合同的研究开发人应当按照约定制定和实施研究开发计划，合理使用研究开发经费，按期完成研究开发工作，交付研究开发成果，提供有关的技术资料和必要的技术指导，帮助委托人掌握研究开发成果。

第八百五十四条　【委托人的违约责任】委托开发合同的当事人违反约定造成研究开发工作停滞、延误或者失败的，应当承担违约责任。

第八百五十五条　【合作开发各方的主要义务】合作开发合同的当事人应当按照约定进行投资，包括以技术进行投资，分工参与研究开发工作，协作配合研究开发工作。

第八百五十六条　【合作开发各方的违约责任】合作开发合同的当事人违反约定造成研究开发工作停滞、延误或者失败的，应当承担违约责任。

第八百五十七条　【技术开发合同的解除】作为技术开发合同标的的技术已经由他人公开，致使技术开发合同的履行没有意义的，当事人可以解除合同。

第八百五十八条　【风险负担及通知义务】技术开发合同履行过程中，因出现无法克服的技术困难，致使研究开发失败或者部分失败的，该风险由当事人约定；没有约定或者约定不明确，依据本法第五百一十条的规定仍不能确定的，风险由当事人合理分担。

当事人一方发现前款规定的可能致使研究开发失败或者部分失败的情形时，应当及时通知另一方并采取适当措施减少损失；没有及时通知并采取适当措施，致使损失扩大的，应当就扩大的损失承担责任。

第八百五十九条　【技术成果的归属】委托开发完成的发明创造，除法律另有规定或者当事人另有约定外，申请专利的权利属于研究开发人。研究开发人取得专利权的，委托人可以依法实施该专利。

研究开发人转让专利申请权的，委托人享有以同等条件优先受让的权利。

第八百六十条　【合作开发技术成果的归属】合作开发完成的发明创造，申请专利的权利属于合作开发的当事人共有；当事人一方转让其共有的专利申请权的，其他各方享有以同等条件优先受让的权利。但是，当事人另有约定的除外。

合作开发的当事人一方声明放弃其共有的专利申请权的，除当事人另有约定外，可以由另一方单独申请或者由其他各方共同申请。申请人取得专利权的，放弃专利申请权的一方可以免费实施该专利。

合作开发的当事人一方不同意申请专利的，另一方或者其他各方不得申请专利。

第八百六十一条　【技术秘密成果的归属与分配】委托开发或者合作开发完成的技术秘密成果的使用权、转让权以及收益的分配办法，由当事人约定；没有约定或者约定不明确，依据本法第五百一十条的规定仍不能确定的，在没有相同技术方案被授予专利权前，当事人均有使用和转让的权利。但是，委托开发的研究开发人不得在向委托人交付研究开发成果之前，将研究开发成果转让给第三人。

第三节　技术转让合同和技术许可合同

第八百六十二条　【技术转让合同和技术许可合同的定义】技术转让合同是合法拥有技术的权利人，将现有特定的专利、专利申请、技术秘密的相关权利让与他人所订立的合同。

技术许可合同是合法拥有技术的权利人，将现有特定的专利、技术秘密的相关权利许可他人实施、使用所订立的合同。

技术转让合同和技术许可合同中关于提供实施技术的专用设备、

原材料或者提供有关的技术咨询、技术服务的约定，属于合同的组成部分。

第八百六十三条 【技术转让合同和技术许可合同的内容与形式】技术转让合同包括专利权转让、专利申请权转让、技术秘密转让等合同。

技术许可合同包括专利实施许可、技术秘密使用许可等合同。

技术转让合同和技术许可合同应当采用书面形式。

第八百六十四条 【技术转让合同的约定内容】技术转让合同和技术许可合同可以约定实施专利或者使用技术秘密的范围，但是不得限制技术竞争和技术发展。

第八百六十五条 【专利实施许可合同效力的限制】专利实施许可合同仅在该专利权的存续期限内有效。专利权有效期限届满或者专利权被宣告无效的，专利权人不得就该专利与他人订立专利实施许可合同。

第八百六十六条 【专利实施许可合同让与人的义务】专利实施许可合同的许可人应当按照约定许可被许可人实施专利，交付实施专利有关的技术资料，提供必要的技术指导。

第八百六十七条 【专利实施许可合同受让人的义务】专利实施许可合同的被许可人应当按照约定实施专利，不得许可约定以外的第三人实施该专利，并按照约定支付使用费。

第八百六十八条 【技术秘密让与人和许可人的义务】技术秘密转让合同的让与人和技术秘密使用许可合同的许可人应当按照约定提供技术资料，进行技术指导，保证技术的实用性、可靠性，承担保密义务。

前款规定的保密义务，不限制许可人申请专利，但是当事人另有约定的除外。

第八百六十九条 【技术秘密受让人和被许可人的义务】技术秘密转让合同的受让人和技术秘密使用许可合同的被许可人应当按照约定使用技术，支付转让费、使用费，承担保密义务。

第八百七十条 【技术转让合同让与人的保证义务】技术转让合同的让与人和技术许可合同的许可人应当保证自己是所提供的技

术的合法拥有者，并保证所提供的技术完整、无误、有效，能够达到约定的目标。

第八百七十一条　【技术转让合同受让人和被许可人的义务】技术转让合同的受让人和技术许可合同的被许可人应当按照约定的范围和期限，对让与人、许可人提供的技术中尚未公开的秘密部分，承担保密义务。

第八百七十二条　【技术许可人和让与人的违约责任】许可人未按照约定许可技术的，应当返还部分或者全部使用费，并应当承担违约责任；实施专利或者使用技术秘密超越约定的范围的，违反约定擅自许可第三人实施该项专利或者使用该项技术秘密的，应当停止违约行为，承担违约责任；违反约定的保密义务的，应当承担违约责任。

让与人承担违约责任，参照适用前款规定。

第八百七十三条　【技术被许可人和受让人的违约责任】被许可人未按照约定支付使用费的，应当补交使用费并按照约定支付违约金；不补交使用费或者支付违约金的，应当停止实施专利或者使用技术秘密，交还技术资料，承担违约责任；实施专利或者使用技术秘密超越约定的范围的，未经许可人同意擅自许可第三人实施该专利或者使用该技术秘密的，应当停止违约行为，承担违约责任；违反约定的保密义务的，应当承担违约责任。

受让人承担违约责任，参照适用前款规定。

第八百七十四条　【让与人或者许可人实施专利的侵权责任】受让人或者被许可人按照约定实施专利、使用技术秘密侵害他人合法权益的，由让与人或者许可人承担责任，但是当事人另有约定的除外。

第八百七十五条　【后续改进技术成果的归属与分享】当事人可以按照互利的原则，在合同中约定实施专利、使用技术秘密后续改进的技术成果的分享办法；没有约定或者约定不明确，依据本法第五百一十条的规定仍不能确定的，一方后续改进的技术成果，其他各方无权分享。

第八百七十六条　【其他知识产权转让和许可的参照适用】集

成电路布图设计专有权、植物新品种权、计算机软件著作权等其他知识产权的转让和许可，参照适用本节的有关规定。

第八百七十七条　【技术出口合同或专利、专利申请合同的法律适用】法律、行政法规对技术进出口合同或者专利、专利申请合同另有规定的，依照其规定。

第四节　技术咨询合同和技术服务合同

第八百七十八条　【技术咨询合同、技术服务合同的定义】技术咨询合同是当事人一方以技术知识为对方就特定技术项目提供可行性论证、技术预测、专题技术调查、分析评价报告等所订立的合同。

技术服务合同是当事人一方以技术知识为对方解决特定技术问题所订立的合同，不包括承揽合同和建设工程合同。

第八百七十九条　【技术咨询合同委托人的义务】技术咨询合同的委托人应当按照约定阐明咨询的问题，提供技术背景材料及有关技术资料，接受受托人的工作成果，支付报酬。

第八百八十条　【技术咨询合同受托人的义务】技术咨询合同的受托人应当按照约定的期限完成咨询报告或者解答问题，提出的咨询报告应当达到约定的要求。

第八百八十一条　【技术咨询合同当事人的违约责任】技术咨询合同的委托人未按照约定提供必要的资料，影响工作进度和质量，不接受或者逾期接受工作成果的，支付的报酬不得追回，未支付的报酬应当支付。

技术咨询合同的受托人未按期提出咨询报告或者提出的咨询报告不符合约定的，应当承担减收或者免收报酬等违约责任。

技术咨询合同的委托人按照受托人符合约定要求的咨询报告和意见作出决策所造成的损失，由委托人承担，但是当事人另有约定的除外。

第八百八十二条　【技术服务合同的委托人义务】技术服务合同的委托人应当按照约定提供工作条件，完成配合事项，接受工作成果并支付报酬。

第八百八十三条　【技术服务合同的受托人义务】技术服务合同的受托人应当按照约定完成服务项目，解决技术问题，保证工作质量，并传授解决技术问题的知识。

第八百八十四条　【委托人与受托人的权利义务】技术服务合同的委托人不履行合同义务或者履行合同义务不符合约定，影响工作进度和质量，不接受或者逾期接受工作成果的，支付的报酬不得追回，未支付的报酬应当支付。

技术服务合同的受托人未按照约定完成服务工作的，应当承担免收报酬等违约责任。

第八百八十五条　【技术成果的归属】技术咨询合同、技术服务合同履行过程中，受托人利用委托人提供的技术资料和工作条件完成的新的技术成果，属于受托人。委托人利用受托人的工作成果完成的新的技术成果，属于委托人。当事人另有约定的，按照其约定。

第八百八十六条　【未约定费用负担的处理规则】技术咨询合同和技术服务合同对受托人正常开展工作所需费用的负担没有约定或者约定不明确的，由受托人负担。

第八百八十七条　【技术中介合同和技术培训合同法律适用】法律、行政法规对技术中介合同、技术培训合同另有规定的，依照其规定。

第二十一章　保 管 合 同

第八百八十八条　【保管合同的定义】保管合同是保管人保管寄存人交付的保管物，并返还该物的合同。

寄存人到保管人处从事购物、就餐、住宿等活动，将物品存放在指定场所的，视为保管，但是当事人另有约定或者另有交易习惯的除外。

第八百八十九条　【寄存人的义务】寄存人应当按照约定向保管人支付保管费。

当事人对保管费没有约定或者约定不明确，依据本法第五百一十条的规定仍不能确定的，视为无偿保管。

第八百九十条　【保管合同的成立】保管合同自保管物交付时成立，但是当事人另有约定的除外。

第八百九十一条　【保管人给付保管凭证的义务】寄存人向保管人交付保管物的，保管人应当出具保管凭证，但是另有交易习惯的除外。

第八百九十二条　【保管人对保管物的妥善保管义务】保管人应当妥善保管保管物。

当事人可以约定保管场所或者方法。除紧急情况或者为维护寄存人利益外，不得擅自改变保管场所或者方法。

第八百九十三条　【寄存人如实告知义务】寄存人交付的保管物有瑕疵或者根据保管物的性质需要采取特殊保管措施的，寄存人应当将有关情况告知保管人。寄存人未告知，致使保管物受损失的，保管人不承担赔偿责任；保管人因此受损失的，除保管人知道或者应当知道且未采取补救措施外，寄存人应当承担赔偿责任。

第八百九十四条　【保管人亲自保管义务及赔偿责任】保管人不得将保管物转交第三人保管，但是当事人另有约定的除外。

保管人违反前款规定，将保管物转交第三人保管，造成保管物损失的，应当承担赔偿责任。

第八百九十五条　【保管人不得使用保管物义务】保管人不得使用或者许可第三人使用保管物，但是当事人另有约定的除外。

第八百九十六条　【第三人主张权利时保管人对寄存人的返还义务和通知义务】第三人对保管物主张权利的，除依法对保管物采取保全或者执行措施外，保管人应当履行向寄存人返还保管物的义务。

第三人对保管人提起诉讼或者对保管物申请扣押的，保管人应当及时通知寄存人。

第八百九十七条　【保管物毁损灭失责任】保管期内，因保管人保管不善造成保管物毁损、灭失的，保管人应当承担赔偿责任。但是，无偿保管人证明自己没有故意或者重大过失的，不承担赔偿责任。

第八百九十八条　【寄存货币、有价证券或其他贵重物品的声明义务】寄存人寄存货币、有价证券或者其他贵重物品的，应当向保管人声明，由保管人验收或者封存；寄存人未声明的，该物品毁损、灭失后，保管人可以按照一般物品予以赔偿。

第八百九十九条　【保管物的领取时间】寄存人可以随时领取保管物。

当事人对保管期限没有约定或者约定不明确的，保管人可以随时请求寄存人领取保管物；约定保管期限的，保管人无特别事由，不得请求寄存人提前领取保管物。

第九百条　【保管人归还原物及孳息的义务】保管期限届满或者寄存人提前领取保管物的，保管人应当将原物及其孳息归还寄存人。

第九百零一条　【保管可替代物的返还】保管人保管货币的，可以返还相同种类、数量的货币；保管其他可替代物的，可以按照约定返还相同种类、品质、数量的物品。

第九百零二条　【保管费的支付】有偿的保管合同，寄存人应当按照约定的期限向保管人支付保管费。

当事人对支付期限没有约定或者约定不明确，依据本法第五百一十条的规定仍不能确定的，应当在领取保管物的同时支付。

第九百零三条　【保管人的留置权】寄存人未按照约定支付保管费或者其他费用的，保管人对保管物享有留置权，但是当事人另有约定的除外。

第二十二章　仓 储 合 同

第九百零四条　【仓储合同的定义】仓储合同是保管人储存存货人交付的仓储物，存货人支付仓储费的合同。

第九百零五条　【仓储合同的成立时间】仓储合同自保管人和存货人意思表示一致时成立。

第九百零六条　【危险物品和易变质物品的储存】储存易燃、易爆、有毒、有腐蚀性、有放射性等危险物品或者易变质物品的，存货人应当说明该物品的性质，提供有关资料。

存货人违反前款规定的，保管人可以拒收仓储物，也可以采取相应措施以避免损失的发生，因此产生的费用由存货人负担。

保管人储存易燃、易爆、有毒、有腐蚀性、有放射性等危险物品的，应当具备相应的保管条件。

第九百零七条　【仓储物的验收】保管人应当按照约定对入库仓储物进行验收。保管人验收时发现入库仓储物与约定不符合的，应当及时通知存货人。保管人验收后，发生仓储物的品种、数量、质量不符合约定的，保管人应当承担赔偿责任。

第九百零八条　【仓单的交付】存货人交付仓储物的，保管人应当出具仓单、入库单等凭证。

第九百零九条　【仓单的内容】保管人应当在仓单上签名或者盖章。仓单包括下列事项：

（一）存货人的姓名或者名称和住所；

（二）仓储物的品种、数量、质量、包装及其件数和标记；

（三）仓储物的损耗标准；

（四）储存场所；

（五）储存期限；

（六）仓储费；

（七）仓储物已经办理保险的，其保险金额、期间以及保险人的名称；

（八）填发人、填发地和填发日期。

第九百一十条　【仓单的性质及背书转让】仓单是提取仓储物的凭证。存货人或者仓单持有人在仓单上背书并经保管人签名或者盖章的，可以转让提取仓储物的权利。

第九百一十一条　【检查仓储物或提取样品的权利】保管人根据存货人或者仓单持有人的要求，应当同意其检查仓储物或者提取样品。

第九百一十二条　【保管人的通知义务】保管人发现入库仓储物有变质或者其他损坏的，应当及时通知存货人或者仓单持有人。

第九百一十三条　【保管人的催告义务】保管人发现入库仓储

物有变质或者其他损坏，危及其他仓储物的安全和正常保管的，应当催告存货人或者仓单持有人作出必要的处置。因情况紧急，保管人可以作出必要的处置；但是，事后应当将该情况及时通知存货人或者仓单持有人。

第九百一十四条　【仓储物的提取】当事人对储存期限没有约定或者约定不明确的，存货人或者仓单持有人可以随时提取仓储物，保管人也可以随时请求存货人或者仓单持有人提取仓储物，但是应当给予必要的准备时间。

第九百一十五条　【仓储物的提取规则】储存期限届满，存货人或者仓单持有人应当凭仓单、入库单等提取仓储物。存货人或者仓单持有人逾期提取的，应当加收仓储费；提前提取的，不减收仓储费。

第九百一十六条　【保管人的催告权、提存权】储存期限届满，存货人或者仓单持有人不提取仓储物的，保管人可以催告其在合理期限内提取；逾期不提取的，保管人可以提存仓储物。

第九百一十七条　【保管不善的责任承担】储存期内，因保管不善造成仓储物毁损、灭失的，保管人应当承担赔偿责任。因仓储物本身的自然性质、包装不符合约定或者超过有效储存期造成仓储物变质、损坏的，保管人不承担赔偿责任。

第九百一十八条　【参照适用保管合同的规定】本章没有规定的，适用保管合同的有关规定。

第二十三章　委托合同

第九百一十九条　【委托合同的定义】委托合同是委托人和受托人约定，由受托人处理委托人事务的合同。

第九百二十条　【特别委托与概括委托】委托人可以特别委托受托人处理一项或者数项事务，也可以概括委托受托人处理一切事务。

第九百二十一条　【处理委托事务的费用】委托人应当预付处理委托事务的费用。受托人为处理委托事务垫付的必要费用，委托人应当偿还该费用并支付利息。

第九百二十二条 【受托人服从指示的义务】受托人应当按照委托人的指示处理委托事务。需要变更委托人指示的，应当经委托人同意；因情况紧急，难以和委托人取得联系的，受托人应当妥善处理委托事务，但是事后应当将该情况及时报告委托人。

第九百二十三条 【受托人亲自处理委托事务的义务和转委托】受托人应当亲自处理委托事务。经委托人同意，受托人可以转委托。转委托经同意或者追认的，委托人可以就委托事务直接指示转委托的第三人，受托人仅就第三人的选任及其对第三人的指示承担责任。转委托未经同意或者追认的，受托人应当对转委托的第三人的行为承担责任；但是，在紧急情况下受托人为了维护委托人的利益需要转委托第三人的除外。

第九百二十四条 【受托人的报告义务】受托人应当按照委托人的要求，报告委托事务的处理情况。委托合同终止时，受托人应当报告委托事务的结果。

第九百二十五条 【受托人以自己名义从事受托事务的法律效果】受托人以自己的名义，在委托人的授权范围内与第三人订立的合同，第三人在订立合同时知道受托人与委托人之间的代理关系的，该合同直接约束委托人和第三人；但是，有确切证据证明该合同只约束受托人和第三人的除外。

第九百二十六条 【委托人的介入权、第三人的选择权】受托人以自己的名义与第三人订立合同时，第三人不知道受托人与委托人之间的代理关系的，受托人因第三人的原因对委托人不履行义务，受托人应当向委托人披露第三人，委托人因此可以行使受托人对第三人的权利。但是，第三人与受托人订立合同时如果知道该委托人就不会订立合同的除外。

受托人因委托人的原因对第三人不履行义务，受托人应当向第三人披露委托人，第三人因此可以选择受托人或者委托人作为相对人主张其权利，但是第三人不得变更选定的相对人。

委托人行使受托人对第三人的权利的，第三人可以向委托人主张其对受托人的抗辩。第三人选定委托人作为其相对人的，委托人可以向第三人主张其对受托人的抗辩以及受托人对第三人的抗辩。

第九百二十七条　【受托人转移委托事务所得利益的义务】受托人处理委托事务取得的财产，应当转交给委托人。

第九百二十八条　【有偿委托合同的报酬支付】受托人完成委托事务的，委托人应当按照约定向其支付报酬。

因不可归责于受托人的事由，委托合同解除或者委托事务不能完成的，委托人应当向受托人支付相应的报酬。当事人另有约定的，按照其约定。

第九百二十九条　【因受托人过错致委托人损失的赔偿责任】有偿的委托合同，因受托人的过错造成委托人损失的，委托人可以请求赔偿损失。无偿的委托合同，因受托人的故意或者重大过失造成委托人损失的，委托人可以请求赔偿损失。

受托人超越权限造成委托人损失的，应当赔偿损失。

第九百三十条　【受托人的求偿权】受托人处理委托事务时，因不可归责于自己的事由受到损失的，可以向委托人请求赔偿损失。

第九百三十一条　【委托第三人处理委托事务的处理】委托人经受托人同意，可以在受托人之外委托第三人处理委托事务。因此造成受托人损失的，受托人可以向委托人请求赔偿损失。

第九百三十二条　【受托人的连带责任】两个以上的受托人共同处理委托事务的，对委托人承担连带责任。

第九百三十三条　【任意解除权】委托人或者受托人可以随时解除委托合同。因解除合同造成对方损失的，除不可归责于该当事人的事由外，无偿委托合同的解除方应当赔偿因解除时间不当造成的直接损失，有偿委托合同的解除方应当赔偿对方的直接损失和合同履行后可以获得的利益。

第九百三十四条　【委托合同的终止】委托人死亡、终止或者受托人死亡、丧失民事行为能力、终止的，委托合同终止；但是，当事人另有约定或者根据委托事务的性质不宜终止的除外。

第九百三十五条　【委托人的后合同义务】因委托人死亡或者被宣告破产、解散，致使委托合同终止将损害委托人利益的，在委托人的继承人、遗产管理人或者清算人承受委托事务之前，受托人应当继续处理委托事务。

第九百三十六条　【受托人死亡后其继承人等的义务】因受托人死亡、丧失民事行为能力或者被宣告破产、解散，致使委托合同终止的，受托人的继承人、遗产管理人、法定代理人或者清算人应当及时通知委托人。因委托合同终止将损害委托人利益的，在委托人作出善后处理之前，受托人的继承人、遗产管理人、法定代理人或者清算人应当采取必要措施。

第二十四章　物业服务合同

第九百三十七条　【物业服务合同的定义】物业服务合同是物业服务人在物业服务区域内，为业主提供建筑物及其附属设施的维修养护、环境卫生和相关秩序的管理维护等物业服务，业主支付物业费的合同。

物业服务人包括物业服务企业和其他管理人。

第九百三十八条　【物业服务合同的内容与形式】物业服务合同的内容一般包括服务事项、服务质量、服务费用的标准和收取办法、维修资金的使用、服务用房的管理和使用、服务期限、服务交接等条款。

物业服务人公开作出的有利于业主的服务承诺，为物业服务合同的组成部分。

物业服务合同应当采用书面形式。

第九百三十九条　【物业服务合同的约束力】建设单位依法与物业服务人订立的前期物业服务合同，以及业主委员会与业主大会依法选聘的物业服务人订立的物业服务合同，对业主具有法律约束力。

第九百四十条　【前期物业服务合同的终止情形】建设单位依法与物业服务人订立的前期物业服务合同约定的服务期限届满前，业主委员会或者业主与新物业服务人订立的物业服务合同生效的，前期物业服务合同终止。

第九百四十一条　【物业服务合同的转委托】物业服务人将物业服务区域内的部分专项服务事项委托给专业性服务组织或者其他

第三人的，应当就该部分专项服务事项向业主负责。

物业服务人不得将其应当提供的全部物业服务转委托给第三人，或者将全部物业服务支解后分别转委托给第三人。

第九百四十二条　【物业服务人的义务】物业服务人应当按照约定和物业的使用性质，妥善维修、养护、清洁、绿化和经营管理物业服务区域内的业主共有部分，维护物业服务区域内的基本秩序，采取合理措施保护业主的人身、财产安全。

对物业服务区域内违反有关治安、环保、消防等法律法规的行为，物业服务人应当及时采取合理措施制止、向有关行政主管部门报告并协助处理。

第九百四十三条　【物业服务人的报告义务】物业服务人应当定期将服务的事项、负责人员、质量要求、收费项目、收费标准、履行情况，以及维修资金使用情况、业主共有部分的经营与收益情况等以合理方式向业主公开并向业主大会、业主委员会报告。

第九百四十四条　【物业服务人的报酬请求权】业主应当按照约定向物业服务人支付物业费。物业服务人已经按照约定和有关规定提供服务的，业主不得以未接受或者无需接受相关物业服务为由拒绝支付物业费。

业主违反约定逾期不支付物业费的，物业服务人可以催告其在合理期限内支付；合理期限届满仍不支付的，物业服务人可以提起诉讼或者申请仲裁。

物业服务人不得采取停止供电、供水、供热、供燃气等方式催交物业费。

第九百四十五条　【业主的事先告知义务】业主装饰装修房屋的，应当事先告知物业服务人，遵守物业服务人提示的合理注意事项，并配合其进行必要的现场检查。

业主转让、出租物业专有部分、设立居住权或者依法改变共有部分用途的，应当及时将相关情况告知物业服务人。

第九百四十六条　【业主解聘物业服务人】业主依照法定程序共同决定解聘物业服务人的，可以解除物业服务合同。决定解聘的，应当提前六十日书面通知物业服务人，但是合同对通知期限另有约定的除外。

依据前款规定解除合同造成物业服务人损失的，除不可归责于业主的事由外，业主应当赔偿损失。

第九百四十七条 【物业服务人的续聘】物业服务期限届满前，业主依法共同决定续聘的，应当与原物业服务人在合同期限届满前续订物业服务合同。

物业服务期限届满前，物业服务人不同意续聘的，应当在合同期限届满前九十日书面通知业主或者业主委员会，但是合同对通知期限另有约定的除外。

第九百四十八条 【不定期物业服务合同的成立与解除】物业服务期限届满后，业主没有依法作出续聘或者另聘物业服务人的决定，物业服务人继续提供物业服务的，原物业服务合同继续有效，但是服务期限为不定期。

当事人可以随时解除不定期物业服务合同，但是应当提前六十日书面通知对方。

第九百四十九条 【物业服务合同终止后原物业服务人的义务】物业服务合同终止的，原物业服务人应当在约定期限或者合理期限内退出物业服务区域，将物业服务用房、相关设施、物业服务所必需的相关资料等交还给业主委员会、决定自行管理的业主或者其指定的人，配合新物业服务人做好交接工作，并如实告知物业的使用和管理状况。

原物业服务人违反前款规定的，不得请求业主支付物业服务合同终止后的物业费；造成业主损失的，应当赔偿损失。

第九百五十条 【物业服务合同终止后新合同成立前期间的相关事项】物业服务合同终止后，在业主或者业主大会选聘的新物业服务人或者决定自行管理的业主接管之前，原物业服务人应当继续处理物业服务事项，并可以请求业主支付该期间的物业费。

第二十五章 行 纪 合 同

第九百五十一条 【行纪合同的定义】行纪合同是行纪人以自

己的名义为委托人从事贸易活动，委托人支付报酬的合同。

第九百五十二条　【行纪人处理委托事务的费用负担】行纪人处理委托事务支出的费用，由行纪人负担，但是当事人另有约定的除外。

第九百五十三条　【行纪人妥善保管委托物的义务】行纪人占有委托物的，应当妥善保管委托物。

第九百五十四条　【委托物有瑕疵或容易腐烂、变质的处分】委托物交付给行纪人时有瑕疵或者容易腐烂、变质的，经委托人同意，行纪人可以处分该物；不能与委托人及时取得联系的，行纪人可以合理处分。

第九百五十五条　【行纪人按约定价格买卖的义务】行纪人低于委托人指定的价格卖出或者高于委托人指定的价格买入的，应当经委托人同意；未经委托人同意，行纪人补偿其差额的，该买卖对委托人发生效力。

行纪人高于委托人指定的价格卖出或者低于委托人指定的价格买入的，可以按照约定增加报酬；没有约定或者约定不明确，依据本法第五百一十条的规定仍不能确定的，该利益属于委托人。

委托人对价格有特别指示的，行纪人不得违背该指示卖出或者买入。

第九百五十六条　【卖出或买入具有市场定价的商品行纪人的介入权】行纪人卖出或者买入具有市场定价的商品，除委托人有相反的意思表示外，行纪人自己可以作为买受人或者出卖人。

行纪人有前款规定情形的，仍然可以请求委托人支付报酬。

第九百五十七条　【行纪人对委托物的提存】行纪人按照约定买入委托物，委托人应当及时受领。经行纪人催告，委托人无正当理由拒绝受领的，行纪人依法可以提存委托物。

委托物不能卖出或者委托人撤回出卖，经行纪人催告，委托人不取回或者不处分该物的，行纪人依法可以提存委托物。

第九百五十八条　【行纪人与第三人订立合同的效力】行纪人与第三人订立合同的，行纪人对该合同直接享有权利、承担义务。

第三人不履行义务致使委托人受到损害的，行纪人应当承担赔偿责任，但是行纪人与委托人另有约定的除外。

第九百五十九条　【行纪人的报酬请求权及留置权】行纪人完成或者部分完成委托事务的，委托人应当向其支付相应的报酬。委托人逾期不支付报酬的，行纪人对委托物享有留置权，但是当事人另有约定的除外。

第九百六十条　【行纪合同参照适用委托合同的规定】本章没有规定的，参照适用委托合同的有关规定。

第二十六章　中介合同

第九百六十一条　【中介合同的定义】中介合同是中介人向委托人报告订立合同的机会或者提供订立合同的媒介服务，委托人支付报酬的合同。

第九百六十二条　【中介人的如实报告义务】中介人应当就有关订立合同的事项向委托人如实报告。

中介人故意隐瞒与订立合同有关的重要事实或者提供虚假情况，损害委托人利益的，不得请求支付报酬并应当承担赔偿责任。

第九百六十三条　【中介人的报酬请求权】中介人促成合同成立的，委托人应当按照约定支付报酬。对中介人的报酬没有约定或者约定不明确，依据本法第五百一十条的规定仍不能确定的，根据中介人的劳务合理确定。因中介人提供订立合同的媒介服务而促成合同成立的，由该合同的当事人平均负担中介人的报酬。

中介人促成合同成立的，中介活动的费用，由中介人负担。

第九百六十四条　【中介人未促成合同时的中介费用】中介人未促成合同成立的，不得请求支付报酬；但是，可以按照约定请求委托人支付从事中介活动支出的必要费用。

第九百六十五条　【委托人"跳单"应支付中介报酬】委托人在接受中介人的服务后，利用中介人提供的交易机会或者媒介服务，绕开中介人直接订立合同的，应当向中介人支付报酬。

第九百六十六条　【中介合同参照适用委托合同的规定】本章没有规定的，参照适用委托合同的有关规定。

第二十七章　合 伙 合 同

第九百六十七条　【合伙合同的定义】合伙合同是两个以上合伙人为了共同的事业目的，订立的共享利益、共担风险的协议。

第九百六十八条　【合伙人的出资义务】合伙人应当按照约定的出资方式、数额和缴付期限，履行出资义务。

第九百六十九条　【合伙财产的定义】合伙人的出资、因合伙事务依法取得的收益和其他财产，属于合伙财产。

合伙合同终止前，合伙人不得请求分割合伙财产。

第九百七十条　【合伙事务的执行】合伙人就合伙事务作出决定的，除合伙合同另有约定外，应当经全体合伙人一致同意。

合伙事务由全体合伙人共同执行。按照合伙合同的约定或者全体合伙人的决定，可以委托一个或者数个合伙人执行合伙事务；其他合伙人不再执行合伙事务，但是有权监督执行情况。

合伙人分别执行合伙事务的，执行事务合伙人可以对其他合伙人执行的事务提出异议；提出异议后，其他合伙人应当暂停该项事务的执行。

第九百七十一条　【合伙人执行合伙事务不得请求支付报酬】合伙人不得因执行合伙事务而请求支付报酬，但是合伙合同另有约定的除外。

第九百七十二条　【合伙的利润分配和亏损分担】合伙的利润分配和亏损分担，按照合伙合同的约定办理；合伙合同没有约定或者约定不明确的，由合伙人协商决定；协商不成的，由合伙人按照实缴出资比例分配、分担；无法确定出资比例的，由合伙人平均分配、分担。

第九百七十三条　【合伙人对合伙债务的连带责任及追偿权】合伙人对合伙债务承担连带责任。清偿合伙债务超过自己应当承担份额的合伙人，有权向其他合伙人追偿。

第九百七十四条　【合伙人对外转让财产份额的要求】除合伙合同另有约定外，合伙人向合伙人以外的人转让其全部或者部分财产份额的，须经其他合伙人一致同意。

第九百七十五条　【合伙人个人债务的负担】合伙人的债权人不得代位行使合伙人依照本章规定和合伙合同享有的权利，但是合伙人享有的利益分配请求权除外。

第九百七十六条　【合伙期限的推定】合伙人对合伙期限没有约定或者约定不明确，依据本法第五百一十条的规定仍不能确定的，视为不定期合伙。

合伙期限届满，合伙人继续执行合伙事务，其他合伙人没有提出异议的，原合伙合同继续有效，但是合伙期限为不定期。

合伙人可以随时解除不定期合伙合同，但是应当在合理期限之前通知其他合伙人。

第九百七十七条　【合伙人死亡、民事行为能力丧失或终止时合伙合同的效力】合伙人死亡、丧失民事行为能力或者终止的，合伙合同终止；但是，合伙合同另有约定或者根据合伙事务的性质不宜终止的除外。

第九百七十八条　【合伙合同终止后剩余财产的分配规则】合伙合同终止后，合伙财产在支付因终止而产生的费用以及清偿合伙债务后有剩余的，依据本法第九百七十二条的规定进行分配。

第三分编　准　合　同

第二十八章　无因管理

第九百七十九条　【无因管理的定义及法律效果】管理人没有法定的或者约定的义务，为避免他人利益受损失而管理他人事务的，可以请求受益人偿还因管理事务而支出的必要费用；管理人因管理事务受到损失的，可以请求受益人给予适当补偿。

管理事务不符合受益人真实意思的，管理人不享有前款规定的权利；但是，受益人的真实意思违反法律或者违背公序良俗的除外。

第九百八十条　【受益人享有管理利益的补偿责任】管理人管

理事务不属于前条规定的情形，但是受益人享有管理利益的，受益人应当在其获得的利益范围内向管理人承担前条第一款规定的义务。

第九百八十一条　【管理人的善良管理义务】管理人管理他人事务，应当采取有利于受益人的方法。中断管理对受益人不利的，无正当理由不得中断。

第九百八十二条　【管理人的通知义务】管理人管理他人事务，能够通知受益人的，应当及时通知受益人。管理的事务不需要紧急处理的，应当等待受益人的指示。

第九百八十三条　【管理人的报告及转交财产义务】管理结束后，管理人应当向受益人报告管理事务的情况。管理人管理事务取得的财产，应当及时转交给受益人。

第九百八十四条　【事后追认适用委托合同有关规定】管理人管理事务经受益人事后追认的，从管理事务开始时起，适用委托合同的有关规定，但是管理人另有意思表示的除外。

第二十九章　不当得利

第九百八十五条　【不当得利的构成及除外情况】得利人没有法律根据取得不当利益的，受损失的人可以请求得利人返还取得的利益，但是有下列情形之一的除外：

（一）为履行道德义务进行的给付；

（二）债务到期之前的清偿；

（三）明知无给付义务而进行的债务清偿。

第九百八十六条　【善意得利人在利益不存在时的责任免除】得利人不知道且不应当知道取得的利益没有法律根据，取得的利益已经不存在的，不承担返还该利益的义务。

第九百八十七条　【恶意得利人的赔偿责任】得利人知道或者应当知道取得的利益没有法律根据的，受损失的人可以请求得利人返还其取得的利益并依法赔偿损失。

第九百八十八条　【无偿受让利益第三人的返还义务】得利人

已经将取得的利益无偿转让给第三人的，受损失的人可以请求第三人在相应范围内承担返还义务。

第四编　人　格　权

第一章　一般规定

第九百八十九条　【人格权编的调整范围】本编调整因人格权的享有和保护产生的民事关系。

第九百九十条　【一般人格权】人格权是民事主体享有的生命权、身体权、健康权、姓名权、名称权、肖像权、名誉权、荣誉权、隐私权等权利。

除前款规定的人格权外，自然人享有基于人身自由、人格尊严产生的其他人格权益。

第九百九十一条　【人格权益受法律保护】民事主体的人格权受法律保护，任何组织或者个人不得侵害。

第九百九十二条　【人格权不得放弃、转让、继承】人格权不得放弃、转让或者继承。

第九百九十三条　【人格利益的许可使用】民事主体可以将自己的姓名、名称、肖像等许可他人使用，但是依照法律规定或者根据其性质不得许可的除外。

第九百九十四条　【死者人格利益保护】死者的姓名、肖像、名誉、荣誉、隐私、遗体等受到侵害的，其配偶、子女、父母有权依法请求行为人承担民事责任；死者没有配偶、子女且父母已经死亡的，其他近亲属有权依法请求行为人承担民事责任。

第九百九十五条　【侵害人格权的民事责任】人格权受到侵害的，受害人有权依照本法和其他法律的规定请求行为人承担民事责任。受害人的停止侵害、排除妨碍、消除危险、消除影响、恢复名誉、赔礼道歉请求权，不适用诉讼时效的规定。

第九百九十六条　【违约精神损害赔偿】因当事人一方的违约

行为，损害对方人格权并造成严重精神损害，受损害方选择请求其承担违约责任的，不影响受损害方请求精神损害赔偿。

第九百九十七条　【停止侵害人格权禁令】民事主体有证据证明行为人正在实施或者即将实施侵害其人格权的违法行为，不及时制止将使其合法权益受到难以弥补的损害的，有权依法向人民法院申请采取责令行为人停止有关行为的措施。

第九百九十八条　【认定承担侵害精神性人格权民事责任的考虑因素】认定行为人承担侵害除生命权、身体权和健康权外的人格权的民事责任，应当考虑行为人和受害人的职业、影响范围、过错程度，以及行为的目的、方式、后果等因素。

第九百九十九条　【合理使用他人人格要素】为公共利益实施新闻报道、舆论监督等行为的，可以合理使用民事主体的姓名、名称、肖像、个人信息等；使用不合理侵害民事主体人格权的，应当依法承担民事责任。

第一千条　【侵害人格权民事责任的相当性与替代性公布执行方式】行为人因侵害人格权承担消除影响、恢复名誉、赔礼道歉等民事责任的，应当与行为的具体方式和造成的影响范围相当。

行为人拒不承担前款规定的民事责任的，人民法院可以采取在报刊、网络等媒体上发布公告或者公布生效裁判文书等方式执行，产生的费用由行为人负担。

第一千零一条　【自然人身份权利的保护】对自然人因婚姻家庭关系等产生的身份权利的保护，适用本法第一编、第五编和其他法律的相关规定；没有规定的，可以根据其性质参照适用本编人格权保护的有关规定。

第二章　生命权、身体权和健康权

第一千零二条　【生命权】自然人享有生命权。自然人的生命安全和生命尊严受法律保护。任何组织或者个人不得侵害他人的生命权。

第一千零三条　【身体权】自然人享有身体权。自然人的身体完整和行动自由受法律保护。任何组织或者个人不得侵害他人的身体权。

第一千零四条　【健康权】自然人享有健康权。自然人的身心健康受法律保护。任何组织或者个人不得侵害他人的健康权。

第一千零五条　【物质性人格权受侵害时的法定救助义务】自然人的生命权、身体权、健康权受到侵害或者处于其他危难情形的，负有法定救助义务的组织或者个人应当及时施救。

第一千零六条　【无偿捐献人体细胞、组织、器官和遗体】完全民事行为能力人有权依法自主决定无偿捐献其人体细胞、人体组织、人体器官、遗体。任何组织或者个人不得强迫、欺骗、利诱其捐献。

完全民事行为能力人依据前款规定同意捐献的，应当采用书面形式，也可以订立遗嘱。

自然人生前未表示不同意捐献的，该自然人死亡后，其配偶、成年子女、父母可以共同决定捐献，决定捐献应当采用书面形式。

第一千零七条　【禁止买卖人体细胞、组织、器官和遗体】禁止以任何形式买卖人体细胞、人体组织、人体器官、遗体。

违反前款规定的买卖行为无效。

第一千零八条　【人体临床试验的伦理审查与知情同意权】为研制新药、医疗器械或者发展新的预防和治疗方法，需要进行临床试验的，应当依法经相关主管部门批准并经伦理委员会审查同意，向受试者或者受试者的监护人告知试验目的、用途和可能产生的风险等详细情况，并经其书面同意。

进行临床试验的，不得向受试者收取试验费用。

第一千零九条　【从事人体基因、胚胎等医学和科研活动的法定限制】从事与人体基因、人体胚胎等有关的医学和科研活动，应当遵守法律、行政法规和国家有关规定，不得危害人体健康，不得违背伦理道德，不得损害公共利益。

第一千零一十条　【性骚扰的民事责任与单位预防义务】违背他人意愿，以言语、文字、图像、肢体行为等方式对他人实施性骚扰的，受害人有权依法请求行为人承担民事责任。

机关、企业、学校等单位应当采取合理的预防、受理投诉、调查处置等措施，防止和制止利用职权、从属关系等实施性骚扰。

第一千零一十一条　【人身自由权】以非法拘禁等方式剥夺、限制他人的行动自由，或者非法搜查他人身体的，受害人有权依法请求行为人承担民事责任。

第三章　姓名权和名称权

第一千零一十二条　【姓名权】自然人享有姓名权，有权依法决定、使用、变更或者许可他人使用自己的姓名，但是不得违背公序良俗。

第一千零一十三条　【名称权】法人、非法人组织享有名称权，有权依法决定、使用、变更、转让或者许可他人使用自己的名称。

第一千零一十四条　【禁止侵害他人的姓名或名称】任何组织或者个人不得以干涉、盗用、假冒等方式侵害他人的姓名权或者名称权。

第一千零一十五条　【自然人姓氏的选取】自然人应当随父姓或者母姓，但是有下列情形之一的，可以在父姓和母姓之外选取姓氏：

（一）选取其他直系长辈血亲的姓氏；

（二）因由法定扶养人以外的人扶养而选取扶养人姓氏；

（三）有不违背公序良俗的其他正当理由。

少数民族自然人的姓氏可以遵从本民族的文化传统和风俗习惯。

第一千零一十六条　【决定、变更姓名、名称及转让名称的规定】自然人决定、变更姓名，或者法人、非法人组织决定、变更、转让名称的，应当依法向有关机关办理登记手续，但是法律另有规定的除外。

民事主体变更姓名、名称的，变更前实施的民事法律行为对其具有法律约束力。

第一千零一十七条　【姓名与名称的扩展保护】具有一定社会知名度，被他人使用足以造成公众混淆的笔名、艺名、网名、译名、字号、姓名和名称的简称等，参照适用姓名权和名称权保护的有关规定。

第四章　肖　像　权

第一千零一十八条　【肖像权及肖像】自然人享有肖像权，有权依法制作、使用、公开或者许可他人使用自己的肖像。

肖像是通过影像、雕塑、绘画等方式在一定载体上所反映的特定自然人可以被识别的外部形象。

第一千零一十九条　【肖像权的保护】任何组织或者个人不得以丑化、污损，或者利用信息技术手段伪造等方式侵害他人的肖像权。未经肖像权人同意，不得制作、使用、公开肖像权人的肖像，但是法律另有规定的除外。

未经肖像权人同意，肖像作品权利人不得以发表、复制、发行、出租、展览等方式使用或者公开肖像权人的肖像。

第一千零二十条　【肖像权的合理使用】合理实施下列行为的，可以不经肖像权人同意：

（一）为个人学习、艺术欣赏、课堂教学或者科学研究，在必要范围内使用肖像权人已经公开的肖像；

（二）为实施新闻报道，不可避免地制作、使用、公开肖像权人的肖像；

（三）为依法履行职责，国家机关在必要范围内制作、使用、公开肖像权人的肖像；

（四）为展示特定公共环境，不可避免地制作、使用、公开肖像权人的肖像；

（五）为维护公共利益或者肖像权人合法权益，制作、使用、公开肖像权人的肖像的其他行为。

第一千零二十一条　【肖像许可使用合同的解释】当事人对肖像许可使用合同中关于肖像使用条款的理解有争议的，应当作出有利于肖像权人的解释。

第一千零二十二条　【肖像许可使用合同期限】当事人对肖像许可使用期限没有约定或者约定不明确的，任何一方当事人可以随时解除肖像许可使用合同，但是应当在合理期限之前通知对方。

当事人对肖像许可使用期限有明确约定，肖像权人有正当理由的，可以解除肖像许可使用合同，但是应当在合理期限之前通知对方。因解除合同造成对方损失的，除不可归责于肖像权人的事由外，应当赔偿损失。

第一千零二十三条　【姓名、声音等的许可使用参照肖像许可使用】对姓名等的许可使用，参照适用肖像许可使用的有关规定。

对自然人声音的保护，参照适用肖像权保护的有关规定。

第五章　名誉权和荣誉权

第一千零二十四条　【名誉权；名誉】民事主体享有名誉权。任何组织或者个人不得以侮辱、诽谤等方式侵害他人的名誉权。

名誉是对民事主体的品德、声望、才能、信用等的社会评价。

第一千零二十五条　【新闻报道、舆论监督影响他人名誉不承担民事责任及其例外】行为人为公共利益实施新闻报道、舆论监督等行为，影响他人名誉的，不承担民事责任，但是有下列情形之一的除外：

（一）捏造、歪曲事实；

（二）对他人提供的严重失实内容未尽到合理核实义务；

（三）使用侮辱性言辞等贬损他人名誉。

第一千零二十六条　【认定是否尽到合理审查义务的考虑因素】认定行为人是否尽到前条第二项规定的合理核实义务，应当考虑下列因素：

（一）内容来源的可信度；

（二）对明显可能引发争议的内容是否进行了必要的调查；

（三）内容的时限性；

（四）内容与公序良俗的关联性；

（五）受害人名誉受贬损的可能性；

（六）核实能力和核实成本。

第一千零二十七条　【文学、艺术作品侵害名誉权的认定与例外】行为人发表的文学、艺术作品以真人真事或者特定人为描述对象，含有侮辱、诽谤内容，侵害他人名誉权的，受害人有权依法请求该行为人承担民事责任。

行为人发表的文学、艺术作品不以特定人为描述对象，仅其中的情节与该特定人的情况相似的，不承担民事责任。

第一千零二十八条　【媒体报道内容失实侵害名誉权】民事主体有证据证明报刊、网络等媒体报道的内容失实，侵害其名誉权的，有权请求该媒体及时采取更正或者删除等必要措施。

第一千零二十九条　【信用权】民事主体可以依法查询自己的信用评价；发现信用评价不当的，有权提出异议并请求采取更正、删除等必要措施。信用评价人应当及时核查，经核查属实的，应当及时采取必要措施。

第一千零三十条　【信用权准用个人信息保护的规定】民事主体与征信机构等信用信息处理者之间的关系，适用本编有关个人信息保护的规定和其他法律、行政法规的有关规定。

第一千零三十一条　【荣誉权】民事主体享有荣誉权。任何组织或者个人不得非法剥夺他人的荣誉称号，不得诋毁、贬损他人的荣誉。

获得的荣誉称号应当记载而没有记载的，民事主体可以请求记载；获得的荣誉称号记载错误的，民事主体可以请求更正。

第六章　隐私权和个人信息保护

第一千零三十二条　【隐私权及隐私】自然人享有隐私权。任何组织或者个人不得以刺探、侵扰、泄露、公开等方式侵害他人的隐私权。

隐私是自然人的私人生活安宁和不愿为他人知晓的私密空间、私密活动、私密信息。

第一千零三十三条　【侵害隐私权的方式】除法律另有规定或者权利人明确同意外，任何组织或者个人不得实施下列行为：

（一）以电话、短信、即时通讯工具、电子邮件、传单等方式侵扰他人的私人生活安宁；

（二）进入、拍摄、窥视他人的住宅、宾馆房间等私密空间；

（三）拍摄、窥视、窃听、公开他人的私密活动；

（四）拍摄、窥视他人身体的私密部位；

（五）处理他人的私密信息；

（六）以其他方式侵害他人的隐私权。

第一千零三十四条　【个人信息保护】自然人的个人信息受法律保护。

个人信息是以电子或者其他方式记录的能够单独或者与其他信息结合识别特定自然人的各种信息，包括自然人的姓名、出生日期、身份证件号码、生物识别信息、住址、电话号码、电子邮箱、健康信息、行踪信息等。

个人信息中的私密信息，适用有关隐私权的规定；没有规定的，适用有关个人信息保护的规定。

第一千零三十五条　【个人信息处理的限制】处理个人信息的，应当遵循合法、正当、必要原则，不得过度处理，并符合下列条件：

（一）征得该自然人或者其监护人同意，但是法律、行政法规另有规定的除外；

（二）公开处理信息的规则；

（三）明示处理信息的目的、方式和范围；

（四）不违反法律、行政法规的规定和双方的约定。

个人信息的处理包括个人信息的收集、存储、使用、加工、传输、提供、公开等。

第一千零三十六条　【处理个人信息的免责事由】处理个人信息，有下列情形之一的，行为人不承担民事责任：

（一）在该自然人或者其监护人同意的范围内合理实施的行为；

（二）合理处理该自然人自行公开的或者其他已经合法公开的信息，但是该自然人明确拒绝或者处理该信息侵害其重大利益的除外；

（三）为维护公共利益或者该自然人合法权益，合理实施的其他行为。

第一千零三十七条　【个人信息决定权】自然人可以依法向信息处理者查阅或者复制其个人信息；发现信息有错误的，有权提出异议并请求及时采取更正等必要措施。

自然人发现信息处理者违反法律、行政法规的规定或者双方的约定处理其个人信息的，有权请求信息处理者及时删除。

第一千零三十八条　【个人信息安全】信息处理者不得泄露或者篡改其收集、存储的个人信息；未经自然人同意，不得向他人非法提供其个人信息，但是经过加工无法识别特定个人且不能复原的除外。

信息处理者应当采取技术措施和其他必要措施，确保其收集、存储的个人信息安全，防止信息泄露、篡改、丢失；发生或者可能发生个人信息泄露、篡改、丢失的，应当及时采取补救措施，按照规定告知自然人并向有关主管部门报告。

第一千零三十九条　【国家机关及其工作人员对个人信息的保密义务】国家机关、承担行政职能的法定机构及其工作人员对于履行职责过程中知悉的自然人的隐私和个人信息，应当予以保密，不得泄露或者向他人非法提供。

第五编　婚姻家庭

第一章　一般规定

第一千零四十条　【婚姻家庭编的调整范围】本编调整因婚姻家庭产生的民事关系。

第一千零四十一条　【我国的婚姻制度及保护的权益】婚姻家庭受国家保护。

实行婚姻自由、一夫一妻、男女平等的婚姻制度。

保护妇女、未成年人、老年人、残疾人的合法权益。

第一千零四十二条　【禁止的婚姻家庭行为】禁止包办、买卖婚姻和其他干涉婚姻自由的行为。禁止借婚姻索取财物。

禁止重婚。禁止有配偶者与他人同居。

禁止家庭暴力。禁止家庭成员间的虐待和遗弃。

第一千零四十三条　【优良家风、家庭美德与家庭文化建设；婚姻家庭关系】家庭应当树立优良家风，弘扬家庭美德，重视家庭文明建设。

夫妻应当互相忠实，互相尊重，互相关爱；家庭成员应当敬老爱幼，互相帮助，维护平等、和睦、文明的婚姻家庭关系。

第一千零四十四条　【收养的原则与禁止性规定】收养应当遵循最有利于被收养人的原则，保障被收养人和收养人的合法权益。

禁止借收养名义买卖未成年人。

第一千零四十五条　【亲属、近亲属与家庭成员】亲属包括配偶、血亲和姻亲。

配偶、父母、子女、兄弟姐妹、祖父母、外祖父母、孙子女、外孙子女为近亲属。

配偶、父母、子女和其他共同生活的近亲属为家庭成员。

第二章　结　　婚

第一千零四十六条　【结婚自愿】结婚应当男女双方完全自愿，禁止任何一方对另一方加以强迫，禁止任何组织或者个人加以干涉。

第一千零四十七条　【法定婚龄】结婚年龄，男不得早于二十二周岁，女不得早于二十周岁。

第一千零四十八条　【禁止结婚的情形】直系血亲或者三代以内的旁系血亲禁止结婚。

第一千零四十九条　【结婚登记】要求结婚的男女双方应当亲自到婚姻登记机关申请结婚登记。符合本法规定的，予以登记，发给结婚证。完成结婚登记，即确立婚姻关系。未办理结婚登记的，应当补办登记。

第一千零五十条　【男女双方互为家庭成员】登记结婚后，按照男女双方约定，女方可以成为男方家庭的成员，男方可以成为女方家庭的成员。

第一千零五十一条　【婚姻无效的情形】有下列情形之一的，婚姻无效：

（一）重婚；

（二）有禁止结婚的亲属关系；

（三）未到法定婚龄。

第一千零五十二条　【受胁迫婚姻的撤销】因胁迫结婚的，受胁迫的一方可以向人民法院请求撤销婚姻。

请求撤销婚姻的，应当自胁迫行为终止之日起一年内提出。

被非法限制人身自由的当事人请求撤销婚姻的，应当自恢复人身自由之日起一年内提出。

第一千零五十三条　【重大疾病如实告知义务】一方患有重大疾病的，应当在结婚登记前如实告知另一方；不如实告知的，另一方可以向人民法院请求撤销婚姻。

请求撤销婚姻的，应当自知道或者应当知道撤销事由之日起一年内提出。

第一千零五十四条　【婚姻无效或被撤销的法律后果】无效的或者被撤销的婚姻自始没有法律约束力，当事人不具有夫妻的权利和义务。同居期间所得的财产，由当事人协议处理；协议不成的，由人民法院根据照顾无过错方的原则判决。对重婚导致的无效婚姻的财产处理，不得侵害合法婚姻当事人的财产权益。当事人所生的子女，适用本法关于父母子女的规定。

婚姻无效或者被撤销的，无过错方有权请求损害赔偿。

第三章　家 庭 关 系

第一节　夫 妻 关 系

第一千零五十五条　【夫妻平等】夫妻在婚姻家庭中地位平等。

第一千零五十六条　【夫妻姓名权】夫妻双方都有各自使用自己姓名的权利。

第一千零五十七条　【夫妻人身自由权】夫妻双方都有参加生产、工作、学习和社会活动的自由，一方不得对另一方加以限制或者干涉。

第一千零五十八条　【父母对未成年子女抚养、教育和保护的权利义务】夫妻双方平等享有对未成年子女抚养、教育和保护的权利，共同承担对未成年子女抚养、教育和保护的义务。

第一千零五十九条　【夫妻扶养义务】夫妻有相互扶养的义务。

需要扶养的一方，在另一方不履行扶养义务时，有要求其给付扶养费的权利。

第一千零六十条　【夫妻双方家事代理权及限制】夫妻一方因家庭日常生活需要而实施的民事法律行为，对夫妻双方发生效力，但是夫妻一方与相对人另有约定的除外。

夫妻之间对一方可以实施的民事法律行为范围的限制，不得对抗善意相对人。

第一千零六十一条　【夫妻遗产继承权】夫妻有相互继承遗产的权利。

第一千零六十二条　【夫妻共同财产】夫妻在婚姻关系存续期间所得的下列财产，为夫妻的共同财产，归夫妻共同所有：

（一）工资、奖金、劳务报酬；

（二）生产、经营、投资的收益；

（三）知识产权的收益；

（四）继承或者受赠的财产，但是本法第一千零六十三条第三项规定的除外；

（五）其他应当归共同所有的财产。

夫妻对共同财产，有平等的处理权。

第一千零六十三条　【夫妻个人财产】下列财产为夫妻一方的个人财产：

（一）一方的婚前财产；

（二）一方因受到人身损害获得的赔偿或者补偿；

（三）遗嘱或者赠与合同中确定只归一方的财产；

（四）一方专用的生活用品；

（五）其他应当归一方的财产。

第一千零六十四条　【夫妻共同债务】夫妻双方共同签名或者夫妻一方事后追认等共同意思表示所负的债务，以及夫妻一方在婚姻关系存续期间以个人名义为家庭日常生活需要所负的债务，属于夫妻共同债务。

夫妻一方在婚姻关系存续期间以个人名义超出家庭日常生活需要所负的债务，不属于夫妻共同债务；但是，债权人能够证明该债务用于夫妻共同生活、共同生产经营或者基于夫妻双方共同意思表示的除外。

第一千零六十五条　【夫妻财产约定制】男女双方可以约定婚姻关系存续期间所得的财产以及婚前财产归各自所有、共同所有或者部分各自所有、部分共同所有。约定应当采用书面形式。没有约定或者约定不明确的，适用本法第一千零六十二条、第一千零六十三条的规定。

夫妻对婚姻关系存续期间所得的财产以及婚前财产的约定，对双方具有法律约束力。

夫妻对婚姻关系存续期间所得的财产约定归各自所有，夫或者妻一方对外所负的债务，相对人知道该约定的，以夫或者妻一方的个人财产清偿。

第一千零六十六条　【婚内分割夫妻共同财产请求权】婚姻关系存续期间，有下列情形之一的，夫妻一方可以向人民法院请求分割共同财产：

（一）一方有隐藏、转移、变卖、毁损、挥霍夫妻共同财产或者伪造夫妻共同债务等严重损害夫妻共同财产利益的行为；

（二）一方负有法定扶养义务的人患重大疾病需要医治，另一方不同意支付相关医疗费用。

第二节　父母子女关系和其他近亲属关系

第一千零六十七条　【父母与子女间的抚养赡养义务】父母不履行抚养义务的，未成年子女或者不能独立生活的成年子女，有要求父母给付抚养费的权利。

成年子女不履行赡养义务的，缺乏劳动能力或者生活困难的父母，有要求成年子女给付赡养费的权利。

第一千零六十八条　【父母对未成年子女的教育和保护义务】

父母有教育、保护未成年子女的权利和义务。未成年子女造成他人损害的，父母应当依法承担民事责任。

第一千零六十九条　【子女尊重父母的婚姻权利及赡养义务】子女应当尊重父母的婚姻权利，不得干涉父母离婚、再婚以及婚后的生活。子女对父母的赡养义务，不因父母的婚姻关系变化而终止。

第一千零七十条　【遗产继承权】父母和子女有相互继承遗产的权利。

第一千零七十一条　【非婚生子女权利】非婚生子女享有与婚生子女同等的权利，任何组织或者个人不得加以危害和歧视。

不直接抚养非婚生子女的生父或者生母，应当负担未成年子女或者不能独立生活的成年子女的抚养费。

第一千零七十二条　【继父母子女之间权利义务】继父母与继子女间，不得虐待或者歧视。

继父或者继母和受其抚养教育的继子女间的权利义务关系，适用本法关于父母子女关系的规定。

第一千零七十三条　【父母或成年子女请求确认亲子关系的权利】对亲子关系有异议且有正当理由的，父或者母可以向人民法院提起诉讼，请求确认或者否认亲子关系。

对亲子关系有异议且有正当理由的，成年子女可以向人民法院提起诉讼，请求确认亲子关系。

第一千零七十四条　【祖与孙的抚养赡养义务】有负担能力的祖父母、外祖父母，对于父母已经死亡或者父母无力抚养的未成年孙子女、外孙子女，有抚养的义务。

有负担能力的孙子女、外孙子女，对于子女已经死亡或者子女无力赡养的祖父母、外祖父母，有赡养的义务。

第一千零七十五条　【兄姐与弟妹的扶养义务】有负担能力的兄、姐，对于父母已经死亡或者父母无力抚养的未成年弟、妹，有扶养的义务。

由兄、姐扶养长大的有负担能力的弟、妹，对于缺乏劳动能力又缺乏生活来源的兄、姐，有扶养的义务。

第四章　离　　婚

第一千零七十六条　【协议离婚及其内容】夫妻双方自愿离婚的，应当签订书面离婚协议，并亲自到婚姻登记机关申请离婚登记。

离婚协议应当载明双方自愿离婚的意思表示和对子女抚养、财产以及债务处理等事项协商一致的意见。

第一千零七十七条　【离婚冷静期的期限及法律效果】自婚姻登记机关收到离婚登记申请之日起三十日内，任何一方不愿意离婚的，可以向婚姻登记机关撤回离婚登记申请。

前款规定期限届满后三十日内，双方应当亲自到婚姻登记机关申请发给离婚证；未申请的，视为撤回离婚登记申请。

第一千零七十八条　【协议离婚的处理】婚姻登记机关查明双方确实是自愿离婚，并已经对子女抚养、财产以及债务处理等事项协商一致的，予以登记，发给离婚证。

第一千零七十九条　【调解及诉讼离婚】夫妻一方要求离婚的，可以由有关组织进行调解或者直接向人民法院提起离婚诉讼。

人民法院审理离婚案件，应当进行调解；如果感情确已破裂，调解无效的，应当准予离婚。

有下列情形之一，调解无效的，应当准予离婚：

（一）重婚或者与他人同居；

（二）实施家庭暴力或者虐待、遗弃家庭成员；

（三）有赌博、吸毒等恶习屡教不改；

（四）因感情不和分居满二年；

（五）其他导致夫妻感情破裂的情形。

一方被宣告失踪，另一方提起离婚诉讼的，应当准予离婚。

经人民法院判决不准离婚后，双方又分居满一年，一方再次提起离婚诉讼的，应当准予离婚。

第一千零八十条　【婚姻关系的解除】完成离婚登记，或者离婚判决书、调解书生效，即解除婚姻关系。

第一千零八十一条　【军人配偶要求离婚】现役军人的配偶要

求离婚，应当征得军人同意，但是军人一方有重大过错的除外。

第一千零八十二条　【男方提出离婚的限制与除外情形】女方在怀孕期间、分娩后一年内或者终止妊娠后六个月内，男方不得提出离婚；但是，女方提出离婚或者人民法院认为确有必要受理男方离婚请求的除外。

第一千零八十三条　【复婚】离婚后，男女双方自愿恢复婚姻关系的，应当到婚姻登记机关重新进行结婚登记。

第一千零八十四条　【离婚后子女的抚养】父母与子女间的关系，不因父母离婚而消除。离婚后，子女无论由父或者母直接抚养，仍是父母双方的子女。

离婚后，父母对于子女仍有抚养、教育、保护的权利和义务。

离婚后，不满两周岁的子女，以由母亲直接抚养为原则。已满两周岁的子女，父母双方对抚养问题协议不成的，由人民法院根据双方的具体情况，按照最有利于未成年子女的原则判决。子女已满八周岁的，应当尊重其真实意愿。

第一千零八十五条　【离婚后子女抚养费的负担】离婚后，子女由一方直接抚养的，另一方应当负担部分或者全部抚养费。负担费用的多少和期限的长短，由双方协议；协议不成的，由人民法院判决。

前款规定的协议或者判决，不妨碍子女在必要时向父母任何一方提出超过协议或者判决原定数额的合理要求。

第一千零八十六条　【离婚后的子女探望权】离婚后，不直接抚养子女的父或者母，有探望子女的权利，另一方有协助的义务。

行使探望权利的方式、时间由当事人协议；协议不成的，由人民法院判决。

父或者母探望子女，不利于子女身心健康的，由人民法院依法中止探望；中止的事由消失后，应当恢复探望。

第一千零八十七条　【离婚时夫妻共同财产的处理】离婚时，夫妻的共同财产由双方协议处理；协议不成的，由人民法院根据财产的具体情况，按照照顾子女、女方和无过错方权益的原则判决。

对夫或者妻在家庭土地承包经营中享有的权益等，应当依法予以保护。

第一千零八十八条　【离婚时的经济补偿请求权】夫妻一方因抚育子女、照料老年人、协助另一方工作等负担较多义务的，离婚时有权向另一方请求补偿，另一方应当给予补偿。具体办法由双方协议；协议不成的，由人民法院判决。

第一千零八十九条　【离婚时夫妻共同债务的清偿】离婚时，夫妻共同债务应当共同偿还。共同财产不足清偿或者财产归各自所有的，由双方协议清偿；协议不成的，由人民法院判决。

第一千零九十条　【离婚经济帮助】离婚时，如果一方生活困难，有负担能力的另一方应当给予适当帮助。具体办法由双方协议；协议不成的，由人民法院判决。

第一千零九十一条　【无过错方请求离婚损害赔偿的情形】有下列情形之一，导致离婚的，无过错方有权请求损害赔偿：

（一）重婚；

（二）与他人同居；

（三）实施家庭暴力；

（四）虐待、遗弃家庭成员；

（五）有其他重大过错。

第一千零九十二条　【隐藏、变卖、毁损夫妻共同财产或伪造债务行为的处理规则】夫妻一方隐藏、转移、变卖、毁损、挥霍夫妻共同财产，或者伪造夫妻共同债务企图侵占另一方财产的，在离婚分割夫妻共同财产时，对该方可以少分或者不分。离婚后，另一方发现有上述行为的，可以向人民法院提起诉讼，请求再次分割夫妻共同财产。

第五章　收　　养

第一节　收养关系的成立

第一千零九十三条　【被收养人的条件】下列未成年人，可以被收养：

（一）丧失父母的孤儿；

（二）查找不到生父母的未成年人；

（三）生父母有特殊困难无力抚养的子女。

第一千零九十四条　【送养人的条件】下列个人、组织可以作送养人：

（一）孤儿的监护人；

（二）儿童福利机构；

（三）有特殊困难无力抚养子女的生父母。

第一千零九十五条　【监护人送养未成年人的情形】未成年人的父母均不具备完全民事行为能力且可能严重危害该未成年人的，该未成年人的监护人可以将其送养。

第一千零九十六条　【监护人送养孤儿的处理规则】监护人送养孤儿的，应当征得有抚养义务的人同意。有抚养义务的人不同意送养、监护人不愿意继续履行监护职责的，应当依照本法第一编的规定另行确定监护人。

第一千零九十七条　【共同送养与单方送养】生父母送养子女，应当双方共同送养。生父母一方不明或者查找不到的，可以单方送养。

第一千零九十八条　【收养人条件】收养人应当同时具备下列条件：

（一）无子女或者只有一名子女；

（二）有抚养、教育和保护被收养人的能力；

（三）未患有在医学上认为不应当收养子女的疾病；

（四）无不利于被收养人健康成长的违法犯罪记录；

（五）年满三十周岁。

第一千零九十九条　【三代以内同辈旁系血亲的收养】收养三代以内旁系同辈血亲的子女，可以不受本法第一千零九十三条第三项、第一千零九十四条第三项和第一千一百零二条规定的限制。

华侨收养三代以内旁系同辈血亲的子女，还可以不受本法第一千零九十八条第一项规定的限制。

第一千一百条　【收养人数的限制及例外情形】无子女的收养

人可以收养两名子女；有子女的收养人只能收养一名子女。

收养孤儿、残疾未成年人或者儿童福利机构抚养的查找不到生父母的未成年人，可以不受前款和本法第一千零九十八条第一项规定的限制。

第一千一百零一条　【共同收养】有配偶者收养子女，应当夫妻共同收养。

第一千一百零二条　【无配偶者收养异性子女的限制】无配偶者收养异性子女的，收养人与被收养人的年龄应当相差四十周岁以上。

第一千一百零三条　【收养继子女的特别规定】继父或者继母经继子女的生父母同意，可以收养继子女，并可以不受本法第一千零九十三条第三项、第一千零九十四条第三项、第一千零九十八条和第一千一百条第一款规定的限制。

第一千一百零四条　【收养自愿原则】收养人收养与送养人送养，应当双方自愿。收养八周岁以上未成年人的，应当征得被收养人的同意。

第一千一百零五条　【收养关系的成立】收养应当向县级以上人民政府民政部门登记。收养关系自登记之日起成立。

收养查找不到生父母的未成年人的，办理登记的民政部门应当在登记前予以公告。

收养关系当事人愿意签订收养协议的，可以签订收养协议。

收养关系当事人各方或者一方要求办理收养公证的，应当办理收养公证。

县级以上人民政府民政部门应当依法进行收养评估。

第一千一百零六条　【收养后的户口登记】收养关系成立后，公安机关应当按照国家有关规定为被收养人办理户口登记。

第一千一百零七条　【亲属、朋友的抚养】孤儿或者生父母无力抚养的子女，可以由生父母的亲属、朋友抚养；抚养人与被抚养人的关系不适用本章规定。

第一千一百零八条　【祖父母、外祖父母优先抚养权】配偶一方死亡，另一方送养未成年子女的，死亡一方的父母有优先抚养的权利。

第一千一百零九条　【涉外收养】外国人依法可以在中华人民共和国收养子女。

外国人在中华人民共和国收养子女，应当经其所在国主管机关依照该国法律审查同意。收养人应当提供由其所在国有权机构出具的有关其年龄、婚姻、职业、财产、健康、有无受过刑事处罚等状况的证明材料，并与送养人签订书面协议，亲自向省、自治区、直辖市人民政府民政部门登记。

前款规定的证明材料应当经收养人所在国外交机关或者外交机关授权的机构认证，并经中华人民共和国驻该国使领馆认证，但是国家另有规定的除外。

第一千一百一十条　【保守收养秘密】收养人、送养人要求保守收养秘密的，其他人应当尊重其意愿，不得泄露。

第二节　收养的效力

第一千一百一十一条　【收养的效力】自收养关系成立之日起，养父母与养子女间的权利义务关系，适用本法关于父母子女关系的规定；养子女与养父母的近亲属间的权利义务关系，适用本法关于子女与父母的近亲属关系的规定。

养子女与生父母以及其他近亲属间的权利义务关系，因收养关系的成立而消除。

第一千一百一十二条　【养子女的姓氏】养子女可以随养父或者养母的姓氏，经当事人协商一致，也可以保留原姓氏。

第一千一百一十三条　【收养行为的无效】有本法第一编关于民事法律行为无效规定情形或者违反本编规定的收养行为无效。

无效的收养行为自始没有法律约束力。

第三节　收养关系的解除

第一千一百一十四条　【解除收养关系】收养人在被收养人成年以前，不得解除收养关系，但是收养人、送养人双方协议解除的除外。养子女八周岁以上的，应当征得本人同意。

收养人不履行抚养义务，有虐待、遗弃等侵害未成年养子女合法权益行为的，送养人有权要求解除养父母与养子女间的收养关系。送养人、收养人不能达成解除收养关系协议的，可以向人民法院提起诉讼。

第一千一百一十五条　【解除收养关系的方式】养父母与成年养子女关系恶化、无法共同生活的，可以协议解除收养关系。不能达成协议的，可以向人民法院提起诉讼。

第一千一百一十六条　【协议解除收养关系的程序】当事人协议解除收养关系的，应当到民政部门办理解除收养关系登记。

第一千一百一十七条　【收养关系解除的法律后果】收养关系解除后，养子女与养父母以及其他近亲属间的权利义务关系即行消除，与生父母以及其他近亲属间的权利义务关系自行恢复。但是，成年养子女与生父母以及其他近亲属间的权利义务关系是否恢复，可以协商确定。

第一千一百一十八条　【成年子女解除收养关系后应赡养养父母及补偿抚养费的情形】收养关系解除后，经养父母抚养的成年养子女，对缺乏劳动能力又缺乏生活来源的养父母，应当给付生活费。因养子女成年后虐待、遗弃养父母而解除收养关系的，养父母可以要求养子女补偿收养期间支出的抚养费。

生父母要求解除收养关系的，养父母可以要求生父母适当补偿收养期间支出的抚养费；但是，因养父母虐待、遗弃养子女而解除收养关系的除外。

第六编　继　承

第一章　一般规定

第一千一百一十九条　【继承编的调整范围】本编调整因继承产生的民事关系。

第一千一百二十条　【继承权的保护】国家保护自然人的继承权。

第一千一百二十一条　【继承的开始时间】继承从被继承人死

亡时开始。

相互有继承关系的数人在同一事件中死亡，难以确定死亡时间的，推定没有其他继承人的人先死亡。都有其他继承人，辈份不同的，推定长辈先死亡；辈份相同的，推定同时死亡，相互不发生继承。

第一千一百二十二条　【遗产的范围】遗产是自然人死亡时遗留的个人合法财产。

依照法律规定或者根据其性质不得继承的遗产，不得继承。

第一千一百二十三条　【继承的方式】继承开始后，按照法定继承办理；有遗嘱的，按照遗嘱继承或者遗赠办理；有遗赠扶养协议的，按照协议办理。

第一千一百二十四条　【继承和遗赠的接受和放弃】继承开始后，继承人放弃继承的，应当在遗产处理前，以书面形式作出放弃继承的表示；没有表示的，视为接受继承。

受遗赠人应当在知道受遗赠后六十日内，作出接受或者放弃受遗赠的表示；到期没有表示的，视为放弃受遗赠。

第一千一百二十五条　【继承权的丧失及例外】继承人有下列行为之一的，丧失继承权：

（一）故意杀害被继承人；

（二）为争夺遗产而杀害其他继承人；

（三）遗弃被继承人，或者虐待被继承人情节严重；

（四）伪造、篡改、隐匿或者销毁遗嘱，情节严重；

（五）以欺诈、胁迫手段迫使或者妨碍被继承人设立、变更或者撤回遗嘱，情节严重。

继承人有前款第三项至第五项行为，确有悔改表现，被继承人表示宽恕或者事后在遗嘱中将其列为继承人的，该继承人不丧失继承权。

受遗赠人有本条第一款规定行为的，丧失受遗赠权。

第二章　法定继承

第一千一百二十六条　【继承权男女平等原则】继承权男女平等。

第一千一百二十七条　【继承人的范围及继承顺序】遗产按照下列顺序继承：

（一）第一顺序：配偶、子女、父母；

（二）第二顺序：兄弟姐妹、祖父母、外祖父母。

继承开始后，由第一顺序继承人继承，第二顺序继承人不继承；没有第一顺序继承人继承的，由第二顺序继承人继承。

本编所称子女，包括婚生子女、非婚生子女、养子女和有扶养关系的继子女。

本编所称父母，包括生父母、养父母和有扶养关系的继父母。

本编所称兄弟姐妹，包括同父母的兄弟姐妹、同父异母或者同母异父的兄弟姐妹、养兄弟姐妹、有扶养关系的继兄弟姐妹。

第一千一百二十八条　【代位继承】被继承人的子女先于被继承人死亡的，由被继承人的子女的直系晚辈血亲代位继承。

被继承人的兄弟姐妹先于被继承人死亡的，由被继承人的兄弟姐妹的子女代位继承。

代位继承人一般只能继承被代位继承人有权继承的遗产份额。

第一千一百二十九条　【丧偶儿媳、女婿的继承权】丧偶儿媳对公婆，丧偶女婿对岳父母，尽了主要赡养义务的，作为第一顺序继承人。

第一千一百三十条　【遗产分配规则】同一顺序继承人继承遗产的份额，一般应当均等。

对生活有特殊困难又缺乏劳动能力的继承人，分配遗产时，应当予以照顾。

对被继承人尽了主要扶养义务或者与被继承人共同生活的继承人，分配遗产时，可以多分。

有扶养能力和有扶养条件的继承人，不尽扶养义务的，分配遗产时，应当不分或者少分。

继承人协商同意的，也可以不均等。

第一千一百三十一条　【酌情分得遗产权】对继承人以外的依靠被继承人扶养的人，或者继承人以外的对被继承人扶养较多的人，可以分给适当的遗产。

第一千一百三十二条　【继承的处理方式】继承人应当本着互谅互让、和睦团结的精神，协商处理继承问题。遗产分割的时间、办法和份额，由继承人协商确定；协商不成的，可以由人民调解委员会调解或者向人民法院提起诉讼。

第三章　遗嘱继承和遗赠

第一千一百三十三条　【遗嘱继承和遗赠的一般规定】自然人可以依照本法规定立遗嘱处分个人财产，并可以指定遗嘱执行人。

自然人可以立遗嘱将个人财产指定由法定继承人中的一人或者数人继承。

自然人可以立遗嘱将个人财产赠与国家、集体或者法定继承人以外的组织、个人。

自然人可以依法设立遗嘱信托。

第一千一百三十四条　【自书遗嘱】自书遗嘱由遗嘱人亲笔书写，签名，注明年、月、日。

第一千一百三十五条　【代书遗嘱】代书遗嘱应当有两个以上见证人在场见证，由其中一人代书，并由遗嘱人、代书人和其他见证人签名，注明年、月、日。

第一千一百三十六条　【打印遗嘱】打印遗嘱应当有两个以上见证人在场见证。遗嘱人和见证人应当在遗嘱每一页签名，注明年、月、日。

第一千一百三十七条　【录音录像遗嘱】以录音录像形式立的遗嘱，应当有两个以上见证人在场见证。遗嘱人和见证人应当在录音录像中记录其姓名或者肖像，以及年、月、日。

第一千一百三十八条　【口头遗嘱】遗嘱人在危急情况下，可以立口头遗嘱。口头遗嘱应当有两个以上见证人在场见证。危急情况消除后，遗嘱人能够以书面或者录音录像形式立遗嘱的，所立的口头遗嘱无效。

第一千一百三十九条　【公证遗嘱】公证遗嘱由遗嘱人经公证机构办理。

第一千一百四十条 【作为遗嘱见证人的消极条件】下列人员不能作为遗嘱见证人：

（一）无民事行为能力人、限制民事行为能力人以及其他不具有见证能力的人；

（二）继承人、受遗赠人；

（三）与继承人、受遗赠人有利害关系的人。

第一千一百四十一条 【特留份规定】遗嘱应当为缺乏劳动能力又没有生活来源的继承人保留必要的遗产份额。

第一千一百四十二条 【遗嘱的撤回、变更及效力冲突】遗嘱人可以撤回、变更自己所立的遗嘱。

立遗嘱后，遗嘱人实施与遗嘱内容相反的民事法律行为的，视为对遗嘱相关内容的撤回。

立有数份遗嘱，内容相抵触的，以最后的遗嘱为准。

第一千一百四十三条 【遗嘱无效的情形】无民事行为能力人或者限制民事行为能力人所立的遗嘱无效。

遗嘱必须表示遗嘱人的真实意思，受欺诈、胁迫所立的遗嘱无效。

伪造的遗嘱无效。

遗嘱被篡改的，篡改的内容无效。

第一千一百四十四条 【附义务的遗嘱】遗嘱继承或者遗赠附有义务的，继承人或者受遗赠人应当履行义务。没有正当理由不履行义务的，经利害关系人或者有关组织请求，人民法院可以取消其接受附义务部分遗产的权利。

第四章 遗产的处理

第一千一百四十五条 【遗产管理人的选任】继承开始后，遗嘱执行人为遗产管理人；没有遗嘱执行人的，继承人应当及时推选遗产管理人；继承人未推选的，由继承人共同担任遗产管理人；没有继承人或者继承人均放弃继承的，由被继承人生前住所地的民政部门或者村民委员会担任遗产管理人。

第一千一百四十六条　【申请指定遗产管理人】对遗产管理人的确定有争议的，利害关系人可以向人民法院申请指定遗产管理人。

第一千一百四十七条　【遗产管理人的职责】遗产管理人应当履行下列职责：

（一）清理遗产并制作遗产清单；

（二）向继承人报告遗产情况；

（三）采取必要措施防止遗产毁损、灭失；

（四）处理被继承人的债权债务；

（五）按照遗嘱或者依照法律规定分割遗产；

（六）实施与管理遗产有关的其他必要行为。

第一千一百四十八条　【遗产管理人的责任】遗产管理人应当依法履行职责，因故意或者重大过失造成继承人、受遗赠人、债权人损害的，应当承担民事责任。

第一千一百四十九条　【遗产管理人的报酬】遗产管理人可以依照法律规定或者按照约定获得报酬。

第一千一百五十条　【继承开始的通知】继承开始后，知道被继承人死亡的继承人应当及时通知其他继承人和遗嘱执行人。继承人中无人知道被继承人死亡或者知道被继承人死亡而不能通知的，由被继承人生前所在单位或者住所地的居民委员会、村民委员会负责通知。

第一千一百五十一条　【遗产的保管】存有遗产的人，应当妥善保管遗产，任何组织或者个人不得侵吞或者争抢。

第一千一百五十二条　【转继承】继承开始后，继承人于遗产分割前死亡，并没有放弃继承的，该继承人应当继承的遗产转给其继承人，但是遗嘱另有安排的除外。

第一千一百五十三条　【遗产的认定】夫妻共同所有的财产，除有约定的外，遗产分割时，应当先将共同所有的财产的一半分出为配偶所有，其余的为被继承人的遗产。

遗产在家庭共有财产之中的，遗产分割时，应当先分出他人的财产。

第一千一百五十四条　【法定继承的适用范围】有下列情形之

一的，遗产中的有关部分按照法定继承办理：

（一）遗嘱继承人放弃继承或者受遗赠人放弃受遗赠；

（二）遗嘱继承人丧失继承权或者受遗赠人丧失受遗赠权；

（三）遗嘱继承人、受遗赠人先于遗嘱人死亡或者终止；

（四）遗嘱无效部分所涉及的遗产；

（五）遗嘱未处分的遗产。

第一千一百五十五条　【胎儿预留份】遗产分割时，应当保留胎儿的继承份额。胎儿娩出时是死体的，保留的份额按照法定继承办理。

第一千一百五十六条　【遗产分割的规则和方法】遗产分割应当有利于生产和生活需要，不损害遗产的效用。

不宜分割的遗产，可以采取折价、适当补偿或者共有等方法处理。

第一千一百五十七条　【再婚时对所继承遗产的处分】夫妻一方死亡后另一方再婚的，有权处分所继承的财产，任何组织或者个人不得干涉。

第一千一百五十八条　【遗赠扶养协议】自然人可以与继承人以外的组织或者个人签订遗赠扶养协议。按照协议，该组织或者个人承担该自然人生养死葬的义务，享有受遗赠的权利。

第一千一百五十九条　【继承遗产与清偿债务】分割遗产，应当清偿被继承人依法应当缴纳的税款和债务；但是，应当为缺乏劳动能力又没有生活来源的继承人保留必要的遗产。

第一千一百六十条　【无人继承的遗产的处理】无人继承又无人受遗赠的遗产，归国家所有，用于公益事业；死者生前是集体所有制组织成员的，归所在集体所有制组织所有。

第一千一百六十一条　【限定继承】继承人以所得遗产实际价值为限清偿被继承人依法应当缴纳的税款和债务。超过遗产实际价值部分，继承人自愿偿还的不在此限。

继承人放弃继承的，对被继承人依法应当缴纳的税款和债务可以不负清偿责任。

第一千一百六十二条　【清偿债务优先于执行遗赠】执行遗赠

不得妨碍清偿遗赠人依法应当缴纳的税款和债务。

第一千一百六十三条　【法定继承人、遗嘱继承人、受遗赠人清偿税款债务的顺序和比例】 既有法定继承又有遗嘱继承、遗赠的，由法定继承人清偿被继承人依法应当缴纳的税款和债务；超过法定继承遗产实际价值部分，由遗嘱继承人和受遗赠人按比例以所得遗产清偿。

第七编　侵权责任

第一章　一般规定

第一千一百六十四条　【侵权责任编的调整范围】 本编调整因侵害民事权益产生的民事关系。

第一千一百六十五条　【过错责任原则；过错推定责任】 行为人因过错侵害他人民事权益造成损害的，应当承担侵权责任。

依照法律规定推定行为人有过错，其不能证明自己没有过错的，应当承担侵权责任。

第一千一百六十六条　【非过错责任】 行为人造成他人民事权益损害，不论行为人有无过错，法律规定应当承担侵权责任的，依照其规定。

第一千一百六十七条　【民事权益保全请求权】 侵权行为危及他人人身、财产安全的，被侵权人有权请求侵权人承担停止侵害、排除妨碍、消除危险等侵权责任。

第一千一百六十八条　【共同实施侵权行为人的连带责任】 二人以上共同实施侵权行为，造成他人损害的，应当承担连带责任。

第一千一百六十九条　【教唆者、帮助者的侵权责任】 教唆、帮助他人实施侵权行为的，应当与行为人承担连带责任。

教唆、帮助无民事行为能力人、限制民事行为能力人实施侵权行为的，应当承担侵权责任；该无民事行为能力人、限制民事行为能力人的监护人未尽到监护职责的，应当承担相应的责任。

第一千一百七十条　【共同危险行为人的侵权责任】二人以上实施危及他人人身、财产安全的行为，其中一人或者数人的行为造成他人损害，能够确定具体侵权人的，由侵权人承担责任；不能确定具体侵权人的，行为人承担连带责任。

第一千一百七十一条　【分别实施充足原因侵权行为的连带责任】二人以上分别实施侵权行为造成同一损害，每个人的侵权行为都足以造成全部损害的，行为人承担连带责任。

第一千一百七十二条　【分别实施非充足原因侵权行为的按份责任】二人以上分别实施侵权行为造成同一损害，能够确定责任大小的，各自承担相应的责任；难以确定责任大小的，平均承担责任。

第一千一百七十三条　【被侵权人过错】被侵权人对同一损害的发生或者扩大有过错的，可以减轻侵权人的责任。

第一千一百七十四条　【受害人故意】损害是因受害人故意造成的，行为人不承担责任。

第一千一百七十五条　【第三人原因】损害是因第三人造成的，第三人应当承担侵权责任。

第一千一百七十六条　【自甘风险】自愿参加具有一定风险的文体活动，因其他参加者的行为受到损害的，受害人不得请求其他参加者承担侵权责任；但是，其他参加者对损害的发生有故意或者重大过失的除外。

活动组织者的责任适用本法第一千一百九十八条至第一千二百零一条的规定。

第一千一百七十七条　【自助行为】合法权益受到侵害，情况紧迫且不能及时获得国家机关保护，不立即采取措施将使其合法权益受到难以弥补的损害的，受害人可以在保护自己合法权益的必要范围内采取扣留侵权人的财物等合理措施；但是，应当立即请求有关国家机关处理。

受害人采取的措施不当造成他人损害的，应当承担侵权责任。

第一千一百七十八条　【其他法定侵权责任免除或者减轻规则】本法和其他法律对不承担责任或者减轻责任的情形另有规定的，依照其规定。

第二章 损害赔偿

第一千一百七十九条 【人身损害赔偿项目】侵害他人造成人身损害的，应当赔偿医疗费、护理费、交通费、营养费、住院伙食补助费等为治疗和康复支出的合理费用，以及因误工减少的收入。造成残疾的，还应当赔偿辅助器具费和残疾赔偿金；造成死亡的，还应当赔偿丧葬费和死亡赔偿金。

第一千一百八十条 【因同一侵权行为造成多人死亡的死亡赔偿金】因同一侵权行为造成多人死亡的，可以以相同数额确定死亡赔偿金。

第一千一百八十一条 【侵权责任请求权人】被侵权人死亡的，其近亲属有权请求侵权人承担侵权责任。被侵权人为组织，该组织分立、合并的，承继权利的组织有权请求侵权人承担侵权责任。

被侵权人死亡的，支付被侵权人医疗费、丧葬费等合理费用的人有权请求侵权人赔偿费用，但是侵权人已经支付该费用的除外。

第一千一百八十二条 【侵害人身权益造成财产损失的赔偿数额计算方式】侵害他人人身权益造成财产损失的，按照被侵权人因此受到的损失或者侵权人因此获得的利益赔偿；被侵权人因此受到的损失以及侵权人因此获得的利益难以确定，被侵权人和侵权人就赔偿数额协商不一致，向人民法院提起诉讼的，由人民法院根据实际情况确定赔偿数额。

第一千一百八十三条 【精神损害赔偿】侵害自然人人身权益造成严重精神损害的，被侵权人有权请求精神损害赔偿。

因故意或者重大过失侵害自然人具有人身意义的特定物造成严重精神损害的，被侵权人有权请求精神损害赔偿。

第一千一百八十四条 【侵害财产造成财产损失的计算方式】侵害他人财产的，财产损失按照损失发生时的市场价格或者其他合理方式计算。

第一千一百八十五条 【故意侵害知识产权的惩罚性赔偿责任】故意侵害他人知识产权，情节严重的，被侵权人有权请求相应的惩罚性赔偿。

第一千一百八十六条　【公平补偿责任的一般规定】受害人和行为人对损害的发生都没有过错的，依照法律的规定由双方分担损失。

第一千一百八十七条　【损害赔偿金的支付方式】损害发生后，当事人可以协商赔偿费用的支付方式。协商不一致的，赔偿费用应当一次性支付；一次性支付确有困难的，可以分期支付，但是被侵权人有权请求提供相应的担保。

第三章　责任主体的特殊规定

第一千一百八十八条　【监护人责任】无民事行为能力人、限制民事行为能力人造成他人损害的，由监护人承担侵权责任。监护人尽到监护职责的，可以减轻其侵权责任。

有财产的无民事行为能力人、限制民事行为能力人造成他人损害的，从本人财产中支付赔偿费用；不足部分，由监护人赔偿。

第一千一百八十九条　【委托监护中的监护人和受托人侵权责任】无民事行为能力人、限制民事行为能力人造成他人损害，监护人将监护职责委托给他人的，监护人应当承担侵权责任；受托人有过错的，承担相应的责任。

第一千一百九十条　【暂时丧失意思能力损害责任】完全民事行为能力人对自己的行为暂时没有意识或者失去控制造成他人损害有过错的，应当承担侵权责任；没有过错的，根据行为人的经济状况对受害人适当补偿。

完全民事行为能力人因醉酒、滥用麻醉药品或者精神药品对自己的行为暂时没有意识或者失去控制造成他人损害的，应当承担侵权责任。

第一千一百九十一条　【用人单位替代责任及劳务派遣责任】用人单位的工作人员因执行工作任务造成他人损害的，由用人单位承担侵权责任。用人单位承担侵权责任后，可以向有故意或者重大过失的工作人员追偿。

劳务派遣期间，被派遣的工作人员因执行工作任务造成他人损害的，由接受劳务派遣的用工单位承担侵权责任；劳务派遣单位有过错的，承担相应的责任。

第一千一百九十二条 【个人劳务损害责任】个人之间形成劳务关系，提供劳务一方因劳务造成他人损害的，由接受劳务一方承担侵权责任。接受劳务一方承担侵权责任后，可以向有故意或者重大过失的提供劳务一方追偿。提供劳务一方因劳务受到损害的，根据双方各自的过错承担相应的责任。

提供劳务期间，因第三人的行为造成提供劳务一方损害的，提供劳务一方有权请求第三人承担侵权责任，也有权请求接受劳务一方给予补偿。接受劳务一方补偿后，可以向第三人追偿。

第一千一百九十三条 【承揽人、定作人的侵权责任】承揽人在完成工作过程中造成第三人损害或者自己损害的，定作人不承担侵权责任。但是，定作人对定作、指示或者选任有过错的，应当承担相应的责任。

第一千一百九十四条 【网络用户、网络服务提供者的侵权责任】网络用户、网络服务提供者利用网络侵害他人民事权益的，应当承担侵权责任。法律另有规定的，依照其规定。

第一千一百九十五条 【网络侵权责任避风港原则的通知规则】网络用户利用网络服务实施侵权行为的，权利人有权通知网络服务提供者采取删除、屏蔽、断开链接等必要措施。通知应当包括构成侵权的初步证据及权利人的真实身份信息。

网络服务提供者接到通知后，应当及时将该通知转送相关网络用户，并根据构成侵权的初步证据和服务类型采取必要措施；未及时采取必要措施的，对损害的扩大部分与该网络用户承担连带责任。

权利人因错误通知造成网络用户或者网络服务提供者损害的，应当承担侵权责任。法律另有规定的，依照其规定。

第一千一百九十六条 【网络侵权责任避风港原则的反通知规则】网络用户接到转送的通知后，可以向网络服务提供者提交不存在侵权行为的声明。声明应当包括不存在侵权行为的初步证据及网络用户的真实身份信息。

网络服务提供者接到声明后，应当将该声明转送发出通知的权利人，并告知其可以向有关部门投诉或者向人民法院提起诉讼。网络服务提供者在转送声明到达权利人后的合理期限内，未收到权利人已经投诉或者提起诉讼通知的，应当及时终止所采取的措施。

第一千一百九十七条　【网络服务提供者与网络用户的连带责任】网络服务提供者知道或者应当知道网络用户利用其网络服务侵害他人民事权益，未采取必要措施的，与该网络用户承担连带责任。

第一千一百九十八条　【违反安全保障义务的侵权责任】宾馆、商场、银行、车站、机场、体育场馆、娱乐场所等经营场所、公共场所的经营者、管理者或者群众性活动的组织者，未尽到安全保障义务，造成他人损害的，应当承担侵权责任。

因第三人的行为造成他人损害的，由第三人承担侵权责任；经营者、管理者或者组织者未尽到安全保障义务的，承担相应的补充责任。经营者、管理者或者组织者承担补充责任后，可以向第三人追偿。

第一千一百九十九条　【教育机构对无民事行为能力人受到人身损害的过错推定责任】无民事行为能力人在幼儿园、学校或者其他教育机构学习、生活期间受到人身损害的，幼儿园、学校或者其他教育机构应当承担侵权责任；但是，能够证明尽到教育、管理职责的，不承担侵权责任。

第一千二百条　【教育机构对限制民事行为能力人受到人身损害的过错责任】限制民事行为能力人在学校或者其他教育机构学习、生活期间受到人身损害，学校或者其他教育机构未尽到教育、管理职责的，应当承担侵权责任。

第一千二百零一条　【第三人在教育机构造成人身损害的侵权责任和补充责任】无民事行为能力人或者限制民事行为能力人在幼儿园、学校或者其他教育机构学习、生活期间，受到幼儿园、学校或者其他教育机构以外的第三人人身损害的，由第三人承担侵权责任；幼儿园、学校或者其他教育机构未尽到管理职责的，承担相应的补充责任。幼儿园、学校或者其他教育机构承担补充责任后，可以向第三人追偿。

第四章　产品责任

第一千二百零二条　【生产者的缺陷产品无过错最终责任】因产品存在缺陷造成他人损害的，生产者应当承担侵权责任。

第一千二百零三条　【生产者、销售者的缺陷产品不真正连带责任及追偿权】因产品存在缺陷造成他人损害的，被侵权人可以向产品的生产者请求赔偿，也可以向产品的销售者请求赔偿。

产品缺陷由生产者造成的，销售者赔偿后，有权向生产者追偿。因销售者的过错使产品存在缺陷的，生产者赔偿后，有权向销售者追偿。

第一千二百零四条　【生产者、销售者的第三人追偿权】因运输者、仓储者等第三人的过错使产品存在缺陷，造成他人损害的，产品的生产者、销售者赔偿后，有权向第三人追偿。

第一千二百零五条　【缺陷产品预防性除险责任】因产品缺陷危及他人人身、财产安全的，被侵权人有权请求生产者、销售者承担停止侵害、排除妨碍、消除危险等侵权责任。

第一千二百零六条　【产品流通后发现缺陷的补救及侵权责任】产品投入流通后发现存在缺陷的，生产者、销售者应当及时采取停止销售、警示、召回等补救措施；未及时采取补救措施或者补救措施不力造成损害扩大的，对扩大的损害也应当承担侵权责任。

依据前款规定采取召回措施的，生产者、销售者应当负担被侵权人因此支出的必要费用。

第一千二百零七条　【缺陷产品惩罚性赔偿责任】明知产品存在缺陷仍然生产、销售，或者没有依据前条规定采取有效补救措施，造成他人死亡或者健康严重损害的，被侵权人有权请求相应的惩罚性赔偿。

第五章　机动车交通事故责任

第一千二百零八条　【机动车交通事故责任的法律适用】机动

车发生交通事故造成损害的，依照道路交通安全法律和本法的有关规定承担赔偿责任。

第一千二百零九条　【租赁、借用机动车交通事故责任】因租赁、借用等情形机动车所有人、管理人与使用人不是同一人时，发生交通事故造成损害，属于该机动车一方责任的，由机动车使用人承担赔偿责任；机动车所有人、管理人对损害的发生有过错的，承担相应的赔偿责任。

第一千二百一十条　【买卖机动车未过户交通事故责任】当事人之间已经以买卖或者其他方式转让并交付机动车但是未办理登记，发生交通事故造成损害，属于该机动车一方责任的，由受让人承担赔偿责任。

第一千二百一十一条　【挂靠机动车交通事故责任】以挂靠形式从事道路运输经营活动的机动车，发生交通事故造成损害，属于该机动车一方责任的，由挂靠人和被挂靠人承担连带责任。

第一千二百一十二条　【擅自驾驶他人机动车交通事故责任】未经允许驾驶他人机动车，发生交通事故造成损害，属于该机动车一方责任的，由机动车使用人承担赔偿责任；机动车所有人、管理人对损害的发生有过错的，承担相应的赔偿责任，但是本章另有规定的除外。

第一千二百一十三条　【交通事故侵权救济来源的支付顺序】机动车发生交通事故造成损害，属于该机动车一方责任的，先由承保机动车强制保险的保险人在强制保险责任限额范围内予以赔偿；不足部分，由承保机动车商业保险的保险人按照保险合同的约定予以赔偿；仍然不足或者没有投保机动车商业保险的，由侵权人赔偿。

第一千二百一十四条　【拼装车、报废车交通事故责任】以买卖或者其他方式转让拼装或者已经达到报废标准的机动车，发生交通事故造成损害的，由转让人和受让人承担连带责任。

第一千二百一十五条　【盗抢机动车交通事故责任】盗窃、抢劫或者抢夺的机动车发生交通事故造成损害的，由盗窃人、抢劫人或者抢夺人承担赔偿责任。盗窃人、抢劫人或者抢夺人与机动车使用人不是同一人，发生交通事故造成损害，属于该机动车一方责任的，由盗窃人、抢劫人或者抢夺人与机动车使用人承担连带责任。

保险人在机动车强制保险责任限额范围内垫付抢救费用的，有权向交通事故责任人追偿。

第一千二百一十六条　【驾驶人逃逸责任承担规则】 机动车驾驶人发生交通事故后逃逸，该机动车参加强制保险的，由保险人在机动车强制保险责任限额范围内予以赔偿；机动车不明、该机动车未参加强制保险或者抢救费用超过机动车强制保险责任限额，需要支付被侵权人人身伤亡的抢救、丧葬等费用的，由道路交通事故社会救助基金垫付。道路交通事故社会救助基金垫付后，其管理机构有权向交通事故责任人追偿。

第一千二百一十七条　【好意同乘规则】 非营运机动车发生交通事故造成无偿搭乘人损害，属于该机动车一方责任的，应当减轻其赔偿责任，但是机动车使用人有故意或者重大过失的除外。

第六章　医疗损害责任

第一千二百一十八条　【医疗损害的过错责任与替代责任】 患者在诊疗活动中受到损害，医疗机构或者其医务人员有过错的，由医疗机构承担赔偿责任。

第一千二百一十九条　【医疗机构告知义务】 医务人员在诊疗活动中应当向患者说明病情和医疗措施。需要实施手术、特殊检查、特殊治疗的，医务人员应当及时向患者具体说明医疗风险、替代医疗方案等情况，并取得其明确同意；不能或者不宜向患者说明的，应当向患者的近亲属说明，并取得其明确同意。

医务人员未尽到前款义务，造成患者损害的，医疗机构应当承担赔偿责任。

第一千二百二十条　【医疗机构紧急救助措施】 因抢救生命垂危的患者等紧急情况，不能取得患者或者其近亲属意见的，经医疗机构负责人或者授权的负责人批准，可以立即实施相应的医疗措施。

第一千二百二十一条　【医务人员未尽相当诊疗义务的医疗机构替代责任】 医务人员在诊疗活动中未尽到与当时的医疗水平相应

的诊疗义务，造成患者损害的，医疗机构应当承担赔偿责任。

第一千二百二十二条 【医疗机构过错推定的情形】患者在诊疗活动中受到损害，有下列情形之一的，推定医疗机构有过错：

（一）违反法律、行政法规、规章以及其他有关诊疗规范的规定；

（二）隐匿或者拒绝提供与纠纷有关的病历资料；

（三）遗失、伪造、篡改或者违法销毁病历资料。

第一千二百二十三条 【医疗产品的不真正连带责任】因药品、消毒产品、医疗器械的缺陷，或者输入不合格的血液造成患者损害的，患者可以向药品上市许可持有人、生产者、血液提供机构请求赔偿，也可以向医疗机构请求赔偿。患者向医疗机构请求赔偿的，医疗机构赔偿后，有权向负有责任的药品上市许可持有人、生产者、血液提供机构追偿。

第一千二百二十四条 【医疗损害免责事由】患者在诊疗活动中受到损害，有下列情形之一的，医疗机构不承担赔偿责任：

（一）患者或者其近亲属不配合医疗机构进行符合诊疗规范的诊疗；

（二）医务人员在抢救生命垂危的患者等紧急情况下已经尽到合理诊疗义务；

（三）限于当时的医疗水平难以诊疗。

前款第一项情形中，医疗机构或者其医务人员也有过错的，应当承担相应的赔偿责任。

第一千二百二十五条 【客观病历资料的填写、保管和提供义务】医疗机构及其医务人员应当按照规定填写并妥善保管住院志、医嘱单、检验报告、手术及麻醉记录、病理资料、护理记录等病历资料。

患者要求查阅、复制前款规定的病历资料的，医疗机构应当及时提供。

第一千二百二十六条 【违反患者隐私权和个人信息保密义务的医疗机构责任】医疗机构及其医务人员应当对患者的隐私和个人信息保密。泄露患者的隐私和个人信息，或者未经患者同意公开其病历资料的，应当承担侵权责任。

第一千二百二十七条　【不必要检查禁止义务】医疗机构及其医务人员不得违反诊疗规范实施不必要的检查。

第一千二百二十八条　【妨害医疗活动的法律责任】医疗机构及其医务人员的合法权益受法律保护。

干扰医疗秩序，妨碍医务人员工作、生活，侵害医务人员合法权益的，应当依法承担法律责任。

第七章　环境污染和生态破坏责任

第一千二百二十九条　【污染环境、破坏生态无过错责任】因污染环境、破坏生态造成他人损害的，侵权人应当承担侵权责任。

第一千二百三十条　【污染环境、破坏生态抗辩事由的举证责任】因污染环境、破坏生态发生纠纷，行为人应当就法律规定的不承担责任或者减轻责任的情形及其行为与损害之间不存在因果关系承担举证责任。

第一千二百三十一条　【数人污染环境、破坏生态的最终责任分担规则】两个以上侵权人污染环境、破坏生态的，承担责任的大小，根据污染物的种类、浓度、排放量，破坏生态的方式、范围、程度，以及行为对损害后果所起的作用等因素确定。

第一千二百三十二条　【故意违规污染环境、破坏生态的惩罚性赔偿责任】侵权人违反法律规定故意污染环境、破坏生态造成严重后果的，被侵权人有权请求相应的惩罚性赔偿。

第一千二百三十三条　【因第三人过错污染环境、破坏生态的不真正连带责任】因第三人的过错污染环境、破坏生态的，被侵权人可以向侵权人请求赔偿，也可以向第三人请求赔偿。侵权人赔偿后，有权向第三人追偿。

第一千二百三十四条　【生态环境损害修复责任】违反国家规定造成生态环境损害，生态环境能够修复的，国家规定的机关或者法律规定的组织有权请求侵权人在合理期限内承担修复责任。侵权人在期限内未修复的，国家规定的机关或者法律规定的组织可以自行或者委托他人进行修复，所需费用由侵权人负担。

第一千二百三十五条　【生态环境损害赔偿损失和费用的范围】违反国家规定造成生态环境损害的，国家规定的机关或者法律规定的组织有权请求侵权人赔偿下列损失和费用：

（一）生态环境受到损害至修复完成期间服务功能丧失导致的损失；

（二）生态环境功能永久性损害造成的损失；

（三）生态环境损害调查、鉴定评估等费用；

（四）清除污染、修复生态环境费用；

（五）防止损害的发生和扩大所支出的合理费用。

第八章　高度危险责任

第一千二百三十六条　【高度危险责任一般条款】从事高度危险作业造成他人损害的，应当承担侵权责任。

第一千二百三十七条　【民用核设施致害无过错责任及抗辩事由】民用核设施或者运入运出核设施的核材料发生核事故造成他人损害的，民用核设施的营运单位应当承担侵权责任；但是，能够证明损害是因战争、武装冲突、暴乱等情形或者受害人故意造成的，不承担责任。

第一千二百三十八条　【民用航空器致害无过错责任及抗辩事由】民用航空器造成他人损害的，民用航空器的经营者应当承担侵权责任；但是，能够证明损害是因受害人故意造成的，不承担责任。

第一千二百三十九条　【高度危险物致害无过错责任及抗辩事由】占有或者使用易燃、易爆、剧毒、高放射性、强腐蚀性、高致病性等高度危险物造成他人损害的，占有人或者使用人应当承担侵权责任；但是，能够证明损害是因受害人故意或者不可抗力造成的，不承担责任。被侵权人对损害的发生有重大过失的，可以减轻占有人或者使用人的责任。

第一千二百四十条　【高度危险活动致害无过错责任及抗辩事由】从事高空、高压、地下挖掘活动或者使用高速轨道运输工具造成他人损害的，经营者应当承担侵权责任；但是，能够证明损害是因受害人故意或者不可抗力造成的，不承担责任。被侵权人对损害的发生有重大过失的，可以减轻经营者的责任。

第一千二百四十一条　【遗失、抛弃高度危险物致害的侵权责任】遗失、抛弃高度危险物造成他人损害的，由所有人承担侵权责任。所有人将高度危险物交由他人管理的，由管理人承担侵权责任；所有人有过错的，与管理人承担连带责任。

第一千二百四十二条　【非法占有高度危险物致害的侵权责任】非法占有高度危险物造成他人损害的，由非法占有人承担侵权责任。所有人、管理人不能证明对防止非法占有尽到高度注意义务的，与非法占有人承担连带责任。

第一千二百四十三条　【未经许可进入高度危险作业区域的抗辩事由】未经许可进入高度危险活动区域或者高度危险物存放区域受到损害，管理人能够证明已经采取足够安全措施并尽到充分警示义务的，可以减轻或者不承担责任。

第一千二百四十四条　【高度危险责任法定赔偿限额的适用规则及其例外】承担高度危险责任，法律规定赔偿限额的，依照其规定，但是行为人有故意或者重大过失的除外。

第九章　饲养动物损害责任

第一千二百四十五条　【饲养动物损害责任一般条款】饲养的动物造成他人损害的，动物饲养人或者管理人应当承担侵权责任；但是，能够证明损害是因被侵权人故意或者重大过失造成的，可以不承担或者减轻责任。

第一千二百四十六条　【未对动物采取安全措施损害责任】违反管理规定，未对动物采取安全措施造成他人损害的，动物饲养人或者管理人应当承担侵权责任；但是，能够证明损害是因被侵权人故意造成的，可以减轻责任。

第一千二百四十七条　【禁止饲养的危险动物损害责任】禁止饲养的烈性犬等危险动物造成他人损害的，动物饲养人或者管理人应当承担侵权责任。

第一千二百四十八条　【动物园饲养动物损害责任】 动物园的动物造成他人损害的，动物园应当承担侵权责任；但是，能够证明尽到管理职责的，不承担侵权责任。

第一千二百四十九条　【遗弃、逃逸动物损害责任】 遗弃、逃逸的动物在遗弃、逃逸期间造成他人损害的，由动物原饲养人或者管理人承担侵权责任。

第一千二百五十条　【第三人过错导致饲养动物致害的不真正连带责任】 因第三人的过错致使动物造成他人损害的，被侵权人可以向动物饲养人或者管理人请求赔偿，也可以向第三人请求赔偿。动物饲养人或者管理人赔偿后，有权向第三人追偿。

第一千二百五十一条　【饲养动物应负的社会责任】 饲养动物应当遵守法律法规，尊重社会公德，不得妨碍他人生活。

第十章　建筑物和物件损害责任

第一千二百五十二条　【不动产设施倒塌、塌陷致害的侵权责任】 建筑物、构筑物或者其他设施倒塌、塌陷造成他人损害的，由建设单位与施工单位承担连带责任，但是建设单位与施工单位能够证明不存在质量缺陷的除外。建设单位、施工单位赔偿后，有其他责任人的，有权向其他责任人追偿。

因所有人、管理人、使用人或者第三人的原因，建筑物、构筑物或者其他设施倒塌、塌陷造成他人损害的，由所有人、管理人、使用人或者第三人承担侵权责任。

第一千二百五十三条　【不动产设施及其附属物脱落、坠落致害过错推定责任】 建筑物、构筑物或者其他设施及其搁置物、悬挂物发生脱落、坠落造成他人损害，所有人、管理人或者使用人不能证明自己没有过错的，应当承担侵权责任。所有人、管理人或者使用人赔偿后，有其他责任人的，有权向其他责任人追偿。

第一千二百五十四条　【高空抛物坠物责任】 禁止从建筑物中抛掷物品。从建筑物中抛掷物品或者从建筑物上坠落的物品造成他人损害的，由侵权人依法承担侵权责任；经调查难以确定具体侵权人的，除能够证明自己不是侵权人的外，由可能加害的建筑物使用人给予补偿。可能加害的建筑物使用人补偿后，有权向侵权人追偿。

物业服务企业等建筑物管理人应当采取必要的安全保障措施防止前款规定情形的发生；未采取必要的安全保障措施的，应当依法承担未履行安全保障义务的侵权责任。

发生本条第一款规定的情形的，公安等机关应当依法及时调查，查清责任人。

第一千二百五十五条　【堆放物致害的过错推定责任】堆放物倒塌、滚落或者滑落造成他人损害，堆放人不能证明自己没有过错的，应当承担侵权责任。

第一千二百五十六条　【在公共道路上妨碍通行物品致害的侵权责任】在公共道路上堆放、倾倒、遗撒妨碍通行的物品造成他人损害的，由行为人承担侵权责任。公共道路管理人不能证明已经尽到清理、防护、警示等义务的，应当承担相应的责任。

第一千二百五十七条　【林木致害的过错推定责任】因林木折断、倾倒或者果实坠落等造成他人损害，林木的所有人或者管理人不能证明自己没有过错的，应当承担侵权责任。

第一千二百五十八条　【地下工作物损害责任】在公共场所或者道路上挖掘、修缮安装地下设施等造成他人损害，施工人不能证明已经设置明显标志和采取安全措施的，应当承担侵权责任。

窨井等地下设施造成他人损害，管理人不能证明尽到管理职责的，应当承担侵权责任。

附　　则

第一千二百五十九条　【与期间计算有关的术语】民法所称的“以上”、“以下”、“以内”、“届满”，包括本数；所称的“不满”、“超过”、“以外”，不包括本数。

第一千二百六十条　【施行日期】本法自2021年1月1日起施行。《中华人民共和国婚姻法》、《中华人民共和国继承法》、《中华人民共和国民法通则》、《中华人民共和国收养法》、《中华人民共和国担保法》、《中华人民共和国合同法》、《中华人民共和国物权法》、《中华人民共和国侵权责任法》、《中华人民共和国民法总则》同时废止。

中华人民共和国民事诉讼法（节录）

（1991年4月9日第七届全国人民代表大会第四次会议通过　根据2007年10月28日第十届全国人民代表大会常务委员会第三十次会议《关于修改〈中华人民共和国民事诉讼法〉的决定》第一次修正　根据2012年8月31日第十一届全国人民代表大会常务委员会第二十八次会议《关于修改〈中华人民共和国民事诉讼法〉的决定》第二次修正　根据2017年6月27日第十二届全国人民代表大会常务委员会第二十八次会议《关于修改〈中华人民共和国民事诉讼法〉和〈中华人民共和国行政诉讼法〉的决定》第三次修正）

第一编　总　　则

第一章　任务、适用范围和基本原则

第一条　中华人民共和国民事诉讼法以宪法为根据，结合我国民事审判工作的经验和实际情况制定。

第二条　中华人民共和国民事诉讼法的任务，是保护当事人行使诉讼权利，保证人民法院查明事实，分清是非，正确适用法律，及时审理民事案件，确认民事权利义务关系，制裁民事违法行为，保护当事人的合法权益，教育公民自觉遵守法律，维护社会秩序、经济秩序，保障社会主义建设事业顺利进行。

第三条 人民法院受理公民之间、法人之间、其他组织之间以及他们相互之间因财产关系和人身关系提起的民事诉讼，适用本法的规定。

第四条 凡在中华人民共和国领域内进行民事诉讼，必须遵守本法。

第五条 外国人、无国籍人、外国企业和组织在人民法院起诉、应诉，同中华人民共和国公民、法人和其他组织有同等的诉讼权利义务。

外国法院对中华人民共和国公民、法人和其他组织的民事诉讼权利加以限制的，中华人民共和国人民法院对该国公民、企业和组织的民事诉讼权利，实行对等原则。

第六条 民事案件的审判权由人民法院行使。

人民法院依照法律规定对民事案件独立进行审判，不受行政机关、社会团体和个人的干涉。

第七条 人民法院审理民事案件，必须以事实为根据，以法律为准绳。

第八条 民事诉讼当事人有平等的诉讼权利。人民法院审理民事案件，应当保障和便利当事人行使诉讼权利，对当事人在适用法律上一律平等。

第九条 人民法院审理民事案件，应当根据自愿和合法的原则进行调解；调解不成的，应当及时判决。

第十条 人民法院审理民事案件，依照法律规定实行合议、回避、公开审判和两审终审制度。

第十一条 各民族公民都有用本民族语言、文字进行民事诉讼的权利。

在少数民族聚居或者多民族共同居住的地区，人民法院应当用当地民族通用的语言、文字进行审理和发布法律文书。

人民法院应当对不通晓当地民族通用的语言、文字的诉讼参与人提供翻译。

第十二条 人民法院审理民事案件时，当事人有权进行辩论。

第十三条 民事诉讼应当遵循诚实信用原则。

当事人有权在法律规定的范围内处分自己的民事权利和诉讼权利。

第十四条 人民检察院有权对民事诉讼实行法律监督。

第十五条 机关、社会团体、企业事业单位对损害国家、集体或者个人民事权益的行为，可以支持受损害的单位或者个人向人民法院起诉。

第十六条 民族自治地方的人民代表大会根据宪法和本法的原则，结合当地民族的具体情况，可以制定变通或者补充的规定。自治区的规定，报全国人民代表大会常务委员会批准。自治州、自治县的规定，报省或者自治区的人民代表大会常务委员会批准，并报全国人民代表大会常务委员会备案。

第二章 管 辖

第一节 级别管辖

第十七条 基层人民法院管辖第一审民事案件，但本法另有规定的除外。

第十八条 中级人民法院管辖下列第一审民事案件：

（一）重大涉外案件；

（二）在本辖区有重大影响的案件；

（三）最高人民法院确定由中级人民法院管辖的案件。

第十九条 高级人民法院管辖在本辖区有重大影响的第一审民事案件。

第二十条 最高人民法院管辖下列第一审民事案件：

（一）在全国有重大影响的案件；

（二）认为应当由本院审理的案件。

第二节 地域管辖

第二十一条 对公民提起的民事诉讼，由被告住所地人民法院管辖；被告住所地与经常居住地不一致的，由经常居住地人民法院管辖。

对法人或者其他组织提起的民事诉讼，由被告住所地人民法院管辖。

同一诉讼的几个被告住所地、经常居住地在两个以上人民法院辖区的，各该人民法院都有管辖权。

第二十二条 下列民事诉讼，由原告住所地人民法院管辖；原告住所地与经常居住地不一致的，由原告经常居住地人民法院管辖：

（一）对不在中华人民共和国领域内居住的人提起的有关身份关系的诉讼；

（二）对下落不明或者宣告失踪的人提起的有关身份关系的诉讼；

（三）对被采取强制性教育措施的人提起的诉讼；

（四）对被监禁的人提起的诉讼。

第二十三条 因合同纠纷提起的诉讼，由被告住所地或者合同履行地人民法院管辖。

第二十四条 因保险合同纠纷提起的诉讼，由被告住所地或者保险标的物所在地人民法院管辖。

第二十五条 因票据纠纷提起的诉讼，由票据支付地或者被告住所地人民法院管辖。

第二十六条 因公司设立、确认股东资格、分配利润、解散等纠纷提起的诉讼，由公司住所地人民法院管辖。

第二十七条 因铁路、公路、水上、航空运输和联合运输合同纠纷提起的诉讼，由运输始发地、目的地或者被告住所地人民法院管辖。

第二十八条 因侵权行为提起的诉讼，由侵权行为地或者被告住所地人民法院管辖。

第二十九条 因铁路、公路、水上和航空事故请求损害赔偿提起的诉讼，由事故发生地或者车辆、船舶最先到达地、航空器最先降落地或者被告住所地人民法院管辖。

第三十条 因船舶碰撞或者其他海事损害事故请求损害赔偿提起的诉讼，由碰撞发生地、碰撞船舶最先到达地、加害船舶被扣留地或者被告住所地人民法院管辖。

第三十一条 因海难救助费用提起的诉讼，由救助地或者被救助船舶最先到达地人民法院管辖。

第三十二条 因共同海损提起的诉讼，由船舶最先到达地、共同海损理算地或者航程终止地的人民法院管辖。

第三十三条 下列案件，由本条规定的人民法院专属管辖：

（一）因不动产纠纷提起的诉讼，由不动产所在地人民法院管辖；

（二）因港口作业中发生纠纷提起的诉讼，由港口所在地人民法院管辖；

（三）因继承遗产纠纷提起的诉讼，由被继承人死亡时住所地或者主要遗产所在地人民法院管辖。

第三十四条 合同或者其他财产权益纠纷的当事人可以书面协议选择被告住所地、合同履行地、合同签订地、原告住所地、标的物所在地等与争议有实际联系的地点的人民法院管辖，但不得违反本法对级别管辖和专属管辖的规定。

第三十五条 两个以上人民法院都有管辖权的诉讼，原告可以向其中一个人民法院起诉；原告向两个以上有管辖权的人民法院起诉的，由最先立案的人民法院管辖。

第三节　移送管辖和指定管辖

第三十六条 人民法院发现受理的案件不属于本院管辖的，应当移送有管辖权的人民法院，受移送的人民法院应当受理。受移送的人民法院认为受移送的案件依照规定不属于本院管辖的，应当报请上级人民法院指定管辖，不得再自行移送。

第三十七条 有管辖权的人民法院由于特殊原因，不能行使管辖权的，由上级人民法院指定管辖。

人民法院之间因管辖权发生争议，由争议双方协商解决；协商解决不了的，报请它们的共同上级人民法院指定管辖。

第三十八条 上级人民法院有权审理下级人民法院管辖的第一审民事案件；确有必要将本院管辖的第一审民事案件交下级人民法

院审理的，应当报请其上级人民法院批准。

下级人民法院对它所管辖的第一审民事案件，认为需要由上级人民法院审理的，可以报请上级人民法院审理。

第三章　审判组织

第三十九条　人民法院审理第一审民事案件，由审判员、陪审员共同组成合议庭或者由审判员组成合议庭。合议庭的成员人数，必须是单数。

适用简易程序审理的民事案件，由审判员一人独任审理。

陪审员在执行陪审职务时，与审判员有同等的权利义务。

第四十条　人民法院审理第二审民事案件，由审判员组成合议庭。合议庭的成员人数，必须是单数。

发回重审的案件，原审人民法院应当按照第一审程序另行组成合议庭。

审理再审案件，原来是第一审的，按照第一审程序另行组成合议庭；原来是第二审的或者是上级人民法院提审的，按照第二审程序另行组成合议庭。

第四十一条　合议庭的审判长由院长或者庭长指定审判员一人担任；院长或者庭长参加审判的，由院长或者庭长担任。

第四十二条　合议庭评议案件，实行少数服从多数的原则。评议应当制作笔录，由合议庭成员签名。评议中的不同意见，必须如实记入笔录。

第四十三条　审判人员应当依法秉公办案。

审判人员不得接受当事人及其诉讼代理人请客送礼。

审判人员有贪污受贿，徇私舞弊，枉法裁判行为的，应当追究法律责任；构成犯罪的，依法追究刑事责任。

第四章　回　　避

第四十四条　审判人员有下列情形之一的，应当自行回避，当事人有权用口头或者书面方式申请他们回避：

（一）是本案当事人或者当事人、诉讼代理人近亲属的；

（二）与本案有利害关系的；

（三）与本案当事人、诉讼代理人有其他关系，可能影响对案件公正审理的。

审判人员接受当事人、诉讼代理人请客送礼，或者违反规定会见当事人、诉讼代理人的，当事人有权要求他们回避。

审判人员有前款规定的行为的，应当依法追究法律责任。

前三款规定，适用于书记员、翻译人员、鉴定人、勘验人。

第四十五条 当事人提出回避申请，应当说明理由，在案件开始审理时提出；回避事由在案件开始审理后知道的，也可以在法庭辩论终结前提出。

被申请回避的人员在人民法院作出是否回避的决定前，应当暂停参与本案的工作，但案件需要采取紧急措施的除外。

第四十六条 院长担任审判长时的回避，由审判委员会决定；审判人员的回避，由院长决定；其他人员的回避，由审判长决定。

第四十七条 人民法院对当事人提出的回避申请，应当在申请提出的三日内，以口头或者书面形式作出决定。申请人对决定不服的，可以在接到决定时申请复议一次。复议期间，被申请回避的人员，不停止参与本案的工作。人民法院对复议申请，应当在三日内作出复议决定，并通知复议申请人。

第五章 诉讼参加人

第一节 当事人

第四十八条 公民、法人和其他组织可以作为民事诉讼的当事人。

法人由其法定代表人进行诉讼。其他组织由其主要负责人进行诉讼。

第四十九条 当事人有权委托代理人，提出回避申请，收集、提供证据，进行辩论，请求调解，提起上诉，申请执行。

当事人可以查阅本案有关材料，并可以复制本案有关材料和法律文书。查阅、复制本案有关材料的范围和办法由最高人民法院规定。

当事人必须依法行使诉讼权利，遵守诉讼秩序，履行发生法律效力的判决书、裁定书和调解书。

第五十条 双方当事人可以自行和解。

第五十一条 原告可以放弃或者变更诉讼请求。被告可以承认或者反驳诉讼请求，有权提起反诉。

第五十二条 当事人一方或者双方为二人以上，其诉讼标的是共同的，或者诉讼标的是同一种类、人民法院认为可以合并审理并经当事人同意的，为共同诉讼。

共同诉讼的一方当事人对诉讼标的有共同权利义务的，其中一人的诉讼行为经其他共同诉讼人承认，对其他共同诉讼人发生效力；对诉讼标的没有共同权利义务的，其中一人的诉讼行为对其他共同诉讼人不发生效力。

第五十三条 当事人一方人数众多的共同诉讼，可以由当事人推选代表人进行诉讼。代表人的诉讼行为对其所代表的当事人发生效力，但代表人变更、放弃诉讼请求或者承认对方当事人的诉讼请求，进行和解，必须经被代表的当事人同意。

第五十四条 诉讼标的是同一种类、当事人一方人数众多在起诉时人数尚未确定的，人民法院可以发出公告，说明案件情况和诉讼请求，通知权利人在一定期间向人民法院登记。

向人民法院登记的权利人可以推选代表人进行诉讼；推选不出代表人的，人民法院可以与参加登记的权利人商定代表人。

代表人的诉讼行为对其所代表的当事人发生效力，但代表人变更、放弃诉讼请求或者承认对方当事人的诉讼请求，进行和解，必须经被代表的当事人同意。

人民法院作出的判决、裁定，对参加登记的全体权利人发生效力。未参加登记的权利人在诉讼时效期间提起诉讼的，适用该判决、裁定。

第五十五条 对污染环境、侵害众多消费者合法权益等损害社会公共利益的行为，法律规定的机关和有关组织可以向人民法院提起诉讼。

人民检察院在履行职责中发现破坏生态环境和资源保护、食品药品安全领域侵害众多消费者合法权益等损害社会公共利益的行为，在没有前款规定的机关和组织或者前款规定的机关和组织不提起诉讼的情况下，可以向人民法院提起诉讼。前款规定的机关或者组织提起诉讼的，人民检察院可以支持起诉。

第五十六条 对当事人双方的诉讼标的，第三人认为有独立请求权的，有权提起诉讼。

对当事人双方的诉讼标的，第三人虽然没有独立请求权，但案件处理结果同他有法律上的利害关系的，可以申请参加诉讼，或者由人民法院通知他参加诉讼。人民法院判决承担民事责任的第三人，有当事人的诉讼权利义务。

前两款规定的第三人，因不能归责于本人的事由未参加诉讼，但有证据证明发生法律效力的判决、裁定、调解书的部分或者全部内容错误，损害其民事权益的，可以自知道或者应当知道其民事权益受到损害之日起六个月内，向作出该判决、裁定、调解书的人民法院提起诉讼。人民法院经审理，诉讼请求成立的，应当改变或者撤销原判决、裁定、调解书；诉讼请求不成立的，驳回诉讼请求。

第二节 诉讼代理人

第五十七条 无诉讼行为能力人由他的监护人作为法定代理人代为诉讼。法定代理人之间互相推诿代理责任的，由人民法院指定其中一人代为诉讼。

第五十八条 当事人、法定代理人可以委托一至二人作为诉讼代理人。

下列人员可以被委托为诉讼代理人：

（一）律师、基层法律服务工作者；

（二）当事人的近亲属或者工作人员；

（三）当事人所在社区、单位以及有关社会团体推荐的公民。

第五十九条 委托他人代为诉讼，必须向人民法院提交由委托人签名或者盖章的授权委托书。

授权委托书必须记明委托事项和权限。诉讼代理人代为承认、放弃、变更诉讼请求，进行和解，提起反诉或者上诉，必须有委托人的特别授权。

侨居在国外的中华人民共和国公民从国外寄交或者托交的授权委托书，必须经中华人民共和国驻该国的使领馆证明；没有使领馆的，由与中华人民共和国有外交关系的第三国驻该国的使领馆证明，再转由中华人民共和国驻该第三国使领馆证明，或者由当地的爱国华侨团体证明。

第六十条　诉讼代理人的权限如果变更或者解除，当事人应当书面告知人民法院，并由人民法院通知对方当事人。

第六十一条　代理诉讼的律师和其他诉讼代理人有权调查收集证据，可以查阅本案有关材料。查阅本案有关材料的范围和办法由最高人民法院规定。

第六十二条　离婚案件有诉讼代理人的，本人除不能表达意思的以外，仍应出庭；确因特殊情况无法出庭的，必须向人民法院提交书面意见。

第六章　证　　据

第六十三条　证据包括：

（一）当事人的陈述；

（二）书证；

（三）物证；

（四）视听资料；

（五）电子数据；

（六）证人证言；

（七）鉴定意见；

（八）勘验笔录。

证据必须查证属实，才能作为认定事实的根据。

第六十四条　当事人对自己提出的主张，有责任提供证据。

当事人及其诉讼代理人因客观原因不能自行收集的证据，或者人民法院认为审理案件需要的证据，人民法院应当调查收集。

人民法院应当按照法定程序，全面地、客观地审查核实证据。

第六十五条　当事人对自己提出的主张应当及时提供证据。

人民法院根据当事人的主张和案件审理情况，确定当事人应当提供的证据及其期限。当事人在该期限内提供证据确有困难的，可以向人民法院申请延长期限，人民法院根据当事人的申请适当延长。当事人逾期提供证据的，人民法院应当责令其说明理由；拒不说明理由或者理由不成立的，人民法院根据不同情形可以不予采纳该证据，或者采纳该证据但予以训诫、罚款。

第六十六条　人民法院收到当事人提交的证据材料，应当出具收据，写明证据名称、页数、份数、原件或者复印件以及收到时间等，并由经办人员签名或者盖章。

第六十七条　人民法院有权向有关单位和个人调查取证，有关单位和个人不得拒绝。

人民法院对有关单位和个人提出的证明文书，应当辨别真伪，审查确定其效力。

第六十八条　证据应当在法庭上出示，并由当事人互相质证。对涉及国家秘密、商业秘密和个人隐私的证据应当保密，需要在法庭出示的，不得在公开开庭时出示。

第六十九条　经过法定程序公证证明的法律事实和文书，人民法院应当作为认定事实的根据，但有相反证据足以推翻公证证明的除外。

第七十条　书证应当提交原件。物证应当提交原物。提交原件或者原物确有困难的，可以提交复制品、照片、副本、节录本。

提交外文书证，必须附有中文译本。

第七十一条　人民法院对视听资料，应当辨别真伪，并结合本案的其他证据，审查确定能否作为认定事实的根据。

第七十二条　凡是知道案件情况的单位和个人，都有义务出庭作证。有关单位的负责人应当支持证人作证。

不能正确表达意思的人，不能作证。

第七十三条 经人民法院通知，证人应当出庭作证。有下列情形之一的，经人民法院许可，可以通过书面证言、视听传输技术或者视听资料等方式作证：

（一）因健康原因不能出庭的；

（二）因路途遥远，交通不便不能出庭的；

（三）因自然灾害等不可抗力不能出庭的；

（四）其他有正当理由不能出庭的。

第七十四条 证人因履行出庭作证义务而支出的交通、住宿、就餐等必要费用以及误工损失，由败诉一方当事人负担。当事人申请证人作证的，由该当事人先行垫付；当事人没有申请，人民法院通知证人作证的，由人民法院先行垫付。

第七十五条 人民法院对当事人的陈述，应当结合本案的其他证据，审查确定能否作为认定事实的根据。

当事人拒绝陈述的，不影响人民法院根据证据认定案件事实。

第七十六条 当事人可以就查明事实的专门性问题向人民法院申请鉴定。当事人申请鉴定的，由双方当事人协商确定具备资格的鉴定人；协商不成的，由人民法院指定。

当事人未申请鉴定，人民法院对专门性问题认为需要鉴定的，应当委托具备资格的鉴定人进行鉴定。

第七十七条 鉴定人有权了解进行鉴定所需要的案件材料，必要时可以询问当事人、证人。

鉴定人应当提出书面鉴定意见，在鉴定书上签名或者盖章。

第七十八条 当事人对鉴定意见有异议或者人民法院认为鉴定人有必要出庭的，鉴定人应当出庭作证。经人民法院通知，鉴定人拒不出庭作证的，鉴定意见不得作为认定事实的根据；支付鉴定费用的当事人可以要求返还鉴定费用。

第七十九条 当事人可以申请人民法院通知有专门知识的人出庭，就鉴定人作出的鉴定意见或者专业问题提出意见。

第八十条 勘验物证或者现场，勘验人必须出示人民法院的证件，并邀请当地基层组织或者当事人所在单位派人参加。当事人或者当事人的成年家属应当到场，拒不到场的，不影响勘验的进行。

有关单位和个人根据人民法院的通知，有义务保护现场，协助勘验工作。

勘验人应当将勘验情况和结果制作笔录，由勘验人、当事人和被邀参加人签名或者盖章。

第八十一条 在证据可能灭失或者以后难以取得的情况下，当事人可以在诉讼过程中向人民法院申请保全证据，人民法院也可以主动采取保全措施。

因情况紧急，在证据可能灭失或者以后难以取得的情况下，利害关系人可以在提起诉讼或者申请仲裁前向证据所在地、被申请人住所地或者对案件有管辖权的人民法院申请保全证据。

证据保全的其他程序，参照适用本法第九章保全的有关规定。

第七章 期间、送达

第一节 期 间

第八十二条 期间包括法定期间和人民法院指定的期间。

期间以时、日、月、年计算。期间开始的时和日，不计算在期间内。

期间届满的最后一日是节假日的，以节假日后的第一日为期间届满的日期。

期间不包括在途时间，诉讼文书在期满前交邮的，不算过期。

第八十三条 当事人因不可抗拒的事由或者其他正当理由耽误期限的，在障碍消除后的十日内，可以申请顺延期限，是否准许，由人民法院决定。

第二节 送 达

第八十四条 送达诉讼文书必须有送达回证，由受送达人在送达回证上记明收到日期，签名或者盖章。

受送达人在送达回证上的签收日期为送达日期。

第八十五条 送达诉讼文书，应当直接送交受送达人。受送达人是公民的，本人不在交他的同住成年家属签收；受送达人是法人或者其他组织的，应当由法人的法定代表人、其他组织的主要负责人或者该法人、组织负责收件的人签收；受送达人有诉讼代理人的，可以送交其代理人签收；受送达人已向人民法院指定代收人的，送交代收人签收。

受送达人的同住成年家属，法人或者其他组织的负责收件的人，诉讼代理人或者代收人在送达回证上签收的日期为送达日期。

第八十六条 受送达人或者他的同住成年家属拒绝接收诉讼文书的，送达人可以邀请有关基层组织或者所在单位的代表到场，说明情况，在送达回证上记明拒收事由和日期，由送达人、见证人签名或者盖章，把诉讼文书留在受送达人的住所；也可以把诉讼文书留在受送达人的住所，并采用拍照、录像等方式记录送达过程，即视为送达。

第八十七条 经受送达人同意，人民法院可以采用传真、电子邮件等能够确认其收悉的方式送达诉讼文书，但判决书、裁定书、调解书除外。

采用前款方式送达的，以传真、电子邮件等到达受送达人特定系统的日期为送达日期。

第八十八条 直接送达诉讼文书有困难的，可以委托其他人民法院代为送达，或者邮寄送达。邮寄送达的，以回执上注明的收件日期为送达日期。

第八十九条 受送达人是军人的，通过其所在部队团以上单位的政治机关转交。

第九十条 受送达人被监禁的，通过其所在监所转交。

受送达人被采取强制性教育措施的，通过其所在强制性教育机构转交。

第九十一条 代为转交的机关、单位收到诉讼文书后，必须立即交受送达人签收，以在送达回证上的签收日期，为送达日期。

第九十二条 受送达人下落不明，或者用本节规定的其他方式无法送达的，公告送达。自发出公告之日起，经过六十日，即视为送达。

公告送达，应当在案卷中记明原因和经过。

……

第十五章　特 别 程 序

……

第三节　宣告失踪、宣告死亡案件

第一百八十三条　公民下落不明满二年，利害关系人申请宣告其失踪的，向下落不明人住所地基层人民法院提出。

申请书应当写明失踪的事实、时间和请求，并附有公安机关或者其他有关机关关于该公民下落不明的书面证明。

第一百八十四条　公民下落不明满四年，或者因意外事故下落不明满二年，或者因意外事故下落不明，经有关机关证明该公民不可能生存，利害关系人申请宣告其死亡的，向下落不明人住所地基层人民法院提出。

申请书应当写明下落不明的事实、时间和请求，并附有公安机关或者其他有关机关关于该公民下落不明的书面证明。

第一百八十五条　人民法院受理宣告失踪、宣告死亡案件后，应当发出寻找下落不明人的公告。宣告失踪的公告期间为三个月，宣告死亡的公告期间为一年。因意外事故下落不明，经有关机关证明该公民不可能生存的，宣告死亡的公告期间为三个月。

公告期间届满，人民法院应当根据被宣告失踪、宣告死亡的事实是否得到确认，作出宣告失踪、宣告死亡的判决或者驳回申请的判决。

第一百八十六条　被宣告失踪、宣告死亡的公民重新出现，经本人或者利害关系人申请，人民法院应当作出新判决，撤销原判决。

第四节　认定公民无民事行为能力、限制民事行为能力案件

第一百八十七条　申请认定公民无民事行为能力或者限制民事行为能力，由其近亲属或者其他利害关系人向该公民住所地基层人民法院提出。

申请书应当写明该公民无民事行为能力或者限制民事行为能力的事实和根据。

第一百八十八条 人民法院受理申请后，必要时应当对被请求认定为无民事行为能力或者限制民事行为能力的公民进行鉴定。申请人已提供鉴定意见的，应当对鉴定意见进行审查。

第一百八十九条 人民法院审理认定公民无民事行为能力或者限制民事行为能力的案件，应当由该公民的近亲属为代理人，但申请人除外。近亲属互相推诿的，由人民法院指定其中一人为代理人。该公民健康情况许可的，还应当询问本人的意见。

人民法院经审理认定申请有事实根据的，判决该公民为无民事行为能力或者限制民事行为能力人；认定申请没有事实根据的，应当判决予以驳回。

第一百九十条 人民法院根据被认定为无民事行为能力人、限制民事行为能力人或者他的监护人的申请，证实该公民无民事行为能力或者限制民事行为能力的原因已经消除的，应当作出新判决，撤销原判决。

……

中华人民共和国电子签名法

（2004 年 8 月 28 日第十届全国人民代表大会常务委员会第十一次会议通过　根据 2015 年 4 月 24 日第十二届全国人民代表大会常务委员会第十四次会议《关于修改〈中华人民共和国电力法〉等六部法律的决定》第一次修正　根据 2019 年 4 月 23 日第十三届全国人民代表大会常务委员会第十次会议《关于修改〈中华人民共和国建筑法〉等八部法律的决定》第二次修正）

第一章　总　　则

第一条 为了规范电子签名行为，确立电子签名的法律效力，维护有关各方的合法权益，制定本法。

第二条 本法所称电子签名，是指数据电文中以电子形式所含、所附用于识别签名人身份并表明签名人认可其中内容的数据。

本法所称数据电文，是指以电子、光学、磁或者类似手段生成、发送、接收或者储存的信息。

第三条 民事活动中的合同或者其他文件、单证等文书，当事人可以约定使用或者不使用电子签名、数据电文。

当事人约定使用电子签名、数据电文的文书，不得仅因为其采用电子签名、数据电文的形式而否定其法律效力。

前款规定不适用下列文书：

（一）涉及婚姻、收养、继承等人身关系的；

（二）涉及停止供水、供热、供气等公用事业服务的；

（三）法律、行政法规规定的不适用电子文书的其他情形。

第二章 数据电文

第四条 能够有形地表现所载内容，并可以随时调取查用的数据电文，视为符合法律、法规要求的书面形式。

第五条 符合下列条件的数据电文，视为满足法律、法规规定的原件形式要求：

（一）能够有效地表现所载内容并可供随时调取查用；

（二）能够可靠地保证自最终形成时起，内容保持完整、未被更改。但是，在数据电文上增加背书以及数据交换、储存和显示过程中发生的形式变化不影响数据电文的完整性。

第六条 符合下列条件的数据电文，视为满足法律、法规规定的文件保存要求：

（一）能够有效地表现所载内容并可供随时调取查用；

（二）数据电文的格式与其生成、发送或者接收时的格式相同，或者格式不相同但是能够准确表现原来生成、发送或者接收的内容；

（三）能够识别数据电文的发件人、收件人以及发送、接收的时间。

第七条 数据电文不得仅因为其是以电子、光学、磁或者类似手段生成、发送、接收或者储存的而被拒绝作为证据使用。

第八条 审查数据电文作为证据的真实性，应当考虑以下因素：

（一）生成、储存或者传递数据电文方法的可靠性；

（二）保持内容完整性方法的可靠性；

（三）用以鉴别发件人方法的可靠性；

（四）其他相关因素。

第九条 数据电文有下列情形之一的，视为发件人发送：

（一）经发件人授权发送的；

（二）发件人的信息系统自动发送的；

（三）收件人按照发件人认可的方法对数据电文进行验证后结果相符的。

当事人对前款规定的事项另有约定的，从其约定。

第十条 法律、行政法规规定或者当事人约定数据电文需要确认收讫的，应当确认收讫。发件人收到收件人的收讫确认时，数据电文视为已经收到。

第十一条 数据电文进入发件人控制之外的某个信息系统的时间，视为该数据电文的发送时间。

收件人指定特定系统接收数据电文的，数据电文进入该特定系统的时间，视为该数据电文的接收时间；未指定特定系统的，数据电文进入收件人的任何系统的首次时间，视为该数据电文的接收时间。

当事人对数据电文的发送时间、接收时间另有约定的，从其约定。

第十二条 发件人的主营业地为数据电文的发送地点，收件人的主营业地为数据电文的接收地点。没有主营业地的，其经常居住地为发送或者接收地点。

当事人对数据电文的发送地点、接收地点另有约定的，从其约定。

第三章 电子签名与认证

第十三条 电子签名同时符合下列条件的，视为可靠的电子签名：

（一）电子签名制作数据用于电子签名时，属于电子签名人专有；

（二）签署时电子签名制作数据仅由电子签名人控制；

（三）签署后对电子签名的任何改动能够被发现；

（四）签署后对数据电文内容和形式的任何改动能够被发现。

当事人也可以选择使用符合其约定的可靠条件的电子签名。

第十四条 可靠的电子签名与手写签名或者盖章具有同等的法律效力。

第十五条 电子签名人应当妥善保管电子签名制作数据。电子签名人知悉电子签名制作数据已经失密或者可能已经失密时，应当及时告知有关各方，并终止使用该电子签名制作数据。

第十六条 电子签名需要第三方认证的，由依法设立的电子认证服务提供者提供认证服务。

第十七条 提供电子认证服务，应当具备下列条件：

（一）取得企业法人资格；

（二）具有与提供电子认证服务相适应的专业技术人员和管理人员；

（三）具有与提供电子认证服务相适应的资金和经营场所；

（四）具有符合国家安全标准的技术和设备；

（五）具有国家密码管理机构同意使用密码的证明文件；

（六）法律、行政法规规定的其他条件。

第十八条 从事电子认证服务，应当向国务院信息产业主管部门提出申请，并提交符合本法第十七条规定条件的相关材料。国务院信息产业主管部门接到申请后经依法审查，征求国务院商务主管部门等有关部门的意见后，自接到申请之日起四十五日内作出许可或者不予许可的决定。予以许可的，颁发电子认证许可证书；不予许可的，应当书面通知申请人并告知理由。

取得认证资格的电子认证服务提供者，应当按照国务院信息产业主管部门的规定在互联网上公布其名称、许可证号等信息。

第十九条 电子认证服务提供者应当制定、公布符合国家有关规定的电子认证业务规则，并向国务院信息产业主管部门备案。

电子认证业务规则应当包括责任范围、作业操作规范、信息安全保障措施等事项。

第二十条 电子签名人向电子认证服务提供者申请电子签名认证证书，应当提供真实、完整和准确的信息。

电子认证服务提供者收到电子签名认证证书申请后，应当对申请人的身份进行查验，并对有关材料进行审查。

第二十一条 电子认证服务提供者签发的电子签名认证证书应当准确无误，并应当载明下列内容：

（一）电子认证服务提供者名称；

（二）证书持有人名称；

（三）证书序列号；

（四）证书有效期；

（五）证书持有人的电子签名验证数据；

（六）电子认证服务提供者的电子签名；

（七）国务院信息产业主管部门规定的其他内容。

第二十二条 电子认证服务提供者应当保证电子签名认证证书内容在有效期内完整、准确，并保证电子签名依赖方能够证实或者了解电子签名认证证书所载内容及其他有关事项。

第二十三条 电子认证服务提供者拟暂停或者终止电子认证服务的，应当在暂停或者终止服务九十日前，就业务承接及其他有关事项通知有关各方。

电子认证服务提供者拟暂停或者终止电子认证服务的，应当在暂停或者终止服务六十日前向国务院信息产业主管部门报告，并与其他电子认证服务提供者就业务承接进行协商，作出妥善安排。

电子认证服务提供者未能就业务承接事项与其他电子认证服务提供者达成协议的，应当申请国务院信息产业主管部门安排其他电子认证服务提供者承接其业务。

电子认证服务提供者被依法吊销电子认证许可证书的，其业务承接事项的处理按照国务院信息产业主管部门的规定执行。

第二十四条 电子认证服务提供者应当妥善保存与认证相关的信息，信息保存期限至少为电子签名认证证书失效后五年。

第二十五条 国务院信息产业主管部门依照本法制定电子认证服务业的具体管理办法，对电子认证服务提供者依法实施监督管理。

第二十六条 经国务院信息产业主管部门根据有关协议或者对等原则核准后，中华人民共和国境外的电子认证服务提供者在境外签发的电子签名认证证书与依照本法设立的电子认证服务提供者签发的电子签名认证证书具有同等的法律效力。

第四章 法律责任

第二十七条 电子签名人知悉电子签名制作数据已经失密或者可能已经失密未及时告知有关各方、并终止使用电子签名制作数据，未向电子认证服务提供者提供真实、完整和准确的信息，或者有其他过错，给电子签名依赖方、电子认证服务提供者造成损失的，承担赔偿责任。

第二十八条 电子签名人或者电子签名依赖方因依据电子认证服务提供者提供的电子签名认证服务从事民事活动遭受损失，电子认证服务提供者不能证明自己无过错的，承担赔偿责任。

第二十九条 未经许可提供电子认证服务的，由国务院信息产业主管部门责令停止违法行为；有违法所得的，没收违法所得；违法所得三十万元以上的，处违法所得一倍以上三倍以下的罚款；没有违法所得或者违法所得不足三十万元的，处十万元以上三十万元以下的罚款。

第三十条 电子认证服务提供者暂停或者终止电子认证服务，未在暂停或者终止服务六十日前向国务院信息产业主管部门报告的，由国务院信息产业主管部门对其直接负责的主管人员处一万元以上五万元以下的罚款。

第三十一条 电子认证服务提供者不遵守认证业务规则、未妥善保存与认证相关的信息，或者有其他违法行为的，由国务院信息产业主管部门责令限期改正；逾期未改正的，吊销电子认证许可证书，其直接负责的主管人员和其他直接责任人员十年内不得从事电子认证服务。吊销电子认证许可证书的，应当予以公告并通知工商行政管理部门。

第三十二条 伪造、冒用、盗用他人的电子签名，构成犯罪的，依法追究刑事责任；给他人造成损失的，依法承担民事责任。

第三十三条 依照本法负责电子认证服务业监督管理工作的部门的工作人员，不依法履行行政许可、监督管理职责的，依法给予行政处分；构成犯罪的，依法追究刑事责任。

第五章 附 则

第三十四条 本法中下列用语的含义：

（一）电子签名人，是指持有电子签名制作数据并以本人身份或者以其所代表的人的名义实施电子签名的人；

（二）电子签名依赖方，是指基于对电子签名认证证书或者电子签名的信赖从事有关活动的人；

（三）电子签名认证证书，是指可证实电子签名人与电子签名制作数据有联系的数据电文或者其他电子记录；

（四）电子签名制作数据，是指在电子签名过程中使用的，将电子签名与电子签名人可靠地联系起来的字符、编码等数据；

（五）电子签名验证数据，是指用于验证电子签名的数据，包括代码、口令、算法或者公钥等。

第三十五条 国务院或者国务院规定的部门可以依据本法制定政务活动和其他社会活动中使用电子签名、数据电文的具体办法。

第三十六条 本法自 2005 年 4 月 1 日起施行。

中华人民共和国涉外民事关系法律适用法

（2010 年 10 月 28 日第十一届全国人民代表大会常务委员会第十七次会议通过　2010 年 10 月 28 日中华人民共和国主席令第 36 号公布　自 2011 年 4 月 1 日起施行）

第一章　一般规定

第一条　为了明确涉外民事关系的法律适用，合理解决涉外民事争议，维护当事人的合法权益，制定本法。

第二条　涉外民事关系适用的法律，依照本法确定。其他法律对涉外民事关系法律适用另有特别规定的，依照其规定。

本法和其他法律对涉外民事关系法律适用没有规定的，适用与该涉外民事关系有最密切联系的法律。

第三条　当事人依照法律规定可以明示选择涉外民事关系适用的法律。

第四条　中华人民共和国法律对涉外民事关系有强制性规定的，直接适用该强制性规定。

第五条　外国法律的适用将损害中华人民共和国社会公共利益的，适用中华人民共和国法律。

第六条　涉外民事关系适用外国法律，该国不同区域实施不同法律的，适用与该涉外民事关系有最密切联系区域的法律。

第七条　诉讼时效，适用相关涉外民事关系应当适用的法律。

第八条　涉外民事关系的定性，适用法院地法律。

第九条　涉外民事关系适用的外国法律，不包括该国的法律适用法。

第十条　涉外民事关系适用的外国法律，由人民法院、仲裁机构或者行政机关查明。当事人选择适用外国法律的，应当提供该国法律。

不能查明外国法律或者该国法律没有规定的，适用中华人民共和国法律。

第二章　民事主体

第十一条　自然人的民事权利能力，适用经常居所地法律。

第十二条　自然人的民事行为能力，适用经常居所地法律。

自然人从事民事活动，依照经常居所地法律为无民事行为能力，依照行为地法律为有民事行为能力的，适用行为地法律，但涉及婚姻家庭、继承的除外。

第十三条　宣告失踪或者宣告死亡，适用自然人经常居所地法律。

第十四条　法人及其分支机构的民事权利能力、民事行为能力、组织机构、股东权利义务等事项，适用登记地法律。

法人的主营业地与登记地不一致的，可以适用主营业地法律。法人的经常居所地，为其主营业地。

第十五条　人格权的内容，适用权利人经常居所地法律。

第十六条　代理适用代理行为地法律，但被代理人与代理人的民事关系，适用代理关系发生地法律。

当事人可以协议选择委托代理适用的法律。

第十七条　当事人可以协议选择信托适用的法律。当事人没有选择的，适用信托财产所在地法律或者信托关系发生地法律。

第十八条　当事人可以协议选择仲裁协议适用的法律。当事人没有选择的，适用仲裁机构所在地法律或者仲裁地法律。

第十九条　依照本法适用国籍国法律，自然人具有两个以上国籍的，适用有经常居所的国籍国法律；在所有国籍国均无经常居所的，适用与其有最密切联系的国籍国法律。自然人无国籍或者国籍不明的，适用其经常居所地法律。

第二十条　依照本法适用经常居所地法律，自然人经常居所地不明的，适用其现在居所地法律。

第三章 婚姻家庭

第二十一条 结婚条件，适用当事人共同经常居所地法律；没有共同经常居所地的，适用共同国籍国法律；没有共同国籍，在一方当事人经常居所地或者国籍国缔结婚姻的，适用婚姻缔结地法律。

第二十二条 结婚手续，符合婚姻缔结地法律、一方当事人经常居所地法律或者国籍国法律的，均为有效。

第二十三条 夫妻人身关系，适用共同经常居所地法律；没有共同经常居所地的，适用共同国籍国法律。

第二十四条 夫妻财产关系，当事人可以协议选择适用一方当事人经常居所地法律、国籍国法律或者主要财产所在地法律。当事人没有选择的，适用共同经常居所地法律；没有共同经常居所地的，适用共同国籍国法律。

第二十五条 父母子女人身、财产关系，适用共同经常居所地法律；没有共同经常居所地的，适用一方当事人经常居所地法律或者国籍国法律中有利于保护弱者权益的法律。

第二十六条 协议离婚，当事人可以协议选择适用一方当事人经常居所地法律或者国籍国法律。当事人没有选择的，适用共同经常居所地法律；没有共同经常居所地的，适用共同国籍国法律；没有共同国籍的，适用办理离婚手续机构所在地法律。

第二十七条 诉讼离婚，适用法院地法律。

第二十八条 收养的条件和手续，适用收养人和被收养人经常居所地法律。收养的效力，适用收养时收养人经常居所地法律。收养关系的解除，适用收养时被收养人经常居所地法律或者法院地法律。

第二十九条 扶养，适用一方当事人经常居所地法律、国籍国法律或者主要财产所在地法律中有利于保护被扶养人权益的法律。

第三十条 监护，适用一方当事人经常居所地法律或者国籍国法律中有利于保护被监护人权益的法律。

第四章　继　　承

第三十一条　法定继承，适用被继承人死亡时经常居所地法律，但不动产法定继承，适用不动产所在地法律。

第三十二条　遗嘱方式，符合遗嘱人立遗嘱时或者死亡时经常居所地法律、国籍国法律或者遗嘱行为地法律的，遗嘱均为成立。

第三十三条　遗嘱效力，适用遗嘱人立遗嘱时或者死亡时经常居所地法律或者国籍国法律。

第三十四条　遗产管理等事项，适用遗产所在地法律。

第三十五条　无人继承遗产的归属，适用被继承人死亡时遗产所在地法律。

第五章　物　　权

第三十六条　不动产物权，适用不动产所在地法律。

第三十七条　当事人可以协议选择动产物权适用的法律。当事人没有选择的，适用法律事实发生时动产所在地法律。

第三十八条　当事人可以协议选择运输中动产物权发生变更适用的法律。当事人没有选择的，适用运输目的地法律。

第三十九条　有价证券，适用有价证券权利实现地法律或者其他与该有价证券有最密切联系的法律。

第四十条　权利质权，适用质权设立地法律。

第六章　债　　权

第四十一条　当事人可以协议选择合同适用的法律。当事人没有选择的，适用履行义务最能体现该合同特征的一方当事人经常居所地法律或者其他与该合同有最密切联系的法律。

第四十二条　消费者合同，适用消费者经常居所地法律；消费者选择适用商品、服务提供地法律或者经营者在消费者经常居所地没有从事相关经营活动的，适用商品、服务提供地法律。

第四十三条 劳动合同，适用劳动者工作地法律；难以确定劳动者工作地的，适用用人单位主营业地法律。劳务派遣，可以适用劳务派出地法律。

第四十四条 侵权责任，适用侵权行为地法律，但当事人有共同经常居所地的，适用共同经常居所地法律。侵权行为发生后，当事人协议选择适用法律的，按照其协议。

第四十五条 产品责任，适用被侵权人经常居所地法律；被侵权人选择适用侵权人主营业地法律、损害发生地法律的，或者侵权人在被侵权人经常居所地没有从事相关经营活动的，适用侵权人主营业地法律或者损害发生地法律。

第四十六条 通过网络或者采用其他方式侵害姓名权、肖像权、名誉权、隐私权等人格权的，适用被侵权人经常居所地法律。

第四十七条 不当得利、无因管理，适用当事人协议选择适用的法律。当事人没有选择的，适用当事人共同经常居所地法律；没有共同经常居所地的，适用不当得利、无因管理发生地法律。

第七章 知识产权

第四十八条 知识产权的归属和内容，适用被请求保护地法律。

第四十九条 当事人可以协议选择知识产权转让和许可使用适用的法律。当事人没有选择的，适用本法对合同的有关规定。

第五十条 知识产权的侵权责任，适用被请求保护地法律，当事人也可以在侵权行为发生后协议选择适用法院地法律。

第八章 附 则

第五十一条 《中华人民共和国民法通则》第一百四十六条、第一百四十七条，《中华人民共和国继承法》第三十六条，与本法的规定不一致的，适用本法。

第五十二条 本法自2011年4月1日起施行。

最高人民法院关于适用《中华人民共和国涉外民事关系法律适用法》若干问题的解释（一）

（2012年12月10日最高人民法院审判委员会第1563次会议通过 2012年12月28日最高人民法院公告公布 自2013年1月7日起施行 法释〔2012〕24号）

为正确审理涉外民事案件，根据《中华人民共和国涉外民事关系法律适用法》的规定，对人民法院适用该法的有关问题解释如下：

第一条 民事关系具有下列情形之一的，人民法院可以认定为涉外民事关系：

（一）当事人一方或双方是外国公民、外国法人或者其他组织、无国籍人；

（二）当事人一方或双方的经常居所地在中华人民共和国领域外；

（三）标的物在中华人民共和国领域外；

（四）产生、变更或者消灭民事关系的法律事实发生在中华人民共和国领域外；

（五）可以认定为涉外民事关系的其他情形。

第二条 涉外民事关系法律适用法实施以前发生的涉外民事关系，人民法院应当根据该涉外民事关系发生时的有关法律规定确定应当适用的法律；当时法律没有规定的，可以参照涉外民事关系法律适用法的规定确定。

第三条 涉外民事关系法律适用法与其他法律对同一涉外民事关系法律适用规定不一致的，适用涉外民事关系法律适用法的规定，但《中华人民共和国票据法》、《中华人民共和国海商法》、《中华人民共和国民用航空法》等商事领域法律的特别规定以及知识产权领域法律的特别规定除外。

涉外民事关系法律适用法对涉外民事关系的法律适用没有规定而其他法律有规定的，适用其他法律的规定。

第四条 涉外民事关系的法律适用涉及适用国际条约的，人民法院应当根据《中华人民共和国民法通则》第一百四十二条第二款以及《中华人民共和国票据法》第九十五条第一款、《中华人民共和国海商法》第二百六十八条第一款、《中华人民共和国民用航空法》第一百八十四条第一款等法律规定予以适用，但知识产权领域的国际条约已经转化或者需要转化为国内法律的除外。

第五条 涉外民事关系的法律适用涉及适用国际惯例的，人民法院应当根据《中华人民共和国民法通则》第一百四十二条第三款以及《中华人民共和国票据法》第九十五条第二款、《中华人民共和国海商法》第二百六十八条第二款、《中华人民共和国民用航空法》第一百八十四条第二款等法律规定予以适用。

第六条 中华人民共和国法律没有明确规定当事人可以选择涉外民事关系适用的法律，当事人选择适用法律的，人民法院应认定该选择无效。

第七条 一方当事人以双方协议选择的法律与系争的涉外民事关系没有实际联系为由主张选择无效的，人民法院不予支持。

第八条 当事人在一审法庭辩论终结前协议选择或者变更选择适用的法律的，人民法院应予准许。

各方当事人援引相同国家的法律且未提出法律适用异议的，人民法院可以认定当事人已经就涉外民事关系适用的法律做出了选择。

第九条 当事人在合同中援引尚未对中华人民共和国生效的国际条约的，人民法院可以根据该国际条约的内容确定当事人之间的权利义务，但违反中华人民共和国社会公共利益或中华人民共和国法律、行政法规强制性规定的除外。

第十条 有下列情形之一，涉及中华人民共和国社会公共利益、当事人不能通过约定排除适用、无需通过冲突规范指引而直接适用于涉外民事关系的法律、行政法规的规定，人民法院应当认定为涉外民事关系法律适用法第四条规定的强制性规定：

（一）涉及劳动者权益保护的；

（二）涉及食品或公共卫生安全的；

（三）涉及环境安全的；

（四）涉及外汇管制等金融安全的；

（五）涉及反垄断、反倾销的；

（六）应当认定为强制性规定的其他情形。

第十一条 一方当事人故意制造涉外民事关系的连结点，规避中华人民共和国法律、行政法规的强制性规定的，人民法院应认定为不发生适用外国法律的效力。

第十二条 涉外民事争议的解决须以另一涉外民事关系的确认为前提时，人民法院应当根据该先决问题自身的性质确定其应当适用的法律。

第十三条 案件涉及两个或者两个以上的涉外民事关系时，人民法院应当分别确定应当适用的法律。

第十四条 当事人没有选择涉外仲裁协议适用的法律，也没有约定仲裁机构或者仲裁地，或者约定不明的，人民法院可以适用中华人民共和国法律认定该仲裁协议的效力。

第十五条 自然人在涉外民事关系产生或者变更、终止时已经连续居住一年以上且作为其生活中心的地方，人民法院可以认定为涉外民事关系法律适用法规定的自然人的经常居所地，但就医、劳务派遣、公务等情形除外。

第十六条 人民法院应当将法人的设立登记地认定为涉外民事关系法律适用法规定的法人的登记地。

第十七条 人民法院通过由当事人提供、已对中华人民共和国生效的国际条约规定的途径、中外法律专家提供等合理途径仍不能获得外国法律的，可以认定为不能查明外国法律。

根据涉外民事关系法律适用法第十条第一款的规定，当事人应当提供外国法律，其在人民法院指定的合理期限内无正当理由未提供该外国法律的，可以认定为不能查明外国法律。

第十八条 人民法院应当听取各方当事人对应当适用的外国法律的内容及其理解与适用的意见，当事人对该外国法律的内容及其理解与适用均无异议的，人民法院可以予以确认；当事人有异议的，由人民法院审查认定。

第十九条 涉及香港特别行政区、澳门特别行政区的民事关系的法律适用问题，参照适用本规定。

第二十条 涉外民事关系法律适用法施行后发生的涉外民事纠纷案件，本解释施行后尚未终审的，适用本解释；本解释施行前已经终审，当事人申请再审或者按照审判监督程序决定再审的，不适用本解释。

第二十一条 本院以前发布的司法解释与本解释不一致的，以本解释为准。

最高人民法院关于适用《中华人民共和国民法总则》诉讼时效制度若干问题的解释

（2018 年 7 月 2 日最高人民法院审判委员会第 1744 次会议通过 2018 年 7 月 18 日最高人民法院公告公布 自 2018 年 7 月 23 日起施行 法释〔2018〕12 号）

为正确适用《中华人民共和国民法总则》关于诉讼时效制度的规定，保护当事人的合法权益，结合审判实践，制定本解释。

第一条 民法总则施行后诉讼时效期间开始计算的，应当适用民法总则第一百八十八条关于三年诉讼时效期间的规定。当事人主张适用民法通则关于二年或者一年诉讼时效期间规定的，人民法院不予支持。

第二条 民法总则施行之日，诉讼时效期间尚未满民法通则规定的二年或者一年，当事人主张适用民法总则关于三年诉讼时效期间规定的，人民法院应予支持。

第三条 民法总则施行前，民法通则规定的二年或者一年诉讼时效期间已经届满，当事人主张适用民法总则关于三年诉讼时效期间规定的，人民法院不予支持。

第四条 民法总则施行之日，中止时效的原因尚未消除的，应当适用民法总则关于诉讼时效中止的规定。

第五条 本解释自2018年7月23日起施行。

本解释施行后，案件尚在一审或者二审阶段的，适用本解释；本解释施行前已经终审，当事人申请再审或者按照审判监督程序决定再审的案件，不适用本解释。

最高人民法院关于审理民事案件适用诉讼时效制度若干问题的规定

（2008年8月11日最高人民法院审判委员会第1450次会议通过 2008年8月21日最高人民法院公告公布 自2008年9月1日起施行 法释〔2008〕11号）

为正确适用法律关于诉讼时效制度的规定，保护当事人的合法权益，依照《中华人民共和国民法通则》、《中华人民共和国物权法》、《中华人民共和国合同法》、《中华人民共和国民事诉讼法》等法律的规定，结合审判实践，制定本规定。

第一条 当事人可以对债权请求权提出诉讼时效抗辩，但对下列债权请求权提出诉讼时效抗辩的，人民法院不予支持：

（一）支付存款本金及利息请求权；

（二）兑付国债、金融债券以及向不特定对象发行的企业债券本息请求权；

（三）基于投资关系产生的缴付出资请求权；

（四）其他依法不适用诉讼时效规定的债权请求权。

第二条 当事人违反法律规定，约定延长或者缩短诉讼时效期间、预先放弃诉讼时效利益的，人民法院不予认可。

第三条 当事人未提出诉讼时效抗辩，人民法院不应对诉讼时效问题进行释明及主动适用诉讼时效的规定进行裁判。

第四条 当事人在一审期间未提出诉讼时效抗辩，在二审期间提出的，人民法院不予支持，但其基于新的证据能够证明对方当事人的请求权已过诉讼时效期间的情形除外。

当事人未按照前款规定提出诉讼时效抗辩，以诉讼时效期间届满为由申请再审或者提出再审抗辩的，人民法院不予支持。

第五条 当事人约定同一债务分期履行的，诉讼时效期间从最后一期履行期限届满之日起计算。

第六条 未约定履行期限的合同，依照合同法第六十一条、第六十二条的规定，可以确定履行期限的，诉讼时效期间从履行期限届满之日起计算；不能确定履行期限的，诉讼时效期间从债权人要求债务人履行义务的宽限期届满之日起计算，但债务人在债权人第一次向其主张权利之时明确表示不履行义务的，诉讼时效期间从债务人明确表示不履行义务之日起计算。

第七条 享有撤销权的当事人一方请求撤销合同的，应适用合同法第五十五条关于一年除斥期间的规定。对方当事人对撤销合同请求权提出诉讼时效抗辩的，人民法院不予支持。

合同被撤销，返还财产、赔偿损失请求权的诉讼时效期间从合同被撤销之日起计算。

第八条 返还不当得利请求权的诉讼时效期间，从当事人一方知道或者应当知道不当得利事实及对方当事人之日起计算。

第九条 管理人因无因管理行为产生的给付必要管理费用、赔偿损失请求权的诉讼时效期间，从无因管理行为结束并且管理人知道或者应当知道本人之日起计算。

本人因不当无因管理行为产生的赔偿损失请求权的诉讼时效期间，从其知道或者应当知道管理人及损害事实之日起计算。

第十条 具有下列情形之一的，应当认定为民法通则第一百四十条规定的“当事人一方提出要求”，产生诉讼时效中断的效力：

（一）当事人一方直接向对方当事人送交主张权利文书，对方当事人在文书上签字、盖章或者虽未签字、盖章但能够以其他方式证明该文书到达对方当事人的；

（二）当事人一方以发送信件或者数据电文方式主张权利，信件或者数据电文到达或者应当到达对方当事人的；

（三）当事人一方为金融机构，依照法律规定或者当事人约定从对方当事人账户中扣收欠款本息的；

（四）当事人一方下落不明，对方当事人在国家级或者下落不明的当事人一方住所地的省级有影响的媒体上刊登具有主张权利内容的公告的，但法律和司法解释另有特别规定的，适用其规定。

前款第（一）项情形中，对方当事人为法人或者其他组织的，签收人可以是其法定代表人、主要负责人、负责收发信件的部门或者被授权主体；对方当事人为自然人的，签收人可以是自然人本人、同住的具有完全行为能力的亲属或者被授权主体。

第十一条 权利人对同一债权中的部分债权主张权利，诉讼时效中断的效力及于剩余债权，但权利人明确表示放弃剩余债权的情形除外。

第十二条 当事人一方向人民法院提交起诉状或者口头起诉的，诉讼时效从提交起诉状或者口头起诉之日起中断。

第十三条 下列事项之一，人民法院应当认定与提起诉讼具有同等诉讼时效中断的效力：

（一）申请仲裁；

（二）申请支付令；

（三）申请破产、申报破产债权；

（四）为主张权利而申请宣告义务人失踪或死亡；

（五）申请诉前财产保全、诉前临时禁令等诉前措施；

（六）申请强制执行；

（七）申请追加当事人或者被通知参加诉讼；

（八）在诉讼中主张抵销；

（九）其他与提起诉讼具有同等诉讼时效中断效力的事项。

第十四条 权利人向人民调解委员会以及其他依法有权解决相关民事纠纷的国家机关、事业单位、社会团体等社会组织提出保护相应民事权利的请求，诉讼时效从提出请求之日起中断。

第十五条 权利人向公安机关、人民检察院、人民法院报案或者控告，请求保护其民事权利的，诉讼时效从其报案或者控告之日起中断。

上述机关决定不立案、撤销案件、不起诉的，诉讼时效期间从权利人知道或者应当知道不立案、撤销案件或者不起诉之日起重新计算；刑事案件进入审理阶段，诉讼时效期间从刑事裁判文书生效之日起重新计算。

第十六条 义务人作出分期履行、部分履行、提供担保、请求延期履行、制定清偿债务计划等承诺或者行为的，应当认定为民法通则第一百四十条规定的当事人一方“同意履行义务”。

第十七条 对于连带债权人中的一人发生诉讼时效中断效力的事由，应当认定对其他连带债权人也发生诉讼时效中断的效力。

对于连带债务人中的一人发生诉讼时效中断效力的事由，应当认定对其他连带债务人也发生诉讼时效中断的效力。

第十八条 债权人提起代位权诉讼的，应当认定对债权人的债权和债务人的债权均发生诉讼时效中断的效力。

第十九条 债权转让的，应当认定诉讼时效从债权转让通知到达债务人之日起中断。

债务承担情形下，构成原债务人对债务承认的，应当认定诉讼时效从债务承担意思表示到达债权人之日起中断。

第二十条 有下列情形之一的，应当认定为民法通则第一百三十九条规定的“其他障碍”，诉讼时效中止：

（一）权利被侵害的无民事行为能力人、限制民事行为能力人没有法定代理人，或者法定代理人死亡、丧失代理权、丧失行为能力；

（二）继承开始后未确定继承人或者遗产管理人；

（三）权利人被义务人或者其他人控制无法主张权利；

（四）其他导致权利人不能主张权利的客观情形。

第二十一条 主债务诉讼时效期间届满，保证人享有主债务人的诉讼时效抗辩权。

保证人未主张前述诉讼时效抗辩权，承担保证责任后向主债务人行使追偿权的，人民法院不予支持，但主债务人同意给付的情形除外。

第二十二条 诉讼时效期间届满，当事人一方向对方当事人作出同意履行义务的意思表示或者自愿履行义务后，又以诉讼时效期间届满为由进行抗辩的，人民法院不予支持。

第二十三条 本规定施行后，案件尚在一审或者二审阶段的，适用本规定；本规定施行前已经终审的案件，人民法院进行再审时，不适用本规定。

第二十四条 本规定施行前本院作出的有关司法解释与本规定相抵触的，以本规定为准。